职业教育规划教材——公路工程类

公路工程检测技术

主　编　　张　燕　孙道建　郭秀芹
参　编　　代红娟　李荣晓　孙丽娟　耿秀春

西南交通大学出版社
·成　都·

内容提要

本书分为三个单元。第一单元简要介绍了公路工程质量检验评定标准，第二单元系统介绍了路基路面现场检测技术，第三单元系统介绍了桥涵工程现场检测技术。

本书可作为技工院校公路与桥梁专业、公路工程试验检测专业教材，也可供公路工程各类培训学习及从事公路施工、工程监理、试验检测工作和考取交通运输部试验检测人员资格证书的工程技术人员使用。

图书在版编目（CIP）数据

公路工程检测技术／张燕，孙道建，郭秀芹主编．
—成都：西南交通大学出版社，2017.4（2022.7重印）
职业教育规划教材. 公路工程类
ISBN 978-7-5643-5385-8

Ⅰ.①公… Ⅱ.①张… ②孙… ③郭… Ⅲ.①道路工程－检测－职业教育－教材 Ⅳ.①U415.12

中国版本图书馆 CIP 数据核字（2017）第 079104 号

职业教育规划教材——公路工程类
公路工程检测技术

主编／张燕　孙道建　郭秀芹　　　责任编辑／柳堰龙
　　　　　　　　　　　　　　　　　封面设计／何东琳设计工作室

西南交通大学出版社出版发行
（四川省成都市金牛区二环路北一段 111 号西南交通大学创新大厦 21 楼　610031）
发行部电话：028-87600564
网址：http://www.xnjdcbs.com
印刷：四川森林印务有限责任公司

成品尺寸　185 mm×260 mm
印张　13.25　　字数　306 千
版次　2017 年 4 月第 1 版　　印次　2022 年 7 月第 3 次
书号　ISBN 978-7-5643-5385-8
定价　29.80 元

课件咨询电话：028-87600533
图书如有印装质量问题　本社负责退换
版权所有　盗版必究　举报电话：028-87600562

前　言

为落实《国家中长期教育改革和发展纲要（2010—2020）》精神，深化职业教育改革，积极推进课程改革和教材建设，满足职业教育发展的新需求，山东公路技师学院根据工学结合、理实一体化课程的开发程序和方法，编写了一套供技工院校院校公路工程试验检测技术及相关专业教学使用的系列教材。

本系列教材充分考虑了目前技工职业教育的特点以及公路工程试验检测与评价对人才的需求，坚持面向市场、面向社会，以能力为基础，以职业为发展导向，以经济结构调整和科技进步为原则；注重理论知识与实践技能的有机结合，实践内容与现行行业标准紧密结合。

本系列教材突出实用性，以知识、技能的系统性构建为重点，摒弃了传统教材重理论轻实践的学科性编写模式，在教材主线、编写风格、教材组织上有了较大改变；紧密结合国家现行的新规范与技术标准，保留传统实用技能的推广，同时穿插新工艺、新技术，辅助能有效地实施"做、学、教"，对实际工程项目的检测有较大的指导意义。

本系列教材具有新、特之特点。新：全面反映并采用了国家及行业最新技术标准与技术规范，选编最新材料和工艺，充分反映当前试验检测的新技术。特：有别于其他同类教材，本系列教材汇集了山东公路技师学院十几年来进行的教学、生产、科研的知识精华和经验，对基本理论进行了严格把关，反映了科研生产一线的最新技术，使得技能培训与实际密切结合。

本系列教材服务于师生、服务于教学，重点突出，主次分明，阐述简明。每个单元设有重点内容与学习要求并配有相应的习题集与工程案例分析，以便学生更好地了解与掌握核心内容。

本系列教材注重学生基本素质、基本能力的培养，教材从内容和形式上力求贴近实际。

"工学结合、校企合作"是职业教育健康发展的基础。本系列教材在编写过程中，邀请国内知名的工程检测专家参与了编审工作，在此表示衷心感谢。

为方便教学，本系列教材配套有"公路工程试验实训多媒体教材"。

本系列教材由张燕、孙道建、郭秀芹主编。其中：《公路工程检测技术》具体编写情况如下：郭秀芹编写前言、内容提要，耿秀春编写单元一，张燕编写单元二、附录，孙道建编写单元三，代红娟、李荣晓、孙丽娟也参与了编写工作。

  在编写过程中，参考了大量的著作和文献资料，在此一并向有关作者、编者表示真诚的感谢。

  由于编者水平有限及时间仓促，疏漏在所难免，敬请使用本系列教材的老师和同学们提出宝贵的意见，使本系列教材不断完善。

作　者
2017 年 3 月

目 录

单元一 公路工程质量检验评定标准 …………………………… 1
单元二 路基路面现场测试技术 …………………………………… 9
    课题一 路基路面压实度检测 ………………………………… 10
    课题二 路面平整度检测 ……………………………………… 28
    课题三 承载能力检测 ………………………………………… 37
    课题四 路面抗滑性能检测 …………………………………… 49
    课题五 路面结构层厚度检测 ………………………………… 61
    课题六 水泥混凝土强度检测 ………………………………… 68
    课题七 沥青路面渗水系数测试 ……………………………… 79
单元三 桥涵工程现场测试技术 …………………………………… 82
    课题一 桥涵地基检测 ………………………………………… 83
    课题二 钻（挖）孔灌注桩检测 ……………………………… 93
    课题三 桥梁工程制品试验检测 ……………………………… 107
    课题四 钢筋混凝土及预应力混凝土结构检测 …………… 129
    课题五 桥梁荷载试验与承载力评定 ………………………… 161
附录一 工程质量检验评定用表 …………………………………… 172
附录二 《公路工程质量评定标准》节选 ………………………… 177
附录三 测区混凝土强度换算表 …………………………………… 193
参考文献 ……………………………………………………………… 206

单元一
公路工程质量检验评定标准

一、依 据

《公路工程质量检验评定标准》（JTG F81—2004）。

二、适用范围

（1）适用于公路工程施工单位、工程监理单位、建设单位、质量检测机构和质量监督部门对公路工程质量的管理、监控和检验评定。

（2）适用于四级及四级以上公路新建、改建工程的质量检验评定，其环保、机电工程部分按相应具体规定执行。

三、建设工程的划分

根据建设任务、施工管理和质量检验评定的需要，应在施工准备阶段按表 1-1-1 将建设项目划分为单位工程、分部工程和分项工程。施工单位、工程监理单位和建设单位应按相同的工程项目划分进行工程质量的监控和管理。

（一）建设工程划分

（1）单位工程：在建设项目中，根据签订的合同，具有独立施工条件的工程。

（2）分部工程：在单位工程中，按结构部位、路段长度及施工特点或施工任务划分为若干个分部工程。

（3）分项工程：在分部工程中，按不同的施工方法、材料、工序及路段长度等划分为若干个分项工程。

（二）路基、路面和桥涵的单位工程中分部和分项的划分内容（表 1-1-1、表 1-1-2）

表 1-1-1　一般建设项目的工程划分

工　程	分　部　工　程	分　项　工　程
路基工程（每 10 km 或每标段）	路基土石方工程*①（1~3 km 路段）②	土方路基*，石方路基*，软土地基*，土工合成材料处置层*等
	排水工程（1~3 km 路段）	管节预制，管道基础及管节安装*，检查（雨水）井砌筑*，土沟，浆砌排水沟*，盲沟，跌水，急流槽*，水簸箕，排水泵站等
	小桥及符合小桥标准的通道*，人行天桥，渡槽（每座）	基础及下部构造*，上部构造预制、安装或浇筑*，桥面*，栏杆，人行道等
	涵洞、通道（1~3 km 路段）	基础及下部构造*，主要构件预制、安装或浇筑*，填土，总体等
	砌筑防护工程（1~3 km 路段）	挡土墙*，墙背填土，抗滑桩*，锚喷防护*，锥、护坡，导流工程，石笼防护等
	大型挡土墙*，组合式挡土墙*（每处）	基础*，墙身*，墙背填土，构件预制*，构件安装*，筋带，锚杆、拉杆，总体*等

续表 1-1-1

工程	分部工程	分项工程
路面工程（每10 km或每标段）	路面工程（1~3 km路段）*	底基层，基层*，面层*，垫层，联结层，路缘石，人行道，路肩，路面边缘排水系统等
桥梁工程③（特大、大、中桥）	基础及下部构造*（每桥或每墩、台）	扩大基础，桩基*，地下连续墙*，承台，沉井，桩的制作*，钢筋加工及安装，墩台身（砌体）浇筑*，墩台身安装，墩台帽*，组合桥台*，台背填土，支座垫石和挡块等
	上部构造预制和安装*	主要构件预制*，其他构件预制，钢筋加工及安装，预应力筋的加工和张拉*，梁板安装，悬臂拼装，顶推施工梁*，拱圈节段预制，拱的安装，转体施工拱*，劲性骨架拱肋安装*，钢管拱肋制作*，钢管拱肋安装*，吊杆制作和安装*，钢梁制作*，钢梁安装*，钢梁防护*等
	上部构造现场浇筑*	钢筋加工及安装，预应力筋的加工和张拉*，主要构件浇筑*，其他构件浇筑，悬臂浇筑*，劲性骨架混凝土拱*，钢管混凝土拱*等
	总体、桥面系和附属工程	桥梁总体*，钢筋加工及安装，桥面防水层施工，桥面铺装*，钢桥面铺装*，支座安装，搭板，伸缩缝安装，大型伸缩缝安装*，栏杆安装，混凝土护栏，人行道铺设，灯柱安装等
	防护工程	护坡，护岸*④，导流工程*，石笼防护，砌石工程等
	引道工程	路基*，路面*，挡土墙，小桥，涵洞*，护栏等
互通立交工程	桥梁工程*（每座）	桥梁总体，基础及下部构造*，上部构造预制、安装或浇筑*，支座安装，支座垫石，桥面铺装*，护栏，人行道等
	主线路基路面工程*（1~3 km路段）	见路基、路面等分项工程
	匝道工程（每条）	路基*，路面*，通道*，护坡，挡土墙，护栏等
隧道工程	总体	隧道总体*等
	明洞	明洞浇筑，明洞防水层，明洞回填*等
	洞口工程	洞口开挖，洞口边仰坡防护，洞门和翼墙的浇（砌）筑，截水沟、洞口排水沟等
	洞身开挖*	洞身开挖*（分段）等
	洞身衬砌*	（钢纤维）喷射混凝土支护，锚杆支护，钢筋网支护，仰拱，混凝土衬砌*，钢支撑，衬砌钢筋等
	防排水	防水层、止水带、排水沟等
	隧道路面	基层*，面层*等
	装饰	装饰工程
	辅助施工措施	超前锚杆、超前钢管等

续表 1-1-1

工 程	分 部 工 程	分 项 工 程
环保工程	声屏障（每处）	声屏障
	绿化工程 （1~3 km 路段或每处）	中央分隔带绿化，路侧绿化，互通立交绿化，服务区绿化，取弃土场绿化等
交通安全设施（每20 km或每标段）	标志*（5~10 km 路段）	标志*
	标线、突起路标 （5~10 km 路段）	标线*，突起路标等
	护栏*、轮廓标 （5~10 km 路段）	波形梁护栏*，缆索护栏*，混凝土护栏*，轮廓标等
	防眩设施 （5~10 km 路段）	防眩板、网等
	隔离栅、防落网 （5~10 km 路段）	隔离栅、防落网等
机电工程	监控设施	车辆检测器，气象检测器，闭路电视监视系统，可变标志，光电缆线路，监控（分）中心设备安装及软件调测，大屏幕投影系统，地图板，计算机监控软件与网络等
	通信设施	通信管道与光电缆线路，光纤数字传输系统，数字程控交换系统，紧急电话系统，无线移动通信系统，通信电源等
	收费设施	入口车道设备，出口车道设备，收费站设备及软件，收费中心设备及软件，IC卡及发卡编码系统，闭路电视监视系统，内部有线对讲及紧急报警系统，收费站内光、电缆及塑料管道，收费系统计算机网络等
	低压配电设施	中心（站）内低压配电设备，外场设备电力电缆线路等
	照明设施	照明设施
	隧道机电设施	车辆检测器，气象检测器，闭路电视监视系统，紧急电话系统，环境检测设备，报警与诱导设施，可变标志，通风设施，照明设施，消防设施，本地控制器，隧道监控中心计算机控制系统，隧道监控中心计算机网络，低压供配电等
房屋建筑工程	（按其专业工程质量检验评定标准评定）	

注：① 表内标注*号者为主要工程，评分时给以2的权值；不带*号者为一般工程，权值为1。
② 按路段长度划分的分部工程，高速公路、一级公路宜取低值，二级及二级以下公路可取高值。
③ 斜拉桥和悬索桥可参照表1-1-2进行划分。
④ 护岸参照挡土墙。

表 1-1-2 特大斜拉桥和悬索桥为主体建设项目的工程划分

单位工程	分部工程	分项工程
塔及辅助、过渡墩（每座）	塔基础*	钢筋加工及安装，扩大基础，桩基*，地下连续墙*，沉井*等
	塔承台*	钢筋加工及安装，双壁钢围堰，封底，承台浇筑*等
	索塔*	索塔*
	辅助墩	钢筋加工，基础，墩台身浇（砌）筑，墩台身安装，墩台帽，盖梁等
	过渡墩	
锚碇	锚碇基础*	钢筋加工及安装，扩大基础，桩基*，地下连续墙*，沉井*，大体积混凝土构件*等
	锚体*	锚固体系制作*，锚固体系安装*，锚碇块体，预应力锚索的张拉与压浆*等
上部构造制作与防护（钢结构）	斜拉索*	斜拉索制作与防护*
	主缆（索股）*	索股和锚头的制作与防护*
	索鞍*	主索鞍和散索鞍制作与防护*
	索夹	索夹制作与防护
	吊索	吊索和锚头制作与防护*等
	加劲梁*	加劲梁段制作*，加劲梁防护*等
上部构造浇筑与安装	悬浇*	梁段浇筑*
	安装*	加劲梁安装*，索鞍安装*，主缆架设*，索夹和吊索安装*等
	工地防护*	工地防护*
	桥面系及附属工程	桥面防水层的施工，桥面铺装，钢桥面板上防水黏结层的洒布，钢桥面板上沥青混凝土铺装*，支座安装*，抗风支座安装，伸缩缝安装，人行道铺设，栏杆安装，防撞护栏等
	桥梁总体	桥梁总体*
引桥	（桥梁工程）	
引道	（"路基工程"和"路面工程"）	
互通立交工程	（"互通立交工程"）	
交通安全设施	（"交通安全设施"）	

注：表内标注*号者为主要工程，评分时给以2的权值；不带*号者为一般工程，权值为1。

四、工程质量评定

（一）一般规定

1. 施工单位

应在各分项工程完成后，按《公路工程质量检验评定标准》（JTG F80/1—2004）所列基本要求、实测项目和外观鉴定进行自检，按"分项工程质量检验评定表"及相关施工技术规范提交真实、完整的自检资料，对工程质量进行自我评定。

2. 工程监理单位

应按规定要求对工程质量进行独立抽检，对施工单位检评资料进行签认，对工程质量进行评定。

3. 建设单位

根据对工程质量的检查及平时掌握的情况，对工程监理单位所做的工程质量评分及等级进行审定。

4. 质量监督部门、质量检测机构

可依据《公路工程质量检验评定标准》（JTG F80/1—2004）对公路工程质量进行检测、鉴定。

（二）工程质量评分

工程质量检验评分以分项工程为单元，采用100分制进行。在分项工程评分的基础上，逐级计算各相应分部工程、单位工程、合同段和建设项目评分值。

1. 分项工程质量评分

分项工程质量检验内容包括基本要求、实测项目、外观鉴定和质量保证资料四个部分。只有在其使用的原材料、半成品、成品及施工工艺符合基本要求的规定，且无严重外观缺陷和质量保证材料真实并基本齐全时，才能对分项工程质量进行检验评定。

涉及结构安全和使用功能的重要实测项目为关键项目（在文中以"△"标识），其合格率不得低于90%（属于工厂加工制造的桥梁金属构件不得低于95%，机电工程为100%），且检测值不得超过规定极值，否则必须经过返工处理。

实测项目的规定极值是指任一单个检测值都不能突破的极限值，不符合要求时该实测项目为不合格。

采用《公路工程质量检验评定标准》附录B至附录I所列方法进行评定的关键项目，不符合要求时则该分项工程评定不合格。

分项工程的评分值满分为100分，按实测项目采用加权平均法计算。存在外观缺陷或资料不全时，应予减分。

$$\text{分项工程得分} = \frac{\sum[\text{检查项目得分} \times \text{权值}]}{\sum \text{检查项目权值}} \qquad (1\text{-}1\text{-}1)$$

$$\text{分项工程评分值} = \text{分项工程得分} - \text{外观缺陷减分} - \text{资料不全减分} \quad (1\text{-}1\text{-}2)$$

（1）基本要求检查。

分项工程所列基本要求，对施工质量优劣具有关键作用，应按基本要求对工程进行认真检查。经检查不符合基本要求规定时，不得进行工程质量的检验和评定。

（2）实测项目计分。

对规定检查项目采用现场抽样方法，按照规定频率和下列计分方法对分项工程的施工质量直接进行检测计分。

检查项目除按数理统计方法评定的项目以外，均应按单点（组）测定值是否符合标准要求进行评定，并按合格率计分。

$$\text{检查项目合格率}(\%) = \frac{\text{检查合格的点(组)数}}{\text{该检查项目的全部检查点(组)数}} \times 100\% \quad (1\text{-}1\text{-}3)$$

$$\text{检查项目得分} = \text{检查项目合格率} \times 100 \quad (1\text{-}1\text{-}4)$$

（3）外观缺陷减分。

对工程外表状况应逐项进行全面检查，如发现外观缺陷，应进行减分。对于较严重的外观缺陷，施工单位须采取措施进行整修处理。

（4）资料不全减分。

分项工程的施工资料和图表残缺，缺乏最基本的数据，或有伪造涂改者，不予检验和评定。资料不全者应予减分，减分幅度可按"质量保证资料"所列各款逐款检查，视资料不全情况，每款减 1～3 分。

2. 分部工程和单位工程评分

表 1-1-1 所列分项工程和分部工程分为一般工程和主要（主体）工程，分别给以 1 和 2 的权值。进行分部工程和单位工程评分时，采用加权平均值计算法确定相应的评分值。

$$\text{分部（单位）工程评分值} = \frac{\sum[\text{分项（分部）工程评分值} \times \text{相应权值}]}{\sum \text{分项（分部）工程权值}}$$

$$(1\text{-}1\text{-}5)$$

3. 合同段和建设项目工程质量评分

合同段和建设项目工程质量评分值按《公路工程竣（交）工验收办法》计算。

4. 质量保证资料

施工单位应有完整的施工原始记录、试验数据、分项工程自查数据等质量保证资料，并进行整理分析，负责提交齐全、真实和系统的施工资料和图表。工程监理单位负责提交齐全、真实和系统的监理资料。质量保证资料应包括以下 6 个方面：

（1）所用原材料、半成品和成品质量检验结果。

（2）材料配比、拌和加工控制检验和试验数据。

（3）地基处理、隐蔽工程施工记录和大桥、隧道施工监控资料。

（4）各项质量控制指标的试验记录和质量检验汇总图表。

（5）施工过程中遇到的非正常情况记录及其对工程质量影响分析。

（6）施工过程中如发现质量事故，经处理补救后，达到设计要求的认可证明文件。

五、工程质量等级评定

1. 分项工程质量等级评定

分项工程评分值不小于75分者为合格，小于75分者为不合格；机电工程、属于工厂加工制造的桥梁金属构件不小于90分者为合格，小于90分者为不合格。

评定为不合格的分项工程，经加固、补强或返工、调测，满足设计要求后，可以重新评定其质量等级，但计算分部工程评分值时按其复评分值的90%计算。

2. 分部工程质量等级评定

所属各分项工程全部合格，则该分部工程评为合格；所属任一分项工程不合格，则该分部工程为不合格。

3. 单位工程质量等级评定

所属各分部工程全部合格，则该单位工程评为合格；所属任一分部工程不合格，则该单位工程为不合格。

4. 合同段和建设项目质量等级评定

合同段和建设项目所含单位工程全部合格，其工程质量等级为合格；所属任一单位工程不合格，则合同段和建设项目为不合格。

六、工程质量管理

公路施工单位、工程监理和监督部门应按质量第一的方针和全面质量管理要求，采取切实有效的措施，不断提高质量管理水平。要建立健全"政府监督、社会监理、企业自检"的质量保证体系，严格实行质量自检，加强质量监理和质量监督，以抓好工序质量，确保分项工程质量，以分项工程质量保证分部工程、单位工程和整个建设项目的工程质量。

施工单位可以结合自身条件提出比本标准更为严格的质量要求，必须按质量标准对施工全过程进行有效的质量控制和管理。

监理工程师应对施工全过程进行检查、监控和管理，监理的抽检频率应不少于施工单位自检频率的20%。监理工程师拥有质量和支付否决权，凡质量不合格的工程一律不签收，不结算工程款。

公路工程质量监督部门是对公路工程质量进行监督管理的专职机构，依据国家有关法规和部颁的现行技术规范、规程和质量检验评定标准，对公路工程质量进行强制性的监督管理。

单元二

路基路面现场测试技术

课题一 路基路面压实度检测

一、概 述

碾压是路基路面施工的重要环节，压实质量与路基路面的强度、刚度、稳定性和平整度密切相关，若压实不足，则路面容易产生车辙、裂缝、沉陷及整个路面被剪切破坏。压实度是路基路面施工质量检验的关键项目。

对于路基土、粒料类基层或底基层、无机结合料稳定类基层或底基层，压实度是指压实层材料压实后的干密度与标准最大干密度之比，以百分数表示。对沥青混合料面层，压实度是指现场实际达到的密度与标准密度的比值。

（一）标准最大干密度的确定

1. 路基土最大干密度的确定方法

根据路基土类别与性质的不同，路基土最大干密度试验方法主要有击实法、振动台法和表面振动压实仪法，适用范围见表 2-1-1。

表 2-1-1 土的最大干密度确定方法比较

试验方法	适用范围	土的粒组
轻型、重型击实法	小试筒适用粒径不大于 25 mm 的土 大试筒适用粒径不大于 38 mm 的土	细粒土 粗粒土
振动台法	①本试验规定采用振动台法测定无黏性自由排水粗粒土和巨粒土（包括堆石料）的最大干密度。②本试验方法适用于通过 0.074 mm 标准筛的干颗粒质量百分数不大于 15%的无黏性自由排水粗粒土和巨粒土。③对于最大颗粒大于 60 mm 的巨粒土，因受试筒容许最大粒径的限制，宜按相似级配法的规定处理	粗粒土 巨粒土
表面振动压实仪法	同上	粗粒土 巨粒土

击实试验是我国路基土最大干密度确定的主要方法，通过试验得出的击实曲线，确定最佳含水量和最大干密度。根据击实功的不同，可分为重型和轻型击实，两个试验的原理和基本规律相似，但重型击实试验的击实功提高了 4.5 倍。

振动台法与表面振动压实仪法均采用振动方法测定土的最大干密度。前者是整个土样同时受到垂直方向的振动作用，而后者是振动作用自土体表面垂直向下传递的。研究结果表明，对于无黏聚性自由排水土，这两种方法最大干密度试验的测定结果基本一致，但前者试验设备及操作较复杂，后者相对容易，且更接近于现场振动碾压的实际情况。因此，使用时可根据试验设备拥有情况选择其一即可，但推荐优先采用表面振动压实仪法。

已有的国内外研究结果表明，对于砂、卵石、漂石及堆石料等无黏聚性自由排水土而言，公认采用振动方法而不是普通击实法。因此，建议采用振动方法测定无黏聚性自由排水土的最大干密度。

2. 路面基层材料标准最大干密度的确定方法

路面基层主要包括半刚性基层和柔性基层两类，其中柔性基层主要有以级配碎石为代表的粒料类基层和以沥青稳定碎石为代表的沥青稳定类。

（1）半刚性基层材料。

半刚性基层材料最大干密度目前主要按照《公路工程无机结合料稳定材料试验规程》标准击实法确定，但当粒料含量高时（50%以上），由于击实筒空间的限制，现行方法就不能得出真正的最大干密度。若以此为准，按施工规范要求的压实度成型，所测得的强度和有关参数偏小，据此进行设计，势必造成浪费。同样，如以此为准进行施工质量控制，容易使控制要求偏低，不能保证施工质量。同时，随着振动碾压的大面积应用，标准击实试验无法反映实际施工中的振动压实状态。因此，理论计算法、振动击实法等更为科学的最大干密度确定方法被研究应用。

理论计算法主要根据半刚性基层材料的体积组成，利用结合料和粒料级配组成与密度综合确定混合料最大干密度，主要用于无机结合料稳定粒料类材料。

（2）以级配碎石为代表的粒料类基层。

粒料类基层材料最大干密度确定试验方法有重型击实法和振动法两种，重型击实参照《公路土工试验规程》击实试验。振动法参考粗粒土、巨粒土的振动法，以振动台法或表面振动压实法确定最大干密度。

目前国内外对级配碎石等粒料类材料重型击实法和振动法开展了许多对比研究，表明振动法与重型击实法具有很好的相关性，都能够很好地反映级配碎石的密实度。但考虑到目前振动试验尚未形成标准，振动参数不是很统一，且重型击实设备一般施工单位都有，试验方法简单易操作，因此，国内外仍以重型击实试验为主。

3. 沥青面层混合料

沥青混合料标准密度的试验方法主要有标准马歇尔击实法、大型马歇尔击实法、旋转压实法。我国主要采用标准马歇尔击实法，对于公称最大粒径等于或大于 31.5 mm 的混合料采用大型马歇尔击实法。

标准密度取值有 3 种情况可以选择：以沥青拌合厂每天取样实测的马歇尔试件密度，取平均值作为该批混合料铺筑路段压实度的标准密度；以每天真空法实测的最大理论密度作为标准密度；以试验路密度作为标准密度。可以根据工程需要与实际情况，选择其中一个或两个作为标准密度。

具体密度测定，根据混合料本身的特点，可采用下列方法之一：

（1）水中重法：仅适用于密实的 I 型沥青混凝土试件，不适用于采用了吸水性大的集料的沥青混合料试件。

（2）表干法：适用于吸水率不大于 2%的各种沥青混合料试件。

（3）蜡封法：适用于吸水率大于2%的沥青混凝土试件以及沥青碎石混合料试件。

（4）体积法：适用于空隙率较大的沥青碎石混合料及大空隙透水性开级配沥青混合料试件。

（二）现场密度的检测方法

现场密度主要检测方法及各方法的适用范围见表2-1-2。

表2-1-2 现场密度检测方法及适用范围比较

试验方法	适 用 范 围
灌砂法	适用于在现场测定基层（或底基层）、砂石路面及路基土的各种材料压实层的密度和压实度，但不适用于填石路堤等大孔洞或大孔隙材料的压实度检测
环刀法	适用于细粒土及无机结合料稳定细粒土的密度测试。但对无机结合料稳定细粒土，其龄期不宜超过2 d，且宜用于施工过程中的压实度检测
核子法	适用于现场用核子密湿度仪以散射法或直接透射法测定路基或路面材料的密度和含水率，并计算施工压实度
钻芯法	适用于检测从压实的沥青路面上钻取的沥青混合料芯样试件的密实度，以评定沥青面层的施工压实度
无核密度仪法	适用于现场快速测定沥青路面各层沥青混合料的密度及快速检查混合料的离析，并计算施工压实度，但测定结果不宜用于评定验收或仲裁
压实试验法	适用于填石路基或粗粒土填土路基

（三）压实度检验评定标准（表2-1-3）

表2-1-3 压实度检验评定要求

工程项目类型			规定值或允许偏差			检查方法和频率
			高速、一级公路	其他公路		
				二级公路	三、四级公路	
土方路基	零填及挖方路基（m）	0~0.30	≥96	≥95	94	按有关方法检查，每200 m每压实层每双车道测4处
		0.30~0.80	≥96	≥95	—	
	填方（m）	上路床 0~0.30	≥96	≥95	≥94	
		下路床 0.30~0.80	≥96	≥95	≥94	
		上路堤 0.80~1.50	≥94	≥94	≥93	
		下路堤 >1.50	≥93	≥92	≥90	
级配碎（砾）石	基层	代表值	98	98		按有关方法检查，每200 m每车道2处
		极值	94	94		
	底基层	代表值	96	96		
		极值	92	92		

续表 2-1-3

工程项目类型			规定值或允许偏差			检查方法和频率
			高速、一级公路	其他公路		
				二级公路	三、四级公路	
石灰、粉煤灰土	基层	代表值	—	95		
		极值	—	91		
	底基层	代表值	95	93		
		极值	91	89		
石灰土	基层	代表值	—	95		
		极值	—	91		
	底基层	代表值	95	93		
		极值	91	89		
石灰稳定粒料	基层	代表值	—	97		
		极值	—	93		
	底基层	代表值	96	95		
		极值	92	91		
石灰、粉煤灰稳定粒料	基层	代表值	98	97		
		极值	94	93		
	底基层	代表值	96	95		
		极值	92	91		
水泥土	基层	代表值	—	95		
		极值	—	91		
	底基层	代表值	95	93		
		极值	91	89		
水泥稳定粒料	基层	代表值	98	97		
		极值	94	93		
	底基层	代表值	96	95		
		极值	92	91		
沥青混凝土面层或沥青碎（砾）石面层			试验室标准密度的96%（*98%）[①] 最大理论密度的92%（*94%） 试验段密度的98%（*99%）			按有关方法检查，每200 m每双车道1处

注：可选用其中的1个或2个标准，并以合格率低的作为评定结果。带*号者是指SMA路面，其他为普通沥青混凝土路面。

二、挖坑灌砂法测压实度

挖坑灌砂法测定压实度的基本原理是：在压实层挖坑取出材料，烘干，获得干质量；利用密度确定的砂灌到坑里，以置换坑的体积，从而得到压实材料的干密度，进面计算得到压实度。该方法可用于测试各种土或路面材料的密度，因测定时需要携带较多的量砂，而且称量次数较多，因此它的测试速度较慢。

（一）目的和适用范围

（1）适用于现场测定基层（或底基层）、砂石路面及路基土的各种材料压实层的密度和压实度检测。但不适用于填石路堤等有大孔洞或大孔隙的材料压实层的压实度检测。

（2）用灌砂法测定密度和压实度时，应符合下列规定：

① 当集料的最大粒径小于 13.2 mm，测定层的厚度不超过 150 mm 时，宜采用 ϕ100 mm 的小型灌砂筒测试。

② 当集料的最大粒径等于或大于 13.2 mm，但不大于 31.5 mm，测定层的厚度不超过 200 mm 时，应用 ϕ150 mm 的大型灌砂筒测试。

（二）仪器与材料

（1）灌砂仪：包括灌砂筒、金属标定罐和基板。灌砂筒：有大小两种，根据需要采用。形式和主要尺寸见图 2-1-1 和表 2-1-4。当尺寸与表中不一致，但不影响使用时，亦可使用。

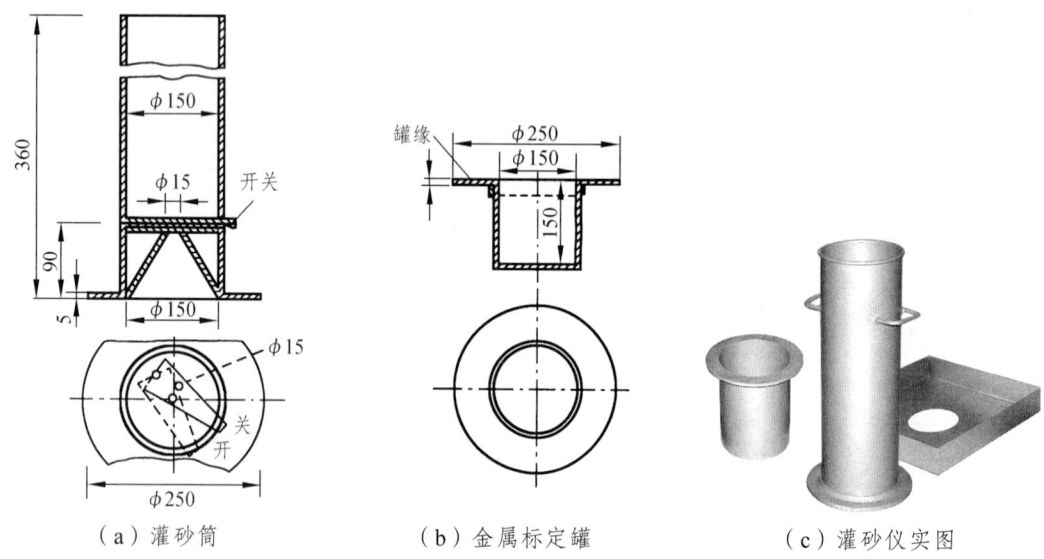

（a）灌砂筒　　　　（b）金属标定罐　　　　（c）灌砂仪实图

图 2-1-1　灌砂筒和标定罐（尺寸单位：mm）

表 2-1-4 灌砂仪的主要尺寸要求

结构		小型灌砂筒	大型灌砂筒
储砂筒	直径（mm）	100	150
	容积（mm³）	2 120	4 600
流砂孔	直径（mm）	10	15
金属标定罐	内径（mm）	100	150
	外径（mm）	150	200
金属方盘基板	边长（mm）	350	400
	深（mm）	40	50
中孔	直径（mm）	100	150

注：如集料的最大粒径超过 31.5 mm，则应相应地增大灌砂筒和标定罐的尺寸；如集料的最大粒径超过 53 mm，灌砂筒和现场试洞的直径应为 200 mm。

（2）玻璃板：边长 500~600 mm 的方形板。

（3）试样盘：小筒挖出的试样可用饭盒存放，大筒挖出的试样可用 300 mm×500 mm×40 mm 的搪瓷盘存放。

（4）天平或台秤：称量 10~15 kg，感量不大于 1 g；用于含水率测定的天平精度：细粒土、中粒土、粗粒土宜分别为 0.01 g、0.1 g、1.0 g。

（5）含水率测定器具：如铝盒、烘箱等。

（6）量砂：粒径 0.30~0.60 mm 清洁干燥的砂，约 20~40 kg。使用前必须洗净、烘干，并放置足够的时间，使其与空气的湿度达到平衡。

（7）盛砂的容器：塑料桶等。

（8）其他：凿子、螺丝刀、铁锤、长把勺、长把小簸箕、毛刷等。

（三）方法与步骤

（1）按现行试验方法对检测对象试样用同种材料进行击实试验，得到最大干密度ρ_c及最佳含水率。

（2）选择适宜的灌砂筒。

（3）按下列步骤标定灌砂筒下部圆锥体内砂的质量：

① 在灌砂筒筒口高度上，向灌砂筒内装砂至距筒顶 15 mm 左右为止，称取装入筒内砂的质量 m_1，准确至 1 g。以后每次标定及试验都应该维持装砂高度与质量不变。

② 将开关打开，使灌砂筒筒底的流砂孔、圆锥形漏斗上端开口圆孔及开关铁板中心的圆孔上下对准重叠在一起，让砂自由流出，并使流出砂的体积与工地所挖试坑内的体积相当（或等于标定罐的容积），然后关上开关。

③ 不晃动储砂筒的砂，轻轻地将灌砂筒移至玻璃板上，将开关打开，让砂流出，直至筒内砂不再下流时，将开关关上，并细心地取走灌砂筒。

④ 收集并称量留在玻璃板上的砂或称量筒内的砂，准确至 1 g。玻璃板上的砂就是填

满筒下部圆锥体的砂 m_2。

⑤ 重复上述测量三次，取其平均值。

（4）按下列步骤标定量砂的松方密度 ρ_s：

① 在储砂筒内装入质量为 m_1 的砂，并将灌砂筒放在标定罐上，将开关打开，让砂流出。在整个流砂过程中，不要碰到灌砂筒，直到储砂筒内的砂不再下流时，将开关关闭，取下灌砂筒，称取筒内剩余砂的质量 m_3，准确至 1 g。

② 按公式（2-1-1）计算填满标定罐所需砂的质量 m_a：

$$m_a = m_1 - m_2 - m_3 \tag{2-1-1}$$

式中　m_a——标定罐中砂的质量，g；

　　　m_1——装入灌砂筒内砂的总质量，g；

　　　m_2——灌砂筒下部圆锥体内砂的质量，g；

　　　m_3——灌砂入标定罐后，筒内剩余砂的质量，g。

③ 用水确定标定罐的容积 V，准确至 1 mL。

a. 称取标定罐和玻璃板的质量 m_0。

b. 向标定罐内注水，直至水面与玻璃板之间无空隙为止，称取水、标定罐和玻璃板的质量 m_0'。

c. 按公式（2-1-2）计算水的质量 m，水的密度视为 1 g/cm³，则水的质量即为水的体积。

$$m = m_0' - m_0 \tag{2-1-2}$$

④ 重复上述测量三次，取其平均值。

⑤ 按公式（2-1-3）计算量砂的松方密度 ρ_s：

$$\rho_s = \frac{m_a}{V} \tag{2-1-3}$$

式中　ρ_s——量砂的松方密度，g/cm³；

　　　V——标定罐的体积，cm³。

（5）试验步骤。

① 在试验地点，选一块平坦表面，并将其清扫干净，面积不得小于基板面积。

② 将基板放在平坦表面上。当表面的粗糙度较大时，则将盛有量砂 m_5 的灌砂筒放在基板中孔上。将灌砂筒的开关打开，让砂流入基板的中孔内，直至储砂筒内的砂不再下流时关闭开关。取下灌砂筒，并称取筒内砂的质量 m_6，准确至 1 g。

③ 取走基板，并将留在试验地点的量砂收回，重新将表面清扫干净。

④ 将基板放回清扫干净的表面上（尽量放在原处），沿基板中孔凿洞（洞的直径与灌砂筒一致），参见图 2-1-2。在凿洞过程中，应注意不使凿出的材料丢失，并随时将凿松的材料取出装入塑料袋中，不使水分蒸发，也可放在大试样盒内。试洞的深度应等于测定层厚度，但不得有下层材料混入，最后将筒内的全部凿松材料取出。对于土基或基层，为防止试样盘内材料的水分蒸发，可分几次称取材料的质量，全部取出材料的总质量为 m_w，准确至 1 g。

注：当需要检测厚度时，应先测量厚度再进行下一步骤。

图 2-1-2 挖试坑，称质量

图 2-1-3 灌砂，测密实度

⑤ 从挖出的全部材料中取出有代表性的样品，放在铝盒或洁净的搪瓷盘中，测定其含水率（w，以%计）。样品的数量见表 2-1-5。

表 2-1-5 样品数量

样品类型	小灌砂筒	大灌砂筒
细粒土	≥100 g	≥200 g
中粒土	≥500 g	≥1 000 g
粗粒土或水泥、石灰、粉煤灰等无机结合料稳定材料	取出的全部材料烘干，且不少于 2 000 g，称其质量 m_d	

⑥ 将基板安放在试坑上，将灌砂筒安放在基板中间（储砂筒内放满砂到要求质量 m_1），使灌砂筒的下口对准基板的中孔及试洞，打开灌砂筒的开关，让砂流入试坑内。在此期间，应注意勿碰动灌砂筒。直到储砂筒内的砂不再下流时，关闭开关。仔细取走灌砂筒，并称量筒内剩余砂的质量 m_4，准确至 1 g。参见图 2-1-3。

⑦ 如清扫干净的平坦表面粗糙度不大，可省去②和③的操作。在试坑挖好后，将灌砂筒直接对准放在试坑上，中间不需要放基板，打开筒的开关，让砂流入试坑内。在此期间，应注意勿碰动灌砂筒。直到储砂筒内的砂不再下流时，关闭开关。仔细取走灌砂筒，并称量剩余砂的质量 m'_4，准确至 1 g。

⑧ 仔细取出试筒内的量砂，以备下次试验时再用。若量砂的湿度已发生变化或量砂中混有杂质，则应该重新烘干、过筛，并放置一段时间，使其与空气的湿度达到平衡后再用。

（四）计算

（1）按公式（2-1-4）或公式（2-1-5）计算填满试坑所用的砂的质量 m_b：

灌砂时，试坑上放有基板：

$$m_b = m_1 - m_4 - (m_5 - m_6) \tag{2-1-4}$$

灌砂时，试坑上不放基板：

$$m_b = m_1 - m_4' - m_2 \tag{2-1-5}$$

式中　m_b——填满试坑的质量，g；

m_1——灌砂前灌砂筒内砂的质量，g；

m_2——灌砂筒下部圆锥体内砂的质量，g；

m_4、m_4'——灌砂后，灌砂筒内剩余砂的质量，g；

$(m_5 - m_6)$——灌砂筒下部圆锥体内及基板和粗糙表面间砂的合计质量，g。

（2）按公式（2-1-6）计算试坑材料的湿密度 ρ_w（g/cm³）：

$$\rho_w = \frac{m_w}{m_b} \cdot \rho_s \tag{2-1-6}$$

式中　m_w——试坑中取出的全部材料的质量，g；

ρ_s——量砂松方密度，g/cm³。

（3）按公式（2-1-7）计算试坑材料的干密度 ρ_d（g/cm³）：

$$\rho_d = \frac{\rho_w}{1 + 0.01w} \tag{2-1-7}$$

式中　w——试坑材料的含水率，%。

（4）当为水泥、石灰、粉煤灰等无机结合料稳定土的场合，可按公式（2-1-8）计算干密度 ρ_d（g/cm³）。

$$\rho_d = \frac{m_d}{m_b} \cdot \rho_s \tag{2-1-8}$$

式中　ρ_d——试坑中取出的稳定土的烘干质量，g。

（5）按公式（2-1-9）计算施工压实度：

$$K = \frac{\rho_d}{\rho_c} \times 100 \tag{2-1-9}$$

式中　k——测试地点的施工压实度，%；

ρ_d——试样的干密度，g/cm³；

ρ_c——由击实试验得到的试样的最大干密度，g/cm³。

各种材料的干密度均应准确至 0.01 g/cm³。

（五）注意事项

挖坑灌砂法是施工过程中最常用的试验方法之一。此方法表面上看起来较为简单，但实际操作时经常掌握不好，引起较大误差，又因为它是测定压实度的依据，所以是质量检测监督部门与施工单位之间容易发生矛盾的环节，因此应严格遵循试验规程的每个细节，以提高试验精度。为使试验做得准确，应注意以下几个环节：

（1）必须保证标准最大干密度的试验材料与现场压实层填料是同种材料，计算得到的压实度才有意义。对于不同的填筑材料，要分别进行击实试验得到相应的最大干密度，作为压实度计算的标准。如果发现试坑材料组成与击实试验的材料有较大差异时，可以试坑材料做标准击实，求取实际的最大干密度。

（2）量砂要规则。量砂如果重复使用时，一定要注意晾干，处理一致，否则影响量砂的松方密度。

（3）每换一次量砂，都必须测定松方密度，灌砂筒下部圆锥体内砂的数量也应该每次重新标定。因此量砂宜事先准备较多数量。切勿到试验时临时找砂，又不进行标定，仅使用以前的数据。

（4）地表面处理要平整。只要表面凸出一点（即使 1 mm），使整个表面高出一薄层，其体积便算到试坑中去了，将影响试验结果，因此本方法一般宜采用先放上基板测定一次粗糙表面消耗的量砂。

（5）在挖坑时试坑周壁应竖直，避免出现上大下小或上小下大的情形，这样就会使检测密度偏大或偏小。

（6）压实度应反映某测试层整体厚度范围内的压实质量，因此，挖坑深度应等于测试层厚度，即应达到该测试层的层底。

（六）试验记录

灌砂法测压实度检测记录表可参考表 2-1-6、表 2-1-7。

三、环刀法测压实度

环刀法测定干密度的原理为：在测试层内通过带刃环刀取出固定体积的土样，烘干，获得干质量，从而得到压实材料的干密度，进而计算得到压实度。环刀容积通常为 200 cm^3，环刀高度约 5 cm。

（一）目的和适用范围

环刀法适用于公路工程现场测定细粒土及无机结合料稳定细粒土的密度。但对无机结合料稳定细粒土，其龄期不宜超过 2 d，且宜于施工过程中的压实度检验。

（二）仪器与材料

（1）环刀、环刀盖：如图 2-1-4 所示。

图 2-1-4 环刀

（2）天平：感量 0.1 g。

（3）其他：铲、小铁锹、修土刀、毛刷、直尺、钢丝锯、凡士林、木板及测定含水率设备等。

表 2-1-6 标准砂密度标定试验记录表（灌砂法用）

灌砂筒编号					灌砂筒直径						
试验编号	标定罐体积			锥体内砂的质量			量砂密度				
	标定罐+玻璃板+水质量(g)(1)	标定罐+玻璃板+水质量(g)(2)	标定罐体积(cm³)(3)=(2)-(1)	标定罐体积平均值(cm³)(4)	灌砂前(筒+砂)质量(g)(5)	锥体内砂质量(g)(6)	锥体内砂质量平均值(g)(7)	灌砂前(筒+砂)质量(g)(8)	灌砂后(筒+砂)质量(g)(9)	标定罐砂质量(g)(10)=(8)-(9)-(7)	标定罐砂平均质量(g)(11)	砂密度(g/cm³)(12)=(11)/(4)

表 2-1-7 灌砂法测压实度检测记录表

桩号	距下结构层层深度 (cm)	最大干密度 ρ_d (g/cm³)	压实度标准 (%)	量砂的密度 ρ_s (g/cm³)	灌入试洞前筒内砂质量 m_1 (g)	灌砂筒下部圆锥体内砂平均质量 m_2 (g)	灌砂入试洞后筒内剩余砂质量 m_4 (g)	灌砂筒下部圆锥体内及基板和地面粗糙面间砂的合计质量 m_5 (g)	填满试洞所需砂质量 m_6 洞上放基板时：$m_6=m_1-m_5-m_4$ 不放基板时：$m_6=m_1-m_4-m_2$ (g)	试洞体积 V $V=m_6/\rho_s$ (cm)	试样湿质量 m_w (g)	试样湿密度 ρ_w $\rho_w=m_w/v$ (g/cm³)	试样含水率 w (%)	试样干密度 $\rho_d=\rho_w/[1+0.01w]$ (g/cm³)	压实度 K $K=\rho_d/\rho$ (%)

自检说明：

监理评语：

（三）方法与步骤

（1）按有关试验方法对检测对象试样用同种材料进行击实试验，得到最大干密度及最佳含水率。

（2）测定黏性土及无机结合料稳定细粒土密度的步骤：

① 在试验地点，将面积约 30 cm×30 cm 的地面清扫干净，并将压实层铲去表面浮动及不平整的部分，达一定深度，使环刀打下后，能达到要求的取土深度，但不得将下层扰动。参见图 2-1-5。

② 用镐将环刀及试样挖出，轻轻取下环盖，用修土刀自边至中削去环刀两端余土，用直尺检测直至修平为止。

③ 擦净环刀外壁，用天平称取环刀及试样合计质量 m_1，准确至 0.1 g。

④ 自环刀中取出试样，取具有代表性的试样，测定其含水率 w。

⑤ 擦净环刀，称取环刀质量 m_2，准确至 0.1 g。

图 2-1-5　环刀打入压实层

（3）测定砂性土或砂层密度的步骤：

① 如为湿润的砂土，在铲平的地面上，细心挖出一个直径较环刀外径略大的砂土柱，将环刀刃口向下，平置于砂土柱上，用两手平稳地将环刀垂直压下，直至砂土柱突出环刀上端约 2 cm 时为止。

② 削掉环刀口上的多余砂土，并用直尺刮平。

③ 在环刀上口盖一块平滑的木板，一手按住木板，另一手用小铁锹将试样从环刀底部切断，然后将装满试样的环刀反转过来，削去环刀刃口上部的多余砂土，并用直尺刮平。

④ 擦净环刀外壁，称环刀与试样合计质量 m_1，准确至 0.1 g。

⑤ 自环刀中取具有代表性的试样测定含水率 w。

⑥ 干燥的砂土不能挖成砂土柱时，可直接将环刀压入或打入土中。

（4）本试验须进行两次平行测定，其平行差值不得大于 0.03 g/cm³，求其算术平均值。

（四）计　算

（1）按公式（2-1-10）、公式（2-1-11）计算试样的湿密度及干密度。

$$\rho_w = \frac{m_1 - m_2}{(\pi d^2 h / 4)} \tag{2-1-10}$$

$$\rho_d = \frac{\rho_w}{1 + 0.01w} \tag{2-1-11}$$

式中　ρ_w——试样的湿密度，g/cm³；

　　　ρ_d——试样的干密度，g/cm³；

　　　m_1——环刀与试样合计质量，g；

m_2 ——环刀质量，g；

d ——环刀直径，cm；

h ——环刀高度，cm；

w ——试样的含水率，%。

（2）按公式（2-1-12）计算施工压实度。

$$k = \frac{\rho_d}{\rho_c} \times 100 \qquad (2\text{-}1\text{-}12)$$

式中　k ——测试地点的施工压实度，%；

ρ_d ——试样的干密度，g/cm³；

ρ_c ——由击实试验得到的试样的最大干密度，g/cm³。

（五）注意事项

用环刀测得的密度是环刀内土样所在深度范围内的平均密度，它不能代表整个碾压层的平均密度。由于碾压土层的密度一般是从上到下减小的，若环刀取在碾压层的上部，则得到的数值往往偏大，若环刀取的是碾压层的底部，则所得的数值将明显偏小。就检查路基土和路面结构层的压实度而言，我们需要的是整个碾压层的平均压实度，而不是碾压层中某一部分的压实度，因此，在用环刀法测定土的密度时，应使所得密度能代表整个碾压层的平均密度。然而，这在实际检测中是比较困难的，只有使环刀所取的土恰好是碾压层中间的土，环刀法所得的结果才可能与灌砂法的结果大致相同。另外，环刀法适用面较窄，对含有粒料的稳定土及松散性材料无法使用。

（六）试验记录（表2-1-8）

表2-1-8　环刀法压实度检测记录表

取样桩号	距路槽深度（cm）	最大干密度 ρ_d（g/cm³）	土样编号	环刀号	环刀容积 V（cm³）	环刀质量 m_1（g）	土+环刀质量 m_2（g）	土样湿质量 m_w $m_w=m_2-m_1$（g）	湿密度 ρ_w $\rho_w=m_w/V$	含水率 W（%）	干密度 ρ_d $\rho_d=\rho_w/$ $(1+0.01W)$（g/cm³）	压实度 K $K=$ ρ_d/ρ（%）	压实度标准（%）
自检说明：						监理评语：							

四、钻芯法测定沥青面层压实度

沥青混合料面层的压实度是指按施工规范规定方法测得的混合料试样毛体积密度与标准密度之比，以百分率表示。

（一）目的与适用范围

适用于检验从压实的沥青路面上钻取的芯样试件的密度，以评定沥青面层的施工压实度。

（二）仪器与材料

（1）路面取芯钻机：牵引式（可用手推）或车载式，钻机由发动机或电力驱动，钻头直径根据需要决定，选用ϕ100 mm 或ϕ150 mm 的钻头，均有淋水冷却装置，见图 2-1-6。

（2）天平：感量不大于 0.1 g。

（3）溢流水槽。

（4）吊篮。

（5）石蜡。

（6）其他：卡尺、毛刷、小勺、取样袋（容器）、电风扇。

图 2-1-6　路面取芯钻机

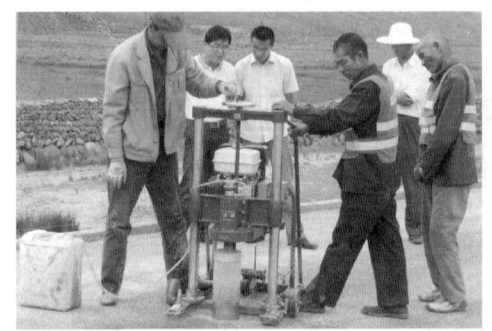

图 2-1-7　现场取芯

（三）方法与步骤

1. 钻取芯样（图 2-1-7）

钻孔采取芯样的直径不宜小于最大集料粒径的 3 倍，且不宜小于ϕ100 mm。

钻孔取样应在路面完全冷却后进行，对普通沥青路面通常在第二天取样，对改性沥青及 SMA 路面宜在第三天以后取样。

（1）在选取采样地点的路面上，先用粉笔对钻孔位置作出标记。

（2）用钻机在取样地点垂直对准路面放下钻头，牢固安放钻机，使其在运转过程中不得移动。

（3）开放冷却水，启动电动机，徐徐压下钻杆，钻取芯样，但不得使劲下压钻头。待钻透全厚后，上抬钻杆，拔出钻头，停止转动，不使芯样损坏，取出芯样。芯样用清水漂洗干净备用。

（4）路面混合料试样应整层取样，不得破碎。

（5）将钻取的芯样盛放于盛样皿中，必要时用塑料袋封袋。

如一次钻孔取得的芯样包含有不同层位的沥青混合料时，应根据结构组合情况用切割机沿各层结合面锯开分层测定。

（6）对钻孔应采用同类型材料填补压实，但取样时留下的水分应用棉纱等吸走，待干燥后再补充。

2. 测定试件密度

（1）将钻取的试件在水中用毛刷轻轻刷净黏附的粉尘。如试件边角有浮松颗粒，应仔细清除。

（2）将试件晾干或用电风扇吹干不少于24 h，直至恒重。

（3）测定试件密度ρ_s。通常情况下采用表干法测定试件的毛体积相对密度；对吸水率大于2%的试件，宜采用蜡封法测定试件的毛体积相对密度；对吸水率小于0.5%特别致密的沥青混合料，在施工质量检验时，允许采用水中重法测定表观相对密度。

（4）根据现行的《公路沥青路面施工技术规范》（JTG F40—2004）的规定，确定计算压实度的标准密度。

（四）计　算

（1）当计算压实度的标准密度采用每天试验室实测的马歇尔击实试件密度或试验路段钻孔取样密度时，沥青面层的压实度按公式（2-1-13）计算。

$$K = \frac{\rho_s}{\rho_0} \times 100 \quad (2\text{-}1\text{-}13)$$

式中　K——沥青面层某一测定部位的压实度，%；
　　　ρ_s——沥青混合料芯样试件的实际密度，g/cm³；
　　　ρ_0——沥青混合料的标准密度，g/cm³。

（2）计算压实度的标准密度采用最大理论密度时，沥青面层的压实度按公式（2-1-14）计算。

$$K = \frac{\rho_s}{\rho_t} \times 100 \quad (2\text{-}1\text{-}14)$$

式中　ρ_s——沥青混合料芯样试件的实测密度，g/cm³；
　　　ρ_t——沥青混合料的最大理论密度，g/cm³。

（3）计算一个评定路段检测的压实度的平均值、标准差、变异系数，并计算代表压实度。

（五）试验记录（表2-1-9）

表2-1-9　沥青面层钻芯密度测定记录

取件桩号	层次	试件厚度（cm）	试件在空气中重（g）	试件在水中重（g）	饱水后试件在空气中重（g）	路面试件的密度（g/cm³）	标准密度（g/cm³）	压实度（%）
备注：								

五、压实度检测结果评定

（一）压实度测定、计算要求

（1）路基、路面压实度以 1~3 km 长的路段为检验评定单元。

（2）按要求的检测频率进行现场压实度抽样检查，求算每一测点的压实度 k_i。

（二）计 算

（1）计算检验评定段的压实度平均值、标准差。

（2）按公式（2-1-15）计算检验评定段的压实度代表值 K：

$$K = \bar{k} - (t_\alpha / \sqrt{n}) \cdot S \tag{2-1-15}$$

式中 $\bar{k}$——检验评定段内各测点压实度的平均值。

S——检测值的标准差。

n——检测点数。

t_α——t 分布表中随测点数和保证率（或置信度 α）而变的系数；t_α 见表 2-1-10。采用的保证率：高速公路、一级公路的基层、底基层为 99%，路基、路面面层为 95%；其他公路的基层、底基层为 95%，路基、路面面层为 90%。

表 2-1-10 $t_\alpha / \sqrt{n}$ 值

保证率 n	99%	95%	90%	保证率 n	99%	95%	90%
2	22.501	4.465	2.176	21	0.552	0.376	0.289
3	4.021	1.686	1.089	22	0.537	0.367	0.282
4	2.270	1.177	0.819	23	0.523	0.358	0.275
5	1.676	0.953	0.686	24	0.510	0.350	0.269
6	1.374	0.823	0.603	25	0.498	0.342	0.264
7	1.188	0.734	0.544	26	0.487	0.335	0.258
8	1.060	0.670	0.500	27	0.477	0.328	0.253
9	0.966	0.620	0.466	28	0.467	0.322	0.248
10	0.892	0.580	0.437	29	0.458	0.316	0.244
11	0.833	0.546	0.414	30	0.449	0.310	0.239
12	0.785	0.518	0.393	40	0.383	0.266	0.206
13	0.744	0.494	0.376	50	0.340	0.237	0.184
14	0.708	0.473	0.361	60	0.308	0.216	0.167
15	0.678	0.455	0.347	70	0.285	0.199	0.155
16	0.651	0.438	0.335	80	0.266	0.186	0.145
17	0.626	0.423	0.324	90	0.249	0.175	0.136
18	0.605	0.410	0.314	100	0.236	0.166	0.129
19	0.586	0.398	0.305	>100	$\dfrac{2.3265}{\sqrt{n}}$	$\dfrac{1.6449}{\sqrt{n}}$	$\dfrac{1.2815}{\sqrt{n}}$
20	0.568	0.387	0.297				

（三）评　定

1. 路基、基层和底基层

（1）当 $K \geqslant K_0$，且单点压实度 K_i 全部大于或等于规定值减 2 个百分点时，评定路段的压实度合格率为 100%。

（2）当 $K \geqslant K_0$，且单点压实度 K_i 全部大于或等于规定极值时，按测定值不低于规定值减 2 个百分点的测点数计算合格率。

（3）当 $K < K_0$ 或某一单点压实度 K_i 小于规定极值时，该评定路段压实度为不合格，相应分项工程评为不合格。

路堤施工段落短时，分层压实度要点点符合要求，且实际样本数不小于 6 个。

2. 沥青面层

（1）当 $K \geqslant K_0$ 且全部测点大于等于规定值减 1 个百分点时，评定路段的压实度合格率为 100%。

（2）当 $K \geqslant K_0$ 时，按测定值不低于规定值减 1 个百分点的测点数计算合格率。

（3）当 $K < K_0$ 时，评定路段的压实度为不合格，相应分项工程评为不合格。

例：某二级公路土方路基工程进行评定，测得某段压实度数值如表 2-1-11 所示，计算此评定段的压实度代表值 K，并计算评定得分（$K_0=93\%$）。

表 2-1-11　压实度检测结果

测点序号	1	2	3	4	5	6	7	8	9
压实度（%）	94.0	95.2	97.3	93.5	92.4	93.1	93.2	92.5	93.6
测点序号（%）	10	11	12	13	14	15	16	17	18
压实度（%）	95.8	92.4	93.6						

解：经计算：$\overline{K}$ =93.9%，S=1.50%。

$$K = \overline{K} - \frac{t_\alpha}{\sqrt{n}} \cdot s = 93.9 - 1.5 \times 0.393 = 93.3\%$$

由于压实度代表值 $K_i > K_0 = 93\%$，且压实度单点检验都大于 91%（93% – 2%），符合要求，所以该路段的压实度合格率为 100%。

课题二　路面平整度检测

一、概　述

1. 平整度测定意义

平整度是指道路表面相对于理想平面的竖向偏差。路表的不平整会增大行车阻力，并使车辆产生附加振动作用，造成行车颠簸，影响行车的速度、安全及驾驶平稳和乘客的舒适。同时，振动作用还会对路面施加冲击力，从而加剧路面和汽车机件损坏和轮胎的磨损，并增大油耗。而且，不平整的路面会积滞雨水，加速路面的破坏，也给行车带来安全隐患。因此，平整度是评价路基路面施工质量和路面使用性能的重要指标。

路面的平整度与其下各结构层的平整状况有着一定的联系，即各结构层的平整效果将累计反映到路面表面上来。为了保证路面表面的平整度，路基路面各结构层都必须达到一定的平整度要求。

2. 测试设备

（1）断面类：通过测定路面表面凹凸情况来反映平整度，常用测试设备有 3 m 直尺、连续式平整度仪以及激光平整度仪。

（2）反应类：通过测定路面凹凸引起的车辆的振动颠簸来反映平整度状况，常用测试设备有颠簸累积仪。

3. 各种方法特点、指标（表 2-2-1）

表 2-2-1　平整度测试方法比较

方　法	特　点	技 术 指 标
3 m 直尺法	设备简单，结构直观，间断测试，工作效率低，反映凹凸程度	最大间隙 h（mm）
连续式平整度仪法	设备较复杂，连续测试，工作效率高，反映凹凸程度	标准差 σ（mm）
颠簸累积仪法	设备复杂，工作效率高，连续测试，反映舒适性	颠簸累积值 VRI（cm/km）
激光平整度仪法	与地面无接触，测试速度快，精度高	国际平整度指数 IRI（m/km）

4. 平整度的要求（表2-2-2）

表2-2-2 路基、面层、基层、底基层的平整度要求

结构类型		规定值或允许偏差				检查方法与频率
		3m直尺：最大间隙（mm）		平整度仪：标准偏差（mm）		
		高速、一级公路	其他公路	高速、一级公路	其他公路	
土方路基		15	20	—	—	3m直尺：每200m每双车道测2处×10尺
石方路基		20	30	—	—	
水泥混凝土面层		—	5.0	σ: 1.2 IRI: 2.0	σ: 2.0 IRI: 3.2	3m直尺：每200m测2处×10尺（水泥混凝土面层为半幅车道板带）；
沥青混凝土、沥青碎石面层面层		—	5.0	σ: 1.2 IRI: 2.0	σ: 2.5 IRI: 4.2	平整度仪：全线每车道连续按每100m计算σ或IRI
水泥稳定粒料	基层	8	12	—	—	3m直尺：每200m每双车测2处×10尺
	底基层	12	15	—	—	
水泥稳定土	基层	—	12	—	—	
	底基层	12	15	—	—	
石灰土	基层	—	12	—	—	
	底基层	12	15	—	—	
石灰稳定粒料	基层	—	12	—	—	
	底基层	12	15	—	—	
石灰、粉煤灰稳定粒料	基层	8	12	—	—	
	底基层	12	15	—	—	
石灰、粉煤灰土	基层	—	12	—	—	
	底基层	12	15	—	—	
级配碎石	基层	8	12	—	—	
	底基层	12	15	—	—	

二、3m直尺法测定平整度

3m直尺测定平整度的原理为：用3m直尺基准面距离路表面的最大间隙（以mm计）反映路基路面表面的凹凸情况。最大间隙值越大，说明路表面越不平整。

（一）目的与适用范围

3m直尺法适用于测定压实成型的路面各层表面的平整度，以此评定路面的施工质量，

也可用于路基表面成型后的施工平整度检测。

（二）仪器与材料

（1）3 m 直尺：测量基准面长度为 3 m 长，基准面应平直，用硬木或铝合金钢等材料制成，如图 2-2-1 所示。

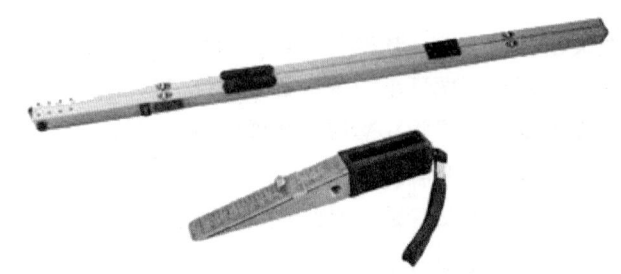

图 2-2-1　3 m 起码尺和楔形塞尺

（2）最大间隙测量器具。

① 楔形塞尺：硬木或金属制的三角形塞尺，有手柄。塞尺的长度与高度之比不小于 10，宽度不大于 15 mm，边部有高度标记，刻度读数分辨率小于或等于 0.2 mm。

② 深度尺：金属制的深度测量尺，有手柄。深度尺测量杆端头直径不小于 10 mm，刻度读数分辨率小于或等于 0.2 mm。

（3）其他：皮尺或钢尺、粉笔等。

（三）方法与步骤

1. 准备工作

（1）按有关规范选定测试路段。

（2）测试路段的测试地点选择：当为沥青路面施工过程中的质量检测时，测试地点应选在接缝处，以单尺测定评定；除高速公路以外，可用于其他等级公路路基路面工程质量检查验收或进行路况评定，每 200 m 每双车道测 2 处，每处连续测量 10 尺。除特殊需要者外，应以行车道一侧车轮轮迹（距车道线 80～100 cm）作为连续测定的标准位置。对旧路已形成车辙的路面，取车辙中间位置为测定位置，用粉笔做好标记。

（3）清扫路面测定位置处的污物。

2. 测试步骤

（1）在施工过程中检测时，根据需要确定的方向，将 3 m 直尺摆在测试地点的路面上。

（2）目测 3 m 直尺底面与路面之间的间隙情况，确定最大间隙位置。

（3）用有高度标线的塞尺塞进间隙处，量测其最大间隙的高度（mm）；或者用深度尺在最大间隙位置量测直尺上顶面距地面的深度，该深度减去尺高即为测试点的最大间隙的高度，准确到 0.2 mm。

（四）计 算

单杆检测路面的平整度计算，以 3 m 直尺与路面的最大间隙为测定结果；连续测定 10 尺时，判断每个测定值是否合格，根据要求计算合格百分率，并计算 10 个最大间隙的平均值。

（五）试验记录（表 2-2-3）

表 2-2-3　3 m 直尺法平整度检测记录表

起讫桩号	实　测　值　（mm）									平均值
测点数		最大值			最小值			标准值		
小于标准值的点数					合格率					

例：某一级公路竣工验收时，对路面底基层的平整度进行检验，结果如表 2-2-4 所示。

表 2-2-4　平整度试验结果

桩号	读　数（mm）										平均值
K1+600	10.2	7.0	4.0	5.0	8.2	4.7	3.0	4.8	3.6	12.4	
K1+800	4.6	4.0	6.0	5.8	7.4	6.2	9.4	6.8	5.6	4.8	

解：一级公路路面底基层的平整度要求是：12 mm，从表中可知 20 个测点，其中有 1 个测点不合格，则合格率为：19/20=95%。

三、连续式平整度仪法测定平整度

连续式平整度仪测定平整度的原理是：按一定采样间距量测路表面与八轮仪机架的基准点之间距离的单向偏差（凹下或凸起），以一定长度区间的标准差 σ（以 mm 计），反映路面的平整度。标准差越大，路表面越不平整。

连续式平整度仪是近年来我国测定路面平整度的新型仪器，其主要优点是可沿路面连续测量，一般采用先进的微机处理技术，可自动计算，自动打印，自动显示路面平整度的标准差、正负超差等各项技术指标，并绘出路面平整度偏差曲线。

（一）目的与适用范围

连续式平整度仪法适用于测定路表面的平整度，评定路面的施工质量和使用质量，但不适用于在已有较多坑槽、破损严重的路面上测定。

（二）仪器与材料

（1）连续式平整度仪。

① 整体结构：如图 2-2-2 所示。除特殊情况外，连续式平整度仪的标准长度为 3 m，其质量应符合仪器标准的要求；中间为一个 3 m 长的机架，机架可缩短或折叠，前后各有 4 个行走轮，前后两组轮的轴间距离为 3 m。

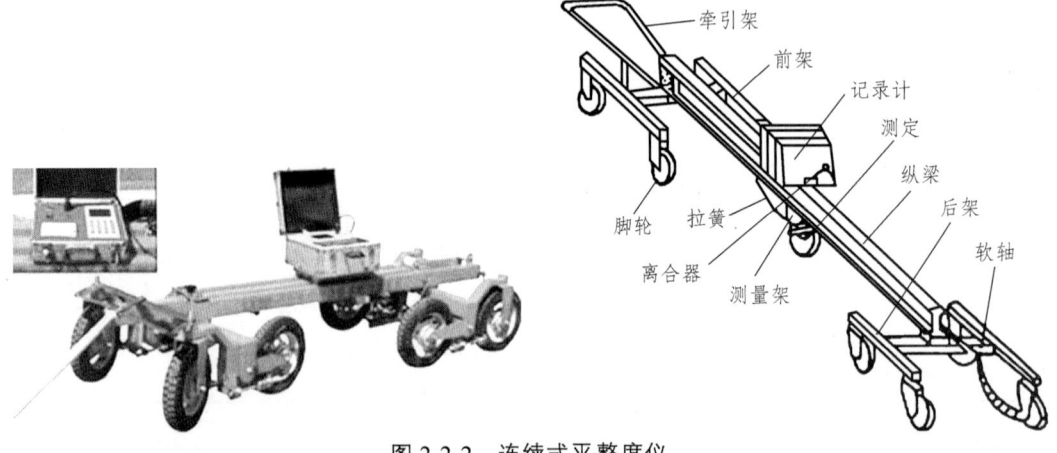

图 2-2-2　连续式平整度仪

② 标准差测量传感器：安装在机架中间，可以是能起落的测定轮；或非接触式位移传感器，如激光或超声位移测量传感器。

③ 其他辅助机构：蓄电池电源，距离传感器，与数据采集、处理、存储、输出部分配套的采集控制箱及计算机、打印机等。

④ 测定间距为 10 cm，每一计算区间的长度为 100 m，并输出一次结果。

⑤ 可记录测试长度（m）、曲线振幅大于某一定值（如 3 mm、5 mm、8 mm、10 mm 等）的次数、曲线振幅的单向（凸起或凹下）累计值及以 3 m 机架为基准的中点路面偏差曲线图，计并打印。

⑥ 机架装有一牵引钩及手拉柄，可用人力或汽车牵引。

（2）牵引车：小面包车或其他小型牵引车。

（3）皮尺或测绳。

（三）方法与步骤

1. 准备工作

（1）选择测试路段。

（2）当为施工过程中质量检测需要时，测试地点根据需要决定；当为路面工程质量检查验收或进行路况评定需要时，通常以行车道一侧车轮轮迹带作为连续测定的标准位置。对旧路已形成车辙的路面，取一侧车辙中间位置为测定位置。当以内侧轮迹带（或外侧轮迹带）作为测定位置时，测定位置距车道标线 80~100 cm。

（3）清扫路面测定位置处的杂物。

（4）检查仪器，检测箱各部分应完好、灵敏，并将各连接线接妥，安装记录设备。

2. 测试步骤（参见图 2-2-3）

（1）将连续式平整度仪置于测试路段路面起点上。

（2）牵引汽车的后部，将连续式平整度仪的挂钩与牵引汽车连接好，按照仪器使用手册依次完成各项操作。

（3）启动牵引汽车，沿道路纵向行驶，横向位置保持稳定。

（4）确认连续式平整度仪工作正常。牵引连

图 2-2-3　现场检测

续式平整度仪的速度应保持匀速，速度宜为 5 km/h，最大不得超过 12 km/h。

在测试路段较短时，亦可用人力拖拉平整度仪测定路面平整度，但拖拉时应保持匀速前进。

（四）计　算

（1）连续式平整度仪测定后，可按每 10 cm 间距采集的位移值自动计算得到每 100 m 计算区间的平整度标准差（mm），还可以记录测试长度（m）。

（2）计算一个评定路段内各区间平整度标准差的平均值、标准差、变异系数、合格区间数及合格率。

（五）注意事项

连续式平整度仪的测定位置通常位于牵引车的左右侧车轮中间，为了保证测定位置在行车道轮迹带或旧路车辙中间，牵引车必须居中骑行该条轮迹带或车辙。在路上实测时，受各种因素影响，可能做不到这一点。因此，保持测定位置的准确性，是连续式平整度仪检测路面平整度的一个难点。

（六）试验记录（表 2-2-5）

表 2-2-5　平整度检测记录（连续平整度仪法）

路基类型			结构层次	
序号	桩号	车道	平整度测值（mm）	

例：某条高速公路沥青路面平整度检测结果见表 2-2-6，试计算平整度并评定。

表 2-2-6 平整度检测记录（连续平整度仪法）

测定区间桩号	序号	标准差（mm）	平均值（mm）	标准差（mm）	变异系数（%）	合格区间数	合格率（%）
K18+100	01	0.48					
K18+200	02	0.46					
K18+300	03	0.51					
K18+400	04	0.50					
K18+500	05	0.65	0.55	0.083	15	9	100
K18+600	06	1.67（桥头伸缩缝）					
K18+700	07	1.00（桥头伸缩缝）					
K18+800	08	0.71					
K18+900	09	0.50					
K19+000	10	0.54					
K19+100	11	0.57					
K19+200	12	0.91（路面污染）					

解：测试当中对于桥头（包括通道两侧）伸缩缝、路面污染，其数据应予以剔除。在测试当中这些情况就随时记录在测试纸上。

该路段的平整度标准差的平均值为：

$$\bar{\sigma} = (0.48+0.46+0.51+0.50+0.65+0.71+0.50+0.54+0.57)/9 = 0.55 \text{(mm)}$$

$$\bar{\sigma} = 0.55 \text{(mm)} < [\sigma] = 1.20 \text{(mm)}$$

因此该层平整度评定合格。

四、车载式颠簸累积仪测定平整度

车载式颠簸累积仪测定平整度的原理：测试车以一定的速度在路面上行驶，由于路面凹凸不平，引起汽车的激振，通过测量车后轴与车厢之间的单向位移累积值 VBI（以 cm/km 计）来表征路面的平整度状况。累积值 VBI 越大，说明路面平整度越差，行车舒适性越不好。车载式颠簸累积仪可参考图 2-2-4。

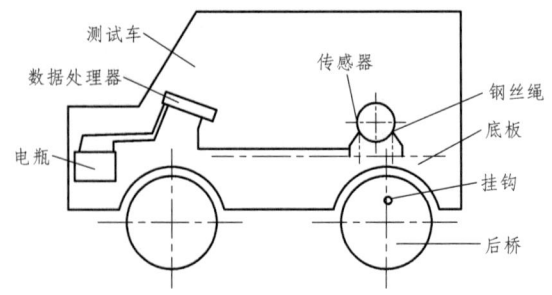

图 2-2-4 车载式颠簸累积仪示意图

本方法适用于各类颠簸累积仪在新建、改建路面工程质量验收和无严重坑槽、车辙等病害的正常通车条件下连续采集路段平整度数据。

本方法的数据采集、传输、记录和处理均由专用软件自动控制进行，可根据相关关系方程式自动换算并输出国际平整度指数IRI。

五、激光平整度仪法测定平整度

激光平整度仪测定平整度的基本原理：测试车以一定速度在路面上行驶，固定在汽车底盘上的一排激光传感器通过测试激光束反射回读数器的角度来测试路面，这个距离信号同测试车上装的加速度计信号进行互差，消除测试车自身的颠簸，输出一路面真实断面信号。信号处理系统将来自激光传感器的模拟信号转换成数值信号并记录下来。随着汽车的行进，每隔一定间距，采集一次数据。通过数据分析系统，可显示打印国际平整度指数IRI等平整度检测结果。

（一）目的与适用范围

本方法适用于各类车载式激光平整度仪在新建、改建路面工程质量验收和无严重坑槽、车辙等病害及无积水、积雪、泥浆的正常通车条件下连续采集路段平整度数据。

本方法的数据采集、传输、记录和处理分别由专用软件自动控制进行。

（二）仪器与材料

（1）测试系统：由承载车辆、距离传感器、纵断面高程传感器和主控制系统组成。主控制系统对测试装置的操作实施控制，完成数据采集、传输、存储与计算过程。

（2）设备承载车要求：根据设备供应商的要求选择测试系统承载车辆。

（3）测试系统基本技术要求和参数：测试速度为 30~100 km/h，采样间隔≤500 mm，传感器测试精度为 0.5 mm，距离标定误差＜0.1%，系统工作环境温度为 0~60 ℃。

车载式激光平整度仪参考图 2-2-5。由于承载车辆的动态性能会影响其测试结果，使激光平整度仪的国际平整度指数 IRI 测值与实际路面国际平整度指数 IRI 有一定的差别，因此，必须通过对比试验，建立相关关系式，将激光平整度仪得到的测值换算为国际平整度指数 IRI，才能用于路面平整度评定。

图 2-2-5　激光路面平整度测定仪

（三）方法与步骤

1. 准备工作

（1）设备安装到承载车上以后应进行相关性试验（激光平整度仪测值与国际平整度指数 IRI 相关关系对比试验）。

（2）根据设备操作手册的要求对测试系统各传感器进行校准。

（3）检查测试车轮胎气压，应达到车辆轮胎规定的标准气压，车胎应清洁，不得黏附杂物。

（4）距离测量装置需要现场安装的，根据设备操作手册说明进行安装，确保机械紧固装置安装牢固。

（5）检查测试系统各部分应符合测试要求，不应有明显的可视性破损。

（6）打开系统电源，启动控制程序，检查各部分的工作状态。

2. 测试步骤

（1）测试开始之前应让测试车以测试速度行驶 5~10 km，按照设备使用说明规定的预热时间对测试系统进行预热。

（2）测试车停在测试起点前 50~100 m 处，启动平整度测试系统程序，按照设备操作手册的规定和测试路段的现场技术要求设置完毕所需的测试状态。

（3）驾驶员应按照设备操作手册要求的测试速度范围驾驶测试车，宜在 50~80 km/h，避免急加速和急减速，急弯路段应放慢车速，沿正常行车轨迹驶入测试路段。

（4）进入测试路段后，测试人员启动系统的采集和记录程序，在测试过程中必须及时准确地将测试路段的起终点和其他需要特殊标记的位置输入测试数据记录中。

（5）当测试车辆驶出测试路段后，测试人员停止数据采集和记录，并恢复仪器各部分至初始状态。

（6）检查测试数据文件，文件应完整，内容应正常，否则需要重新测试。

（7）关闭测试系统电源，结束测试。

（四）计　算

激光平整度仪采集的数据是路面相对高程值，应以 100 m 为计算区间长度用 IRI 的标准计算程序计算 IRI 值，以 m/km 计。

（五）注意事项

应当注意，不能直视激光孔或观察通过抛光物面或镜面反射回来的激光束，防止损伤眼睛。只能通过一张红外线显示卡或光谱变换眼镜才可以观察光束的存在与否。

课题三 承载能力检测

一、概述

路基路面的承载能力是指在车辆荷载作用下路基路面结构的抗变形能力,通常用弯沉作为现场检测指标。弯沉是指在规定的荷载作用下,路基或路面表面产生的总垂直变形值(总弯沉)或垂直回弹变形(回弹弯沉),以 0.01 mm 为单位。弯沉值越大,说明承载能力越低。

我国采用回弹弯沉值来表示路基路面的承载能力。通常所说的回弹弯沉值是指标准后轴双轮组轮隙中心处的最大回弹弯沉值。回弹弯沉值是我国沥青路面结构设计控制指标,也是路基路面施工控制及施工验收的检验项目,又是运营中的路面结构强度评定的依据,还是旧路补强设计中的重要参数。因此,回弹弯沉值对于我国公路路基路面工程具有重要的作用和意义。

弯沉值的测试方法较多,目前用得最多的是贝克曼梁法,在我国已有成熟的经验,但由于其测试速度等因素的限制,各国都对快速连续或动态测定进行了研究,主要有法国洛克鲁瓦式自动弯沉仪,丹麦等国家发明并几经改进形成的落锤式弯沉仪,美国的振动弯沉仪等。这些在我国均有引进,现将几种方法各自的特点作简单比较,见表 2-3-1。

表 2-3-1 几种弯沉测试方式比较

方　法	特　点
贝克曼梁法	传统方法,速度慢,静态测试,比较成熟,目前属于标准方法
自动弯沉仪法	利用贝克曼梁原理快速连续测试,属于静态测试范畴,但测定的是总弯沉,因此使用时应用贝克曼梁进行标定换算
落锤式弯沉仪法	利用重锤自由落下的瞬间产生的冲击荷载测定弯沉,属于动态弯沉,并能反算路面的回弹模量,快速连续,使用时应用贝克曼梁法进行标定换算

二、贝克曼梁测定路基路面回弹弯沉

(一)适用范围

(1)本方法利用杠杆原理制成杠杆式弯沉仪测定轮隙弯沉。适用于测定各类路基路面的回弹弯沉以评定其整体承载能力,供路面结构设计使用。

(2)沥青路面的弯沉检测以沥青面层平均温度 20 ℃ 时为准,当路面平均温度在 20 ℃ ±2 ℃ 以内可不修正,在其他温度测试时,对沥青层厚度大于 5 cm 的沥青路面,弯沉值应予温度修正。

若在非不利季节测定时,应考虑季节影响系数。

（二）仪器材料

（1）标准车：双轴，后轴双侧 4 轮的载重车，相应参数见表 2-3-2，测试车应采用后轴 10 t 标准轴载 BZZ-100 的汽车。

表 2-3-2　弯测定沉用的标准车参数

标准轴载等级	BZZ-100
后轴标准轴载 P（kN）	100 ± 1
一侧双轮荷载（kN）	50 ± 0.5
轮胎充气压力（MPa）	0.70 ± 0.05
单轮传压面当量圆直径（cm）	21.30 ± 0.5
轮隙宽度	应能满足能自由插入弯沉仪测头的测试要求

（2）路面弯沉仪。

路面弯沉仪由贝克曼梁、百分表、表架组成，如图 2-3-1 所示。贝克曼梁由铝合金制成，上有水准泡；其前臂（接触路面）与后臂（装百分表）长度比为 2∶1。

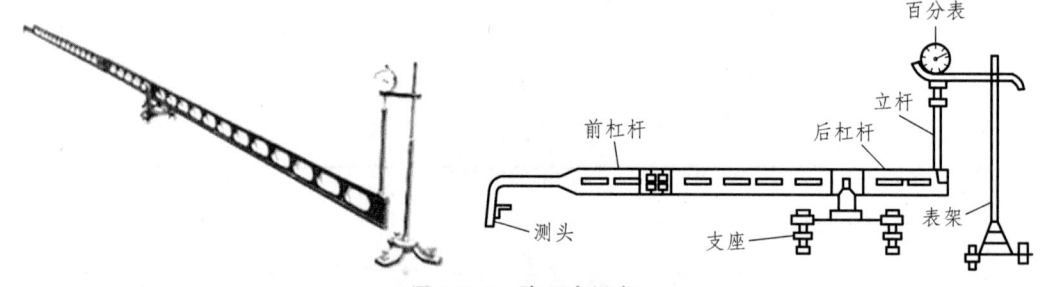

图 2-3-1　路面弯沉仪

弯沉仪长度有两种：一种长 3.6 m，前后臂分别为 2.4 m 和 1.2 m；另一种加长的弯沉仪长 5.4 m，前后臂分别为 3.6 m 和 1.8 m。在半刚性基层沥青路面或水泥混凝土路面上测定时，宜采用长度为 5.4 m 的贝克曼梁弯沉仪；对于柔性基层或混合式结构沥青路面可采用长度为 3.6 m 的贝克曼梁弯沉仪测定。弯沉可采用百分表量得，也可用自动记录装置进行测量。

（3）接触式路面温度计：端部为平头，分度不大于 1 ℃。

（4）其他：皮尺、口哨、白油漆或粉笔、指挥旗等。

（三）方法与步骤

1. 准备工作

（1）检查并保持测定用标准车的车况及制动性能良好、轮胎压力符合规定充气压力。

（2）向汽车车槽中装载（铁块或集料），并用地中衡称量后轴总质量及单侧轮荷载，均应符合要求的轴重规定，汽车行驶及测定过程中，轴重不得变化。

（3）测定轮胎接地面积：在平整光滑的硬质路面上用千斤顶将汽车后轴顶起，在轮胎下方铺一张新的复写纸和一张方格纸，轻轻落下千斤顶，即在方格纸印上轮胎印痕，用求积仪或数方格的方法测算轮胎接地面积，准确至 $0.1~cm^2$。

（4）检验弯沉仪百分表测量灵敏情况。

（5）当在沥青路面上测定时，用路表温度计测定试验时气温及路表温度（一天中气温不断变化，应随时测定），并通过气象台了解前 5 d 的平均气温（日最高气温与最低气温的平均值）。

（6）记录沥青路面修建或改建材料、结构、厚度、施工及养护等情况。

2. 测试步骤

（1）在测试路段布置测点，其距离随测试需要而定。测点应在路面行车车道的轮迹带上，并用白漆或粉笔画上标记。

（2）将试验车后轮轮隙对准测点后 3~5 cm 处。

（3）将弯沉仪插入汽车后轮之间的缝隙处，与汽车方向一致，梁臂不得碰到轮胎，弯沉仪测头置于测点上（轮隙中心前方 3~5 cm 处），如图 2-3-2 所示。安装百分表于弯沉仪的测定杆上，百分表调零，用手指轻轻叩打弯沉仪，检查百分表是否稳定回零，如图 2-3-3 所示。

图 2-3-2　安装贝克曼梁

图 2-3-3　安装、调节百分表

弯沉仪可以是单侧测定，也可以是双侧同时测定。

（4）测定者吹哨发令指挥汽车缓缓前进，百分表随路面变形的增加而持续向前转动。当表针转动到最大值时，迅速读取初读数 L_1。汽车仍在继续前进，表针反向回转，待汽车驶出弯沉影响半径（3 m 以上）后，吹口哨或挥动指挥旗，汽车停止。待表针回转稳定后，再次读取终读数 L_2。汽车前进的速度宜为 5 km/h 左右。

3. 弯沉仪的支点变形修正

（1）当采用长度为 3.6 m 的弯沉仪进行弯沉测定时，有可能引起弯沉仪支座处变形，因此测定时应检验支点有无变形。如果有变形，此时应用另一台检验用的弯沉仪安装在测定用弯沉仪的后方，其测点架于测定用弯沉仪的支点旁。当汽车开出时，同时测定两台弯沉仪的弯沉读数，如检验用弯沉百分表有读数，即应该记录并进行支点变形修正。当在同一结构层上测定时，可在不同位置测定 5 次，求取平均值，以后每次测定时此作为修正值。支点变形修正的原理如图 2-3-4 所示。

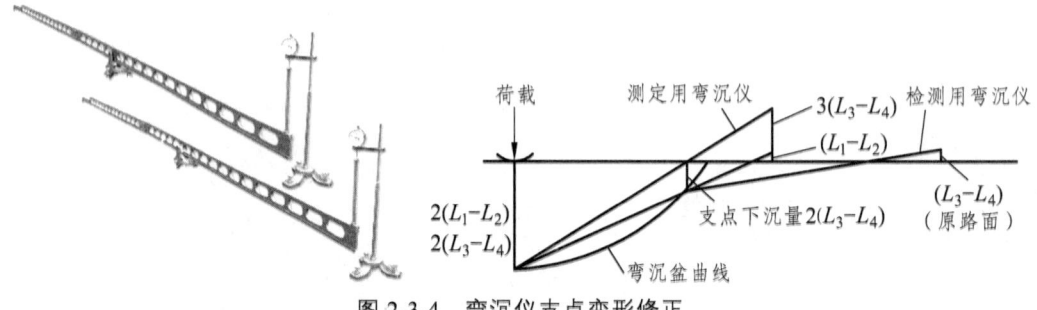

图 2-3-4　弯沉仪支点变形修正

（2）当采用长度为 5.4 m 的弯沉仪测定时，可不进行支点变形修正。

（四）结果计算及温度修正

（1）路面测点的回弹弯沉值按公式（2-3-1）计算。

$$l_t = (L_1 - L_2) \times 2 \tag{2-3-1}$$

式中　l_t——在路面温度 t 时的回弹弯沉值，0.01 mm；
　　　L_1——车轮中心临近弯沉仪测头时百分表的最大读数，0.01 mm；
　　　L_2——汽车驶出弯沉影响半径后百分表的终读数，0.01 mm。

（2）当需要进行弯沉仪支点变形修正时，路面测点的回弹弯沉值按公式（2-3-2）计算。

$$l_t = (L_1 - L_2) \times 2 + (L_3 - L_4) \times 6 \tag{2-3-2}$$

式中　L_1——车轮中心临近弯沉仪测头时测定用弯沉仪的最大读数，0.01 mm；
　　　L_2——汽车驶出弯沉影响半径后测定用弯沉仪的终读数，0.01 mm；
　　　L_3——车轮中心临近弯沉仪测头时检测用弯沉仪的最大读数，0.01 mm；
　　　L_4——汽车驶出弯沉影响半径后检验用弯沉仪的终读数，0.01 mm。

注：此式适用于测定用弯沉仪支座处有变形，但百分表架处路面已无变形的情况。

（3）沥青面层厚度大于 5 cm 的沥青路面，回弹弯沉值应进行温度修正。温度修正及回弹弯沉的计算宜按下列步骤进行。

① 测定时的沥青层平均温度按公式（2-3-3）计算。

$$t = (t_{25} + t_m + t_e)/3 \tag{2-3-3}$$

式中 t ——测定时沥青层平均温度，℃；

t_{25} ——根据 t_0 由图 2-3-5 确定的路表下 25 mm 处的温度，℃；

t_m ——根据 t_0 由图 2-3-5 确定的沥青中间深度的温度，℃；

t_e ——根据 t_0 由图 2-3-5 确定的沥青层底面处的温度，℃。

图 2-3-5 中 t_0 为测定时路表温度与测定前 5 d 日平均气温的平均值之和（℃），日平均气温为日最高气温与最低气温的平均值。

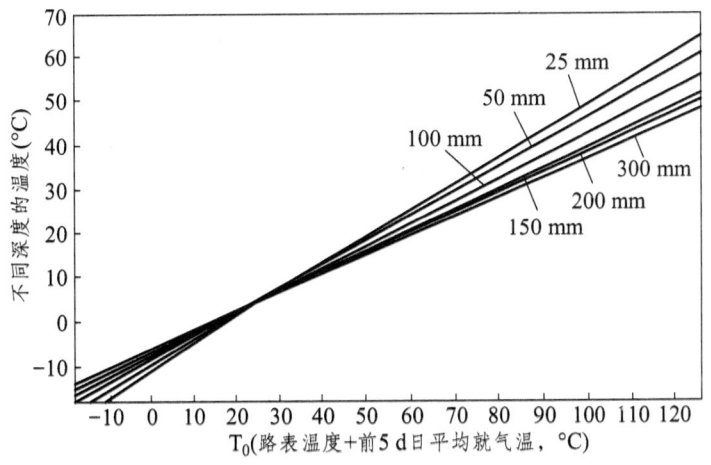

图 2-3-5 沥青层平均温度的确定

注：线上的数字表示路表下的不同深度（mm）

② 根据沥青层平均温度 t 及沥青层厚度，分别由图 2-3-6 及图 2-3-7 求取不同基层的沥青路面弯沉值的温度修正系数 K。

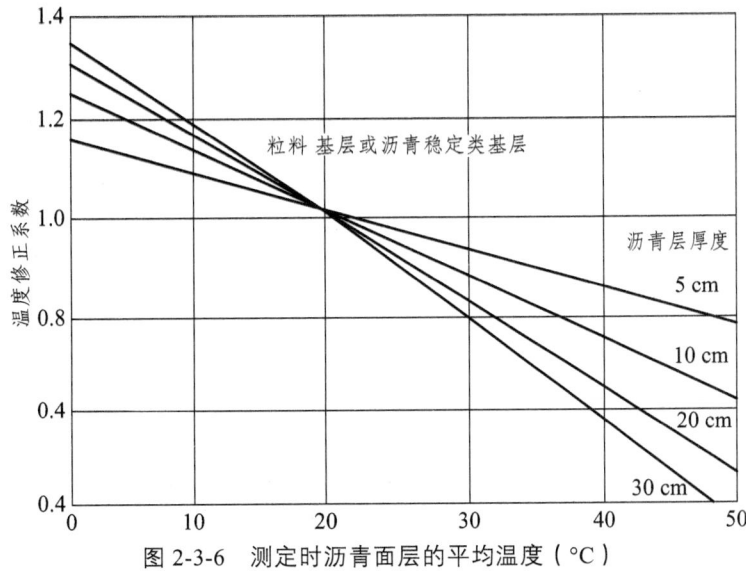

图 2-3-6 测定时沥青面层的平均温度（℃）

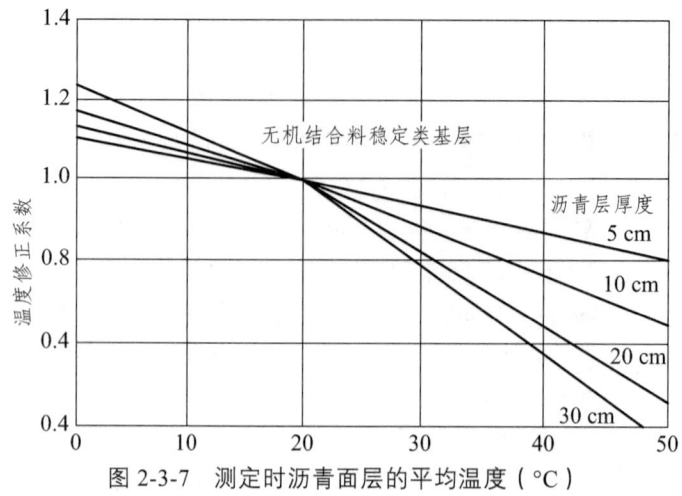

图 2-3-7 测定时沥青面层的平均温度（°C）

（3）沥青路面回弹弯沉按公式（2-3-4）计算。

$$L_{20} = L_t \times K \quad (2\text{-}3\text{-}4)$$

式中　K ——温度修正系数；

　　　L_{20} ——换算为 20 °C 的沥青路面回弹弯沉值，0.01 mm；

　　　L_t ——测定时沥青面层内平均温度为 t 时的回弹弯沉值，0.01 mm。

（五）试验记录（表 2-3-3）

表 2-3-3　路基（路面）回弹弯沉值测定记录表

检测使用汽车型号		牌照号码		轮胎气压	（MPa）
加荷载时后轴总重	（t）	天　气		气　温	
桩　号	位　置	百分表读数（0.01 mm）	卸荷后百分表读数（0.01 mm）	二倍读数差（0.01 mm）	备　注

（六）弯沉值评定

（1）用贝克曼梁或自动弯沉仪测量。每一双车道评定路段（不超过 1 km）检查 80~100 个点，多车道必须按车道与双车道之比，相应增加测点。

（2）当路基和柔性基层、底基层的弯沉代表值不符合要求时，可将超出 $\bar{l} \pm (2~3)S$ 的弯沉特异值舍弃，重新计算平均值和标准差。对舍弃的弯沉值大于 $\bar{l} + (2~3)S$ 的点，应找出其周围界限，进行局部处理。

用两台弯沉仪同时进行左右轮弯沉值测定时，应按两个独立测点计，不能采用左右两点的平均值。

（3）弯沉代表值按公式（2-3-5）计算。

$$l_r = \bar{l} + Z_\alpha S \tag{2-3-5}$$

式中 l_r——一个评定路段的弯沉代表值，0.01 mm；

$\bar{L}$——一个评定路段内的实测弯沉的平均值，0.01 mm；

S——标准差，0.01 mm；

Z_α——与要求的保证率有关的系数，由表2-3-4选取。

表2-3-4　Z_α值

层位	Z_α	
	高速、一级公路	二、三级公路
沥青面层	1.645	1.5
路基	2.0	1.645

（4）弯沉代表值大于设计要求的弯沉值时相应分项工程为不合格。

例题：某一级公路路基施工质量检查中，用标准轴载测得弯沉值分别为100、101、102、110、95、98、93、96、103、104（0.01 mm），设计弯沉为100（0.01 mm）。

试计算：

（1）该结构层弯沉值平均值、标准差、变异系数。

（2）弯沉代表值。

（3）评定。

答：（1）算术平均值 $\bar{l} = 100$（0.01 mm）

标准差：$S=4.98$（0.01 mm）

变异系数：$C_v=5.0\%$

（2）弯沉代表值：$l_r = \bar{l} + Z_\alpha \times S = 100 + 2.0 \times 4.98 = 110$（0.01 mm）

（3）因为：弯沉代表值为110（0.01 mm）大于设计弯沉值100（0.01 mm）

所以：弯沉不合格。

三、自动弯沉仪测定路面弯沉

自动弯沉仪的测试原理与贝克曼梁的工作方式基本类似，不同的是采用位移传感器替代了百分表，能够自动进行数据采集、传输、记录和处理；自动弯沉仪测定的是路面结构总弯沉，与贝克曼梁测定的回弹弯沉的性质有所不同，可通过对比试验，建立两者相关关系式，将自动弯沉仪测定的总弯沉换算为回弹弯沉后，用于我国路面承载能力评定或路面结构设计。

（一）目的与适用范围

本方法适用于各类Lacroix型（洛克鲁瓦型）自动弯沉仪在新建、改建路面工程的质量验收中，在无严重坑槽、车辙等病害的正常通车条件下连续采集沥青路面弯沉数据。

本方法的数据采集、传输、记录和处理分别由专用软件自动控制进行。

（二）仪器材料

1. Lacroix 型自动弯沉仪

由承载车、测量机架及控制系统、位移、温度和距离传感器、数据采集与处理系统等基本部分组成，如图 2-3-8 所示。

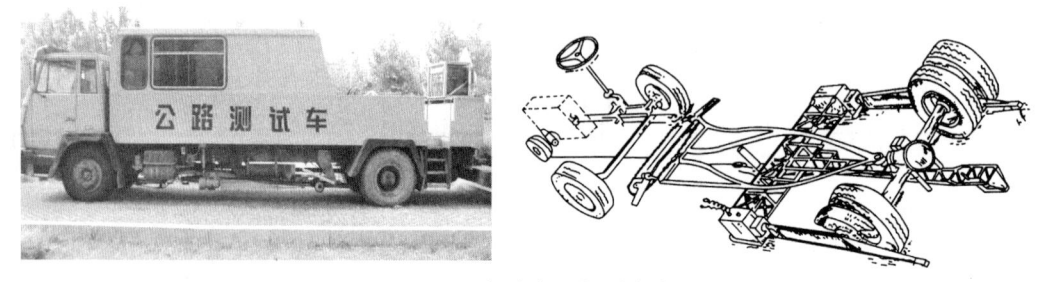

图 2-3-8　自动弯沉仪测定车

2. 设备承载车技术要求和参数

自动弯沉仪的承载车辆应为单后轴、单侧双轮组的载重车，其标准条件参考贝克曼梁测定路基路面回弹弯沉试验方法中 BZZ-100 车型的标准参数。

3. 测试系统基本技术要求和参数

位移传感器分辨率为 0.01 mm，位移传感器有效量程 ≥ 3 mm，设备工作环境温度为 0～60 ℃，距离标定误差 < 1%。

（三）方法与步骤

1. 准备工作

（1）位移传感器标定。每次测试之前必须按照设备使用手册规定的方法进行位移传感器的标定，记录标定数据并存档。

（2）检查承载车轮胎气压。每次测试之前都必须检查后轴轮胎气压，应满足（0.70 ± 0.05）MPa 的要求。

（3）检查承载车轮载。一般每年检查一次，如果承载车因改装等原因改变了后轴载，也必须进行此项工作，后轴载应满足（100 ± 1）kN 的要求。

（4）检查测量架的易损部件情况，及时更换损坏部件。

（5）打开设备电源进行检查，控制面板功能键、指示灯、显示器等应正常。

（6）开动承载车试测 2~3 个步距，观察测试机构，测试机构应正常，否则需要调整。

2. 测试步骤

（1）测试系统在开始测试前需要通电预热，时间不小于设备操作手册要求，并开启工程警灯和导向标等警告标志。

（2）在测试路段前20 m处将测量架放落在路面上，并检查各机构的部件情况。

（3）操作人员按照设备使用手册的规定和测试路段的现场技术要求设置完毕所需的测试状态。

（4）驾驶员缓慢加速承载车到正常测试速度，沿正常行车轨迹驶入测试路段。

（5）操作人员将测试路段起终点、桥涵街道特殊位置的桩号输入到记录数据中。

（6）当测试车辆驶出测试路段后，操作人员停止数据采集和记录，并恢复仪器各部分至初始状态，驾驶员缓慢停止承载车，提起测量架。

（7）操作人员检查数据文件，文件应完整，内容应正常，否则需要重新测试。

（8）关闭测试系统电源，结束测试。

（四）计　算

（1）采用自动弯沉仪采集路面弯沉盆峰值数据。

（2）数据组中左臂测值、右臂测值按单独弯沉处理。

（3）对原始弯沉测试数据进行温度、坡度、相关性等修正。

（五）弯沉值的横坡修正

当路面横坡不超过4%时，不进行超高影响修正；当横坡超过4%时，超高影响的修正参照表2-3-5的规定进行。

表2-3-5　弯沉值横坡修正

横坡范围	高位修正系数	低位修正系数
>4%	$\dfrac{1}{1-i}$	$\dfrac{1}{1+i}$

（六）自动弯沉仪与贝克曼梁回弹弯沉值对比试验

1. 试验条件

（1）按弯沉值不同水平范围选择不少于4段路面结构相似的路段。路段长度可为300~500 m，标记好起终点位置。

（2）对比试验路段的路面应清洁干燥，温度应在10~35 ℃，并且选择温度变化不大的时间，宜选择晴天无风的天气条件，试验路段附近没有重型交通和震动。

2. 试验步骤

（1）按照自动弯沉仪的试验步骤，令自动弯沉仪按照正常测试车速测试选定路段，工作人员仔细用油漆每隔三个测试步距或约20 m标记测点位置。

（2）自动弯沉仪测试完毕后，等待30 min；然后，在每一个标记位置用贝克曼梁按照贝克曼梁测定路基路面回弹弯沉试验方法测定各点回弹弯沉值。

3. 试验数据处理

从自动弯沉仪的记录数据中按照路面标记点的相应桩号提出各试验点测值，并与贝克曼梁测值一一对应，用数理统计的回归分析方法得到贝克曼梁测值和自动弯沉仪测值之间的相关关系方程，相关系数 R 不得小于 0.95。

（七）报　告

测试报告中应该包括以下内容：
（1）弯沉平均值、标准差、代表值、测试时的路面温度及温度修正值。
（2）自动弯沉仪测值与贝克曼梁测值的相关关系式及相关系数。

（八）注意事项

英国及国内的试验资料表明，测试速度会影响弯沉的测试结果。试验结果显示，当弯沉水平小于 40 时，这种影响较小，可不予考虑；但当弯沉水平超过 40 时，测试结果的差别较大。为减小速度对测试结果的影响，自动弯沉仪测试时速度一般控制在（3.5±0.5）km/h 的范围内。当实际采用的现场测试速度超出此范围时，应进行设备的相关性试验对测试结果进行修正。

四、落锤式弯沉仪测定路面弯沉

（一）目的与适用范围

本方法适用于测定在落锤式弯沉仪（FWD）标准质量的重锤从一定高度落下发生的冲击荷载，施加到路基或路面表面，自动量测荷载中心及其一定范围内若干个点所产生的瞬时变形，即测定在动态荷载作用下产生的动态总弯沉及弯沉盆数据。落锤式弯沉仪所测弯沉盆数据常被用于反算路基路面各层材料的动态弹性模量，作为设计参数使用；所测动态总弯沉经转换至回弹弯沉值后可用于评定路基路面承载能力，也可用于调查水泥混凝土路面接缝的传力效果，探查路面板下的空洞等。

（二）仪器材料

落锤式弯沉仪分为拖车式和内置式（图 2-3-9）。拖车式便于维修与存放，而内置式则较小巧、灵便。

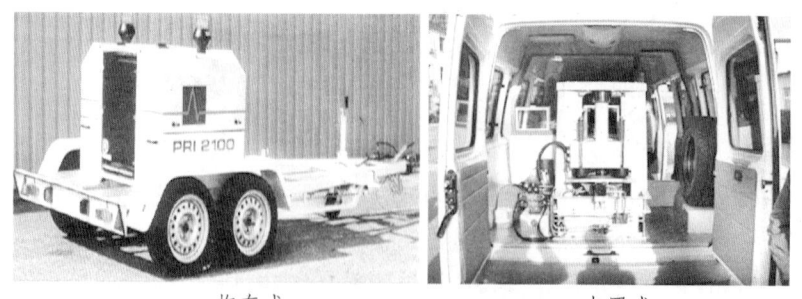

拖车式　　　　　　　　内置式

图 2-3-9　落锤式弯沉仪

落锤式弯沉仪由荷载发生装置、弯沉检测装置、运算控制系统与车辆牵引系统等组成。

（1）荷载发生装置：包括落锤和承载板。重锤的质量及落高根据使用目的与道路等级选择，荷载由传感器测定。如无特殊需要，重锤的质量为（200±10）kg，可采用产生（50±2.5）kN 的冲击荷载。承载板宜为十字对称分开成 4 部分且底面固定有橡胶片的承载板。承载板的直径一般为 300 mm。

（2）弯沉检测装置：由一组高精度位移传感器组成，如图 2-3-10 所示。自承载板中心开始，沿道路纵向隔开一定距离布设一组传感器，传感器总数不少于 7 个，建议布置在 0～250 cm，必须包括 0 cm、30 cm、60 cm、90 cm 四点，其他根据需要及设备性能决定。

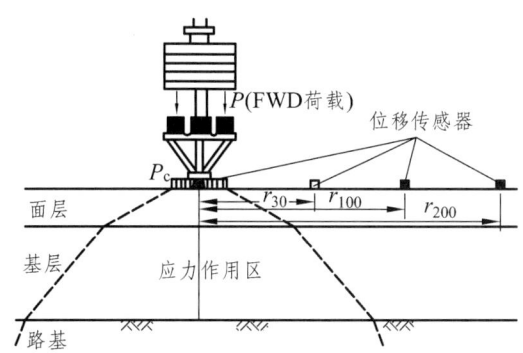

图 2-3-10　落锤式弯沉仪传感器布置及应力作用状态示例

（3）运算及控制装置：能在冲击荷载作用的瞬间内，记录冲击荷载及各个传感器所在位置测点的动态变形。

（4）牵引装置：牵引 FWD 并安装有运算及控制装置的车辆。

（三）方法与步骤

1. 准备工作

（1）调整重锤的质量及落高，使重锤的质量及产生的冲击荷载符合荷载装置的要求。

（2）在测试路段的路基或路面各层表面布置测点，其位置或距离随测试需要而定。当在路面表面测定时，测点宜布置在行车道的轮迹带上。测试时，还可利用距离传感器定位。

（3）检查 FWD 的车况及使用性能，用手动操作检查，各项指标符合仪器规定要求。

（4）将 FWD 牵引至测定地点，将仪器打开，进入工作状态，牵引 FWD 行驶的速度不宜超过 50 km/h。

（5）对位移传感器按仪器使用说明书进行标定，使之达到规定的精度要求。

2. 测试步骤

（1）承载板中心位置对准测点，承载板自动落下，放下弯沉装置的各个传感器。

（2）启动落锤装置，落锤瞬即自由落下，冲击力作用于承载板上，又立即自动提升至原来位置固定。同时，各个传感器检测结构层表面变形，记录系统将位移信号输入计算机，并得到峰值，即路面弯沉，同时得到弯沉盆。每一测点重复测定应不少于 3 次，除去第一个测定值,取以后几次测定值的平均值作为计算依据。

(3)提起传感器及承载板,牵引车向前移动至下一个测点,重复上述步骤,进行测定。

(四)落锤式弯沉仪与贝克曼梁弯沉仪对比试验步骤

1. 路段选择

选择结构类型完全相同的路段,针对不同地区选择某种路面结构的代表性路段,进行两种测定方法的对比试验,以便将落锤式弯沉仪测定的动弯沉换算成贝克曼梁弯沉仪测定的回弹弯沉值。选择的对比路段长度 300~500 m,弯沉值应有一定的变化幅度。

2. 对比试验步骤

(1)采用与实际使用相同且符合要求的落锤式弯沉仪及贝克曼梁弯沉仪测定车。落锤式弯沉仪的冲击荷载应与贝克曼梁弯沉仪测定车的后轴双轮荷载相同。

(2)用油漆标记对比路段起点位置。

(3)按要求布置测点位置,按贝克曼梁法用贝克曼梁定点测定回弹弯沉。测定车开走后,用粉笔以测点为圆心,在周围画一个半径为 15 cm 的圆,标明测点位置。

(4)将落锤式弯沉仪的承载板对准圆心,位置偏差不超过 30 cm,按(三)的测定步骤进行测定。两种仪器对同一点弯沉测试的时间间隔不应超过 10 min。

(5)逐点对应计算两者的相关关系。

通过对比试验得出回归方程式 $L_B = a + bL_{FWD}$,式中 L_{FWD}、L_B 分别为落锤式弯沉仪、贝克曼梁测定的弯沉值。回归方程式的相关系数 R 应不小于 0.95。

注:由于路面结构和材料、路基状况、温度、水文条件、路面使用状况不同,对比关系也有所不同,为了提高数据的准确性,应分各种情况做此项对比试验。

(五)计 算

按桩号记录各测点的弯沉及弯沉盆数据,按相关方法计算一个评定路段的平均值、标准差、变异系数。

(六)报 告

(1)报告应包括下列内容:

① 各测点的最大弯沉及弯沉盆测定数据。

② 每一个评定路段全部测点弯沉的平均值、标准差、变异系数及代表弯沉。

(2)如与贝克曼梁弯沉仪进行了对比试验,尚应报告相关关系式、相关系数、换算的回弹弯沉。

课题四　路面抗滑性能检测

一、概　述

1. 路面抗滑性能

路面抗滑性能是指车辆轮胎受到制动时沿表面滑移所产生的力。路面表面应具备足够的抗滑性能，以保证行车安全。若路面抗滑性能不足时，汽车起动，会发生空转打滑现象；汽车在弯道上行驶，会产生横向滑移；高速行车时紧急制动，所需的制动距离就会增长。路面滑溜极易引发交通事故。因此，抗滑性能是路面施工质量检验和使用性能评价的指标。

2. 影响因素

影响路面抗滑性能的因素有：路面表面特性、干湿状态、温度、行车车速、轮胎特性等。路面表面特性包括路表面微观构造和宏观构造，路面面层所用粗集料满足石料磨光值PSV要求，表面粗涩，就可获得较好的微观构造；而宏观构造取决于沥青用量和集料级配等，适当降低沥青用量，采用有棱角、形状接近立方体的集料，开级配集料，路面表面抗滑性能相对较好。干湿状态对路面抗滑性能影响较大。干燥状态下的路面一般是能保证汽车安全行驶的，但当路表处于潮湿、积水状态，特别是路表与轮胎之间形成水膜时，或者冬季结冰与积雪，抗滑性能则减小很多。这就是雨雪天发生的事故所占比例较高的原因。一般随着路面温度的升高，抗滑性能会减小。随着车速的提高，抗滑性能将会降低。轮胎特性包括轮胎的磨耗量、表面形状及构造。轮胎的磨耗量增加，抗滑性能降低；轮胎表面形状、轮胎的橡胶性质、轮胎的接触压力、轮重都对抗滑性能有影响。

3. 测试方法

路面抗滑性能一般用轮胎与路面间的摩擦系数和表面宏观构造深度来表征，摩擦系数或构造深度越大，说明抗滑性能越高。摩擦系数测试方法有摆式仪法、单轮式横向力系数测试法、双轮式横向力系数测试法和动态旋转式摩擦系数测定仪法。构造深度测试法有手工铺砂法、电动铺砂法和激光构造深度仪法。各种方法的特点和测试指标见表2-4-1。

表2-4-1　抗滑性能测试方法比较

测试方法	测试指标	原理	特点及适用范围
摆式仪法	摩擦摆值BPN	摆式仪的摆锤底面装一橡胶滑块，当摆锤从一定高度自由下摆时，滑块面同试验表面接触。由于两者间的摩擦而损耗部分能量，使摆锤只能回摆到一定高度。表面摩擦阻力越大，回摆高度越小（即摆值越大）	定点测量，原理简单，不仅可以用于室内，而且可用于野外测试沥青路面、标线或其他材料试件的抗滑值

续表 2-4-1

测试方法	测试指标	原理	特点及适用范围
手工铺砂法 电动铺砂法	构造深度 TD（mm）	将已知体积的砂，摊铺在所要测试路表的测点上，量取摊平覆盖的面积。砂的体积与所覆盖平均面积的比值，即为构造深度	定点测量，原理简单，便于携带，结果直观。适用于测定沥青路面及水泥混凝土路面表面构造深度，用以评定路面表面的宏观粗糙度
激光构造深度测试法	构造深度 TD（mm）	中子源发射的许多束光线，照射到路表面的不同深度处，用200多个二极管接收返回的光束，利用二极管被点亮的时间差算出所测路面的构造深度	测试速度快，适用于测定沥青路面干燥表面的构造深度，用以评价路面抗滑及排水能力，但不适用于较多坑槽、显著不平整或裂缝过多的路段
横向力系数测试车测试路面横向力系数（单轮式或双轮式）	横向力系数 SFC	测试车上安装有标准试验轮胎，它们对车辆行驶方向偏转一定的角度。汽车以一定速度在潮湿路面上行驶时，试验轮胎受到侧向摩阻作用。此摩阻力除以试验轮上的载重，即为横向力系数	测试速度快，用于以标准的摩擦系数测试车测定沥青或水泥混凝土路面的横向力系数，结果可作为竣工验收或使用期评定路面抗滑能力使用

4. 技术标准

（1）《公路沥青路面设计规范》（JTG D60—2006）中规定：在设计高速公路、一级公路、二级公路沥青路面面层时，应选用硬质、耐磨石料，其石料磨光值应符合表 2-4-2 的要求，其他等级公路可参照执行。

表 2-4-2　石料磨光值的技术要求

年降雨量（mm）	PSV	
	高速公路和一级公路	二级公路
>1000	>42	>40
500~1000	>40	>38
250~500	>38	>36
<250	>36	—

高速公路、一级公路、在交工验收时，表面层抗滑性能以横向力系数 SFC_{60} 和路面宏观构造深度 TD（mm）为主要指标。其抗滑技术指标宜符合表 2-4-3 的要求。二级公路可参照执行。

表 2-4-3　抗滑技术指标

年平均降雨量（mm）	交工检测指标值	
	横向力系数 SFC_{60}	构造深度 TD（mm）
>1 000	≥54	≥0.55
500～1 000	≥50	≥0.50
250～500	≥45	≥0.45

注：① 横向力系数 SFC_{60}——用横向力系数测试车，在（60±1）km/h 车速下测得的横向力系数。
② 路面宏观构造 TD（mm）——用铺砂法测定。
③ 水泥混凝土路面的构造深度 TD≥0.8 mm（高速公路与一级公路），其他 TD≥0.6 mm。

（2）《公路工程质量检验评定标准》（JTG F80/1—2004）中规定：表面层抗滑性能以横向力系数 SFC、摆式仪法和路面宏观构造深度 TD（mm）为主要指标。其抗滑技术指标宜符合表 2-4-4 的要求。

表 2-4-4　抗滑技术指标

检查项目		规定值或允许偏差		检查方法和频率
		高速公路、一级公路	其他公路	
沥青路面抗滑	摩擦系数	符合设计要求	—	摆式仪：每 200 m 每双车道测 1 处；横向力系数测定车：全线连续
	构造深度			铺砂法：每 200 m 每双车道测 1 处
水泥混凝土路面抗滑构造测试（mm）		一般路段不小于 0.7 且不大于 1.1；特殊路段不小于 0.8 且不大于 1.2	一般路段不小于 0.5 且不大于 1.0；特殊路段不小于 0.6 且不大于 1.1	铺砂法：每 200 m 每双车道测 1 处

二、手工铺砂法测定路面构造深度

构造深度是指路表面开口空隙的平均深度，即宏观构造深度 TD，以 mm 计。

（一）试验目的与适用范围

适用于测定沥青路面及水泥混凝土路面表面的构造深度，用以评定路面表面的宏观构造。

（二）仪器与材料

（1）人工铺砂仪：由量砂筒、推平板组成，形状尺寸如图 2-4-1 所示。

① 量砂筒：一端是封闭的，容积为（25±0.15）mL，可通过称量砂筒中水的质量以确定其容积 V，并调整其高度，使其容积符合要求。带一专门的刮尺将筒口量砂刮平。

② 推平板：推平板应为木制或铝制，直径 50 mm，底面粘一层厚 1.5 mm 的橡胶片，上面有一圆柱把手。

③ 刮平尺：可用 30 cm 钢尺代替。

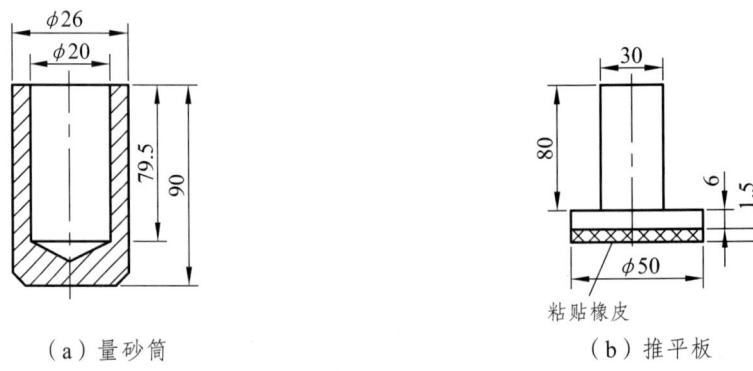

（a）量砂筒　　　　　　　　（b）推平板

图 2-4-1　量筒与推平板结构示意力（尺寸单位：mm）

（2）量砂：足够数量的干燥洁净匀质砂，粒径 0.15~0.3 mm。

（3）量尺：钢板尺、钢卷尺，或采用已将直径换算成构造深度作为刻度单位的专用的构造深度尺。

（4）其他：装砂容量（小铲）、扫帚或毛刷、挡风板等。

（三）方法与步骤

1. 准备工作

（1）量砂准备：取洁净的细砂，晾干过筛，取 0.15~0.3 mm 的砂置适当的容器中备用，量砂只能在路面上使用一次，不宜重复使用。

（2）对测试路段按随机取样选点的方法，决定测点所在横断面位置。测点应选在行车道的轮迹带上，距路面边缘不应小于 1 m。

2. 测试步骤（图 2-4-2）

（1）用扫帚或毛刷将测点附近的路面清扫干净，面积不小于 30 cm×30 cm。

（2）用小铲装砂，沿筒壁向圆筒中注满砂，手提圆筒上方，在硬质路表面上轻轻地叩打 3 次，使砂密实，补足砂面用钢尺一次刮平。

注：不可直接用量砂筒装砂，以免影响量砂密度的均匀性。

（3）将砂倒在路面上，用底面粘有橡胶片的推平板，由里向外重复做旋转摊铺运动，稍稍用力将砂细心地尽可能的向外摊平，使砂填入凹凸不平的路表面的空隙中，尽可能将砂摊成圆形，并不得在表面上留有浮动余砂。注意摊铺时不可用力过大或向外推挤。

（4）用钢板尺测量所构成圆的两个垂直方向的直径，取其平均值，准确至 5 mm。

（5）按以上方法，同一处平行测定不少于 3 次，3 个测点均位于轮迹带上，测点间距 3~5 m。对同一处，应该由同一个试验员进行测定。该处的测定位置以中间测点的位置表示。

图 2-4-2 现场检测

（四）计 算

（1）路面表面构造深度测定结果按公式（2-4-1）计算。

$$\mathrm{TD} = \frac{1\,000V}{\pi D^2/4} = \frac{31\,831}{D^2} \qquad (2\text{-}4\text{-}1)$$

式中 TD——路表面的构造深度，mm；

V——砂的体积，25 cm³；

D——摊平砂的平均直径，mm。

（2）每一处均取 3 次路面构造深度的测定结果的平均值作为试验结果，准确至 0.01 mm。

（五）试验记录（表 2-4-5）

表 2-4-5 路面构造深度检测（砂铺法）记录表

路面结构形式				构造深度 TD=31 831/D^2				
测点位置或桩号	圆直径 D（mm）			构造深度（mm）			平均构造深度（mm）	备 注
	1	2	3	1	2	3		

注：① 逐点记录路面构造深度的测定值及 3 次测定的平均值，当平均值小于 0.2 mm 时，试验结果以<0.2 mm 表示。
② 每一个评定区间路面构造深度的平均值、标准差、变异系数。

（六）注意事项

在用手工铺砂法测路面构造深度时，不同的人进行测试，所测结果往往差别较大，其原因较多，例如装砂的方法不标准，摊砂用的推平板不标准，最主要的是砂摊开到多大程度为止，各人掌握不一。为了使测试结果准确可靠,在前面介绍时对容易产生误差的地方都有明确的规定,且摊开时用"尽可能向外摊平使砂填入凹凸不平的路表面的空隙中,在地表面上形成一薄层"的提法。为了测试数据的准确性,要求对同一处测定应该由同一个试验员完成。

三、摆式仪测定路面抗滑值

(一)试验目的与适用范围

适用于摆式摩擦系数测定仪(摆式仪)测定沥青路面、标线或其他材料试件的抗滑值,用以评定路面或路面材料试件在潮湿状态下的抗滑能力。

(二)仪器与材料

(1)摆式仪:形状及结构如图2-4-3所示。摆及摆的连接部分总质量为(1 500±30)g,摆动中心至摆的重心距离为(410±5)mm,测定时摆在路面上滑动长度为(126±1)mm,摆上橡胶片端部距摆动中心的距为510 mm,橡胶片对路面的正向静压力为(22.2±0.5)N。

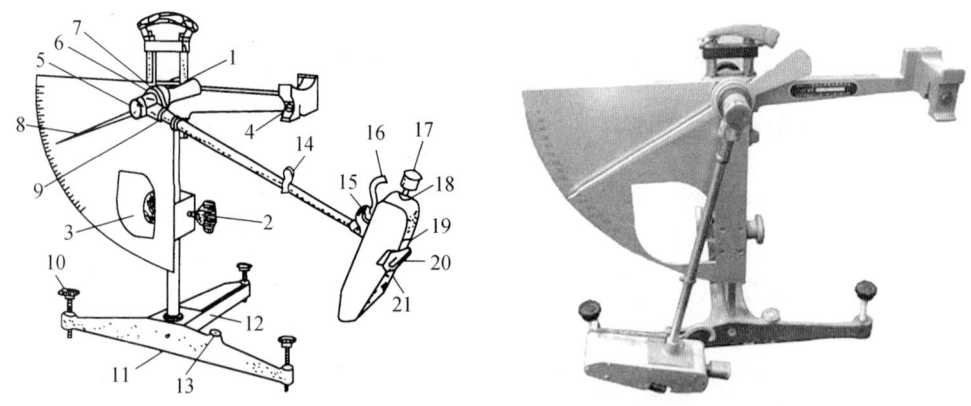

图2-4-3 摆式仪

1,2—紧固把手;3—升降把手;4—释放把手;5—转向节螺盖;6—调节螺母;7—针簧片或毡垫;8—指针;9—连接螺母;10—调平螺母;11—底座;12—垫块;13—水准泡;14—卡环;15—定位螺钉;16—举升柄;17—平衡锤;18—并紧螺母;19—滑溜块;20—橡胶片;21—止滑螺钉

(2)橡胶片:用于测定路面抗滑值时,其尺寸为6.35 mm×25.4 mm×76.2 mm。橡胶质量应符合表2-4-6的质量要求。当橡胶片使用后,端部在长度方向上磨耗超过1.6 mm或边缘在宽度方向上磨耗超过3.2 mm,或有油类污染时,即应更换新橡胶片。新橡胶片应在干燥路面上测试10次后再用于测试。橡胶片的有效使用期从出厂日期起算为12个月。

表2-4-6 橡胶物理性质技术要求

性能指标	温度(℃)				
	0	10	20	30	40
弹性(%)	43~49	58~65	66~73	71~77	74~79
硬度(IR)	55±5				

（3）滑动长度量尺：长 126 mm。
（4）喷水壶。
（5）硬毛刷。
（6）路面温度计：分度不大于 1 ℃。
（7）其他：扫帚、记录表格等。

（三）方法与步骤

1. 准备工作

（1）检查摆式仪的调零灵敏情况，并定期进行仪器标定。
（2）随机取样选点，在横断面上测点应选在行车道轮迹处，且距路面边缘应不小于 1 m。

2. 测试步骤（参见图 2-4-4）

图 2-4-4　现场检测

（1）清洁路面：用扫帚或其他工具将测点处的路面打扫干净。
（2）仪器调平。
①将仪器置于路面测点上，并使摆的摆动方向与行车方向一致。②转动底座上的调平螺栓，使水准泡居中。
（3）调零。
放松紧固把手，转动升降把手，使摆升高并能自由摆动，然后旋紧紧固把手。将摆固定在右侧悬臂上，使摆处于水平释放位置，并把指针拨至右端与摆杆平行处。按下释放开关，使摆向左带动指针摆动。当摆达到最高位置后下落时，用手将摆杆接住，此时指针应指零。若不指向零，可稍旋紧或放松摆的调节螺母。重复上述 4 个步骤，直至指针指零。调零允许误差为 ±1。
（4）校核滑动长度。

让摆处于自然下垂状态，松开固定把手，转动升降把手，使摆下降。与此同时，提起举升柄使摆向左侧移动，然后放下举升柄使橡胶片下缘轻轻触地，紧靠橡胶片摆动滑动长度量尺，使量尺左端对准橡胶片下缘；再提起举升柄使摆向右侧移动，然后放下举升柄使橡胶片下缘轻轻触地，检查橡胶片下缘应与滑动长度量尺的右端齐平。

若齐平，则说明橡胶片两次触地的距离（滑动长度）符合 126 mm 的规定。校核滑动长度时，应以橡胶片长边刚刚接触路面为准，不可借摆的力量向前滑动，以免标定的滑动长度与实际不符。

若不齐平，升高或降低摆或仪器底座的高度。微调时用旋转仪器底座上的调平螺丝调整仪器底座的高度的方法比较方便，但需注意保持水准泡居中。重复上述动作，直至滑动长度符合 126 mm 的规定。

（5）将摆固定在右侧悬臂上，使摆处于水平释放位置，并把指针拨至右端与摆杆平行处。

（6）用喷水壶浇洒测点，使路面处于湿润状态。

（7）按下右侧悬臂上的释放开关，使摆在路面上滑过。当摆杆回落时，用手接住，读数但不记录。然后使摆杆和指针重新置于水平释放位置。

（8）重复（6）和（7）的操作 5 次，并读记每次测定的摆值。

单点测定的 5 个值中最大值与最小值的差值不得大于 3。如差数大于 3 时，应检查产生的原因，并再次重复上述各项操作，至符合规定为止。

取 5 次测定的平均值作为单点的路面抗滑值（即摆值 BPN_t），取整数。

（9）在测点位置上用温度计测记潮湿路表温度，准确至 1 ℃。

（10）每个测点由 3 个单点组成，既需按以上方法在同一测点处平行测定 3 次，以 3 次测定结果的平均值作为该个测点的代表值（精确至 1）。

3 个单点均位于轮迹带上，单点间距离为 3~5 m。该测点的测定位置以中间单点的位置表示。

（四）抗滑值的温度修正

当路面温度为 t（℃）时，测得的摆值为 BPN_t 必须按公式（2-4-2）换算成标准温度 20 ℃ 的摆值 BPN_{20}。

$$BPN_{20} = BPN_t + \Delta BPN \qquad (2-4-2)$$

式中 BPN_{20}——换算成标准温度 20 ℃ 时的摆值；

BPN_t——路面温度 t 时测得得摆值；

ΔBPN——温度修正值按表 2-4-7 采用。

表 2-4-7　温度修正值

温度（℃）	0	5	10	15	20	25	30	35	40
温度修正值 ΔBPN	－6	－4	－3	－1	0	＋2	＋3	＋5	＋7

（五）试验记录（表 2-4-8）

表 2-4-8 路面摩擦系数检测记录表

路面结构形式						摆式仪产地、型号				天气情况	
测点位置	摆 值 BPN					温 度 修 正			结 果		备注
	1	2	3	4	5	平均	路面温度 t（°C）	修正值 $\triangle$BPN（BPN）	修正值 BPN_{20}（BPN）	平均抗滑值 BPN_{20}（BPN）	

四、横向力系数测试系统测定路面摩擦系数试验方法

横向力系数测试系统包括单轮式和双轮式两种。下面分别简单介绍这两种方法。

（一）单轮式横向力系数测试系统

1. 工作原理

我国标准体系中引入的横向力系数测试系统是英国的 SCRIM 系统，其工作原理为：与行车方向成 20° 偏角的并承受一定垂直荷载的测定轮，以一定速度行驶在潮湿路面上，测试轮胎所受到的侧向摩擦阻力与垂直荷载的比值，称为横向力系数，简称 SFC。

2. 适用范围

本方法适用于工作原理和结构与 SCRIM 测试车相同的横向力系数测试系统在新建、改建路面工程质量验收和无严重坑槽、车辙等病害的正常行车条件下连续采集路面的横向力系数。本方法的数据采集、传输、记录和处理分别由专用软件自动控制进行。

3. 主要仪器

测试系统由承载车辆、距离测试装置、横向力测试装置、供水装置和主控制系统组成，如图 2-4-5 所示。

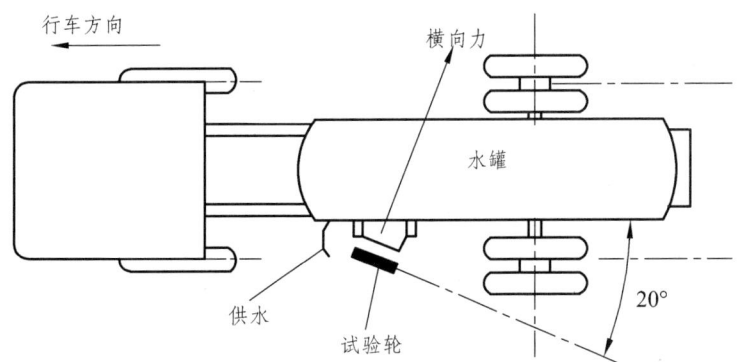

图 2-4-5 单轮式横向力系数测试系统构造示意图

（1）横向力系数测试系统的承载车辆应为能够固定和安装测试、储供水、控制和记录等系统的载货车底盘，具有在水罐满载状态下最高车速大于 100 km/h 的性能。

（2）测试系统技术要求和参数：

测试轮胎类型：光面天然橡胶充气轮胎。

测试轮胎规格：3.00/20。

测试轮胎标准气压：（350±20）kPa。

测试轮偏置角：19.5°~21°。

测试轮静态垂直标准荷载：（2 000±20）N。

拉力传感器非线性误差：<0.05%。

拉力传感器有效量程：0~2 000 N。

距离标定误差：<2%。

4. 方法与步骤

1）准备工作

（1）每个测试项目开始前或连续测试超过 1 000 km 后必须按照设备使用手册规定的方法进行测试系统的标定，记录标定数据并存档。

（2）检查测试车轮胎气压，应达到车辆轮胎规定的标准气压。

（3）检查测试轮胎磨损情况，当其直径比新轮胎减小达 6 mm（也即胎面磨损 3 mm）以上或有明显磨损裂口时，必须立即更换新轮胎。更换的新轮胎在正式测试前应试测 2 km。

（4）检测测试轮气压，应达到（0.35±0.02）MPa。

（5）检查测试轮固定螺栓应拧紧。将测试轮放到正常测试时的位置，检查其应能够沿两侧滑柱上下自由升降。

（6）根据测试里程的需要向水罐加注清洁测试用水。

（7）检查洒水口出水情况和洒水位置应正常，洒水位置应在测试轮触地面中点沿行驶方向前方（400±50）mm 处，洒水宽度应为中心线两侧各不小于 75 mm。

（8）将控制面板电源打开，检查各项控制功能键、指示灯和技术参数选择状态应正常。

2）测试步骤

（1）正式开始测试前，首先应按设备操作手册规定的时间要求对系统进行通电预热。

（2）进入测试路段前应将测试轮胎降至路面上预跑约 500 m。

（3）按照设备操作手册的规定和测试路段的现场技术要求设置完毕所需的测试状态。

（4）驾驶员在进入测试路段前应保持车速在规定的测试速度范围内，沿正常行车轨迹驶入测试路段。

（5）进入测试路段后，测试人员启动系统的采集和记录程序。在测试过程中必须及时准确地将测试路段的起终点和其他需要特殊标记点的位置输入测试数据记录中。

（6）当测试车辆驶出测试路段后，仪器操作人员停止数据采集和记录，提升测量轮并恢复仪器各部分至初始状态。

（7）操作人员检查数据，文件应完整，内容应正常，否则需要重新测试。

（8）关闭测试系统电源，结束测试。

5. SFC 值的修正

1）SFC 值的速度修正

测试系统的标准测试速度范围规定为（50±4）km/h，其他速度条件下测试的 SFC 值必须通过公式（2-4-3）转换至标准速度下的等效 SFC 值。

$$SFC_{标}=SFC_{测}-0.22(v_{标}-v_{测}) \quad (2-4-3)$$

式中　$SFC_{标}$——标准测试速度下的等效 SFC 值。

$SFC_{测}$——现场实际测试速度条件下的 SFC 测试值。

$v_{标}$——标准测试速度，取值 50 km/h。

$v_{测}$——现场实际测试速度。

2）SFC 值的温度修正

测试系统的标准现场测试地面温度范围为（20±5）℃，其他地面温度条件下测试的 SFC 值必须通过表 2-4-9 转换至标准温度下的等效 SFC 值。系统测试要求地面温度控制在 8～60 ℃。

表 2-4-9　SFC 值温度修正

温度	10	15	20	25	30	35	40	45	50	55	60
修正	-3	-1	0	+1	+3	+4	+6	+7	+8	+9	+10

6. 报　告

报告应包括横向力系数 SFC 的平均值、标准差、代表值及现场测试速度和温度。

（二）双轮式横向力系数测试系统

双轮式横向力系数测试系统以英国制造的 Mu-Meter 摩擦系数测试系统为代表，其工作原理为：互成 15°夹角（以行车方向各成 7.5°偏角），并承受一定垂直荷载的两个测定轮，以一定速度行驶在潮湿路面上，测试轮胎所受到的侧向摩擦阻力与垂直荷载的比值即为横向力系数。

由于 Mu-Meter 摩擦系数测试系统的测试机构、测试轮的偏角、荷载、轮胎等方面与 SCRIM 测试车不同，所测得的横向力系数亦不同于 SCRIM 测试车。因此，应通过对比试验，建立相关关系式，将 Mu–Meter 摩擦系数测试系统的测值转换为 SCRIM 系统的 SFC 值后，才能进行路面抗滑性能的评定。

双轮式横向力系数测试系统装置为拖挂结构，测定系统主要由牵引力、供水系统、测量机构（包括荷载传感器）、电子控制和数据处理系统、标定装置等组成，如图 2-4-6 所示。

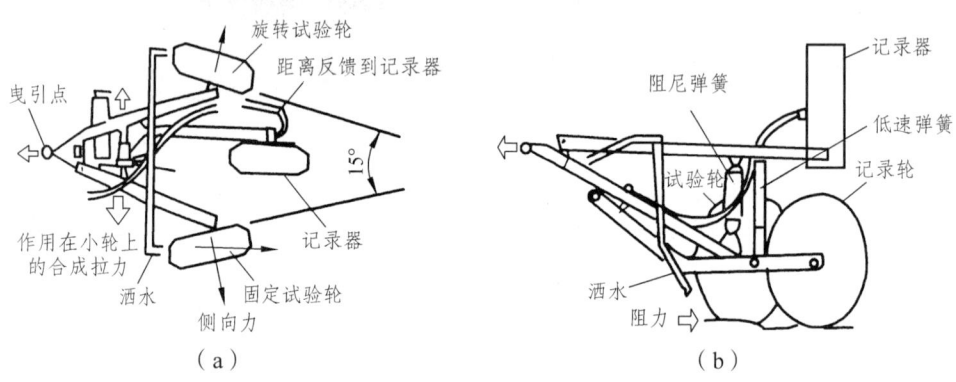

图 2-4-6　Mu-Meter 摩擦系数测试系统结构

(三) 动态旋转式摩擦系数测试仪

动态旋转式摩擦系数测试仪的工作原理及结构与日本 Dynamic Friction 相同的动态旋转式摩擦系数测定仪测定路面的摩擦系数。我国目前已有单位在使用该设备，其与摆式仪和 SCRIM 系统均有良好的相关性。

动态旋转式摩擦系数测试仪包括控制器、测试仪和记录仪。测试仪的主要部件是一个平面平行于测试表面的转盘，有三个橡胶滑块安装在转盘下方。测试仪还配有洒水装置，用于潮湿测试表面。测试时，当转盘加速到一定转速后被放到测试表面，使橡胶滑块与测试表面接触。在摩擦力的作用下转盘被减速，在此过程中测出由滑块所产生的力矩，并由此计算出摩擦系数。

课题五 路面结构层厚度检测

一、概 述

路面各结构层的厚度是影响路面结构强度和使用性能的重要因素,另外,严格控制各结构层的厚度,还能对路面高程起到一定的控制作用。因此,厚度是路面施工质量控制及施工验收的关键项目。

路面各层施工过程中的厚度检验及工程交工验收检查通常采用挖验或钻取芯样方法量测,尽管这种方法会给路面造成一定的损伤,由于测试数据比较直观准确,《公路工程质量检验评定标准 第一册 土建工程》(JTG F80/1—2004)仍将其规定为路面结构层厚度检测的标准试验方法。

基层或砂石路面的厚度可用挖坑法测定,沥青面层及水泥混凝土路面板的厚度应用钻孔法测定。

在沥青路面施工过程中,当沥青混合料尚未冷却时,可根据需要随机选择测点,用大螺丝刀插入至沥青层底面深度后用尺读数,量取沥青层的厚度。

几种常用的路面结构层的厚度要求如表2-5-1所示。

表2-5-1 路面结构层的厚度要求

结构层名称			规定值或允许偏差(mm)		检查频率
			高速公路或一级公路	其他公路	
水泥混凝土面层		代表值	−5		每200 m每车道2点
		极值	−10		
沥青混凝土、沥青碎石面层		代表值	总厚度:设计值的−8% 上面层:设计值的−10%	−8%H	每双车道每200 m测1点
		极值	总厚度:设计值的−10% 上面层:设计值的−20%	−15%H	
沥青贯入式面层		代表值		−8%H 或 −5 mm	每200 m每车道1点
		合格值		−15%H 或 −10 mm	
水泥土、石灰土、石灰粉煤灰土、石灰稳定粒料	基层	代表值		−10	每200 m每车道1点
		合格值		−20	
	底基层	代表值	−10	−12	
		合格值	−25	−30	
水泥稳定粒料、石灰粉煤灰稳定粒料、级配碎(砾)石	基层	代表值	−8	−10	
		合格值	−15	−20	
	底基层	代表值	−10	−12	
		合格值	−25	−30	

二、挖坑法及钻芯法测定路面厚度

（一）目的与适用范围

本方法适用于路面各层施工过程中的厚度检验及工程交工验收检查使用。

（二）仪器与材料

本方法根据需要选用下列仪具和材料：

（1）挖坑用镐、铲、凿子、锤子、小铲、毛刷。

（2）路面取芯机及钻头、冷却水。钻头的标准直径为$\phi 100$ mm，如芯样仅供测量厚度，不作其他试验时，对沥青面层与水泥混凝土板也可用直径$\phi 50$ mm的钻头，对基层材料有可能损坏试件，也可用直径$\phi 150$ mm的钻头，但钻孔的深度必须达到层厚。

（3）量尺：钢板尺、钢卷尺、卡尺。

（4）补坑材料：与检查层位的材料相同。

（5）补坑用具：夯、热水、水等。

（6）其他：搪瓷盘、棉纱等。

（三）方法与步骤

（1）基层或砂石路面的厚度可用挖坑法测定，沥青面层及水泥混凝土路面板的厚度可用钻孔法测定。

（2）挖孔法厚度测试步骤：

① 根据现行相关规范的要求，随机取样决定挖坑检查位置。如为旧路，该点如有坑洞等显著缺陷或接缝时，可在旁边检测。

② 在选择试验地点，选一块约40 cm×40 cm的平坦表面，用毛刷将其清扫干净。

③ 根据材料坚硬程度，选择镐、铲、凿子等适当的工具，开挖这一层材料，直至层位底面。在便于开挖的前提下，开挖面积尽量缩小，坑洞大体呈圆形，边开挖边将材料铲出，置于搪瓷盘中。

④ 用毛刷将坑底清扫，确认为下一层的顶面。

⑤ 将钢板尺平放横跨于坑的两边，用另一把钢尺或卡尺等量具在坑的中部位置垂直伸至坑底，测量坑底至钢板尺的距离，即为检查层的厚度，以mm计，精至1 mm。

（3）钻孔取芯法厚度测试步骤：

① 根据现行相关规范的要求，随机取样决定挖坑检查的位置。如为旧路，该点有坑洞等显著缺陷或接缝时，可在其旁边检测。

② 钻孔时芯样的直径应为100 mm，如芯样仅测量厚度，对沥青面层与水泥混凝土板也可有直径50 mm的钻头；对基层材料，也可用150 mm的钻头。

③ 钻机在取样地点垂直对准路面放下钻头，牢固安放钻机，使其在运转过程中不得移动。

④ 开放冷却水，启动电动机，徐徐压下钻杆，钻取芯样，但不得使劲下压钻头。待钻透全厚后，上抬钻杆，拔出钻头，停止转动，不使芯样损坏，取出芯样。沥青混合料芯样及混凝土芯样可用清水漂洗干净备用。

⑤ 取出芯样，清除底面灰土，找出下层的分界面。
⑥ 用钢板尺或卡尺沿圆周对称的十字方向四处量取表面至上下层界面的高度，取其平均值，即为该层的厚度，准确至 1 mm。

（4）在沥青路面施工过程，当沥青混合料尚未冷却时，可根据需要随机选择测点，用大螺丝刀插入至沥青底面深度后用尺读数，量取沥青层的厚度，以 mm 计，准确至 1 mm。

（四）填补试坑或钻孔

（1）适当清理坑中残留物，钻孔时留下的积水应用棉纱吸干。
（2）对无机结合料稳定层及水泥混凝土路面板，应按相同配比用新拌的材料分层填筑并用小锤压实，水泥混凝土中宜掺加少量快凝早强剂。
（3）对无机结合料基层，可用挖坑时取出的材料，适当地加水拌和后分层填补，并用小锤压实。
（4）对正在施工的沥青路面，用相同级配的热拌沥青混合料分层填补并用加热的铁锤或热夯压实。旧路钻孔也可用乳化沥青混合料修补。
（5）所有补坑结束时，宜比原地面略鼓出少许，用重锤或压路机压实平整。

注：补坑工序如有疏忽、遗留或补得不好，易成为隐患而导致开裂，所有挖坑、钻孔均应仔细做好。

（五）计　算

（1）按公式（2-5-1）计算路面实测厚度与设计厚度之差。

$$\Delta T_i = T_{1i} - T_{0i} \qquad (2\text{-}5\text{-}1)$$

式中　T_{1i}——路面的实测厚度，mm；
　　　T_{0i}——路面的设计厚度，mm；
　　　ΔT_i——路面实测厚度与设计厚度的差值，mm。

（2）当为检查路面总厚度时，则将各层平均厚度相加即为路面总厚度。按数理统计方法，计算一个评定路段检测厚度的平均值、标准差、变异系数，并计算代表厚度。

（六）试验记录

路面厚度检测报告应列表填写，并记录与设计厚度之差，不足设计厚度为负，大于设计厚度为正，记录表见表 2-5-2。

表 2-5-2　厚度检验表

项目名称				施工单位			合同段	
分项工程				监理单位			公路等级	
桩　号	设计值（mm）	实测值（mm）	偏差（mm）	桩号	设计值（mm）	实测值（mm）	偏差（mm）	
统计结果：								

三、短脉冲雷达测定路面厚度

雷达测试路面结构层厚度的基本工作原理是：利用雷达波（电磁波）在不同物质界面上的反射信号，识别分界面，通过电磁波的走时和在介质中的波速推算相应介质的厚度。短脉冲雷达是目前公路行业路面厚度无损检测应用最广泛的雷达，它具有测值精度高、工作稳定等特点。

（一）目的与适用范围

（1）本方法适用于采用短脉冲雷达无损检测路面面层厚度。其数据采集、传输、记录和数据处理分别由专用软件自动控制进行。

（2）本方法适用于新建、改建路面工程质量验收和旧路加铺路面设计的厚度调查。

（3）雷达发射的电磁波在路面层传播过程中会逐渐削弱、消散、层面反射。雷达最大探测深度是由雷达系统的参数以及路面材料的电磁属性决定的。对于材料过度潮湿或饱和以及有高含铁量矿渣集料的路面不适合用本方法测定。

（二）仪器材料

雷达测试系统由承载车、天线、雷达发射接收器和控制系统组成，设备部分如图 2-5-1 所示。

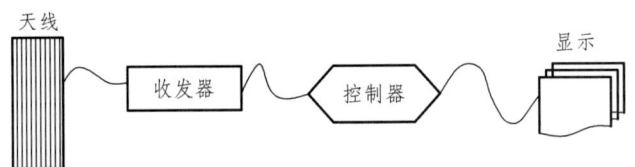

图 2-5-1　雷达系统组成图

（1）设备承载车基本技术要求和参数：设备承载车车型应满足设备制造商的要求。

（2）测试系统技术要求和参数：距离标定误差≤0.1%，设备工作温度为 0～40 ℃，最小分辨层厚≤40 mm，系统测量精度要求见表 2-5-3。

表 2-5-3　系统测量精度技术要求

测量厚度（cm）	测量误差（mm）	测量厚度（cm）	测量误差（mm）
<10	±3	>25	±10
10～25	±5		

（3）天线：喇叭形空气耦合天线，带宽能适应所选择的发射脉冲频率。

注：建议测试路面厚度小于 10 cm 时，宜选用频率大于 2 GHz 的雷达天线；路面厚度为 10～25 cm 时，宜选用频率大于 1.5 GHz 的雷达天线；路面厚度大于 25 cm 时，宜选用频率大于 1 GHz 的雷达天线。

（4）收发器：脉冲宽度≤1.0 ns，时间信号处理能力可以适应所需的测试深度。

（三）方法与步骤

1. 准备工作

（1）距离标定：承载车行驶超过 20 000 km，更换轮胎，或使用超过 1 年的情形下需要进行距离标定。距离标定方法根据厂商提供的使用说明进行。

（2）安装雷达天线：将雷达天线按照厂商提供的安装方法牢固安装好，并将天线与主机的连线连接好。

（3）检查连接线安装无误后开机预热，预热时间不得少于厂商规定的时间。

（4）将金属板放置在天线正下方，启动控制软件的标定程序，获取相应参数。

（5）打开控制软件的参数设置界面，根据不同的检测目的，设置采样间隔、时间窗、增益等参数。

2. 测试步骤

（1）将承载车停在起点，开启安全警示灯，启动软件测试程序，令驾驶员缓慢加速车辆到正常检测速度。

（2）检测过程中，操作人员应记录测试线路所遇到的桥梁、涵洞、隧道等构造物的起终点。

（3）当测试车辆到达测试终点后，操作人员停止采集程序。

（4）芯样标定：为了准确反算出路面厚度，必须知道路面材料的介电常数，通常采用在路面上钻芯取样方法以获取路面材料的介电常数。做法是首先令雷达天线在需要标定芯样点的上方采样，然后钻芯，最后将芯样的真实厚度数据输入到计算程序中，反算出路面材料的介电常数或者雷达波在材料中的传播速度；路面材料的介电常数会随集料类型、沥青产地、密度、湿度等而不同。测试过程中应根据实际情况增加芯样钻取数量，以保证测试厚度的准确性。

（5）操作人员检查数据文件，文件应完整，内容应正常，否则应重新测试。

（6）关闭测试系统电源，结束测试。

（四）计　算

（1）计算原理：由于地下介质具有不同的介电常数，造成各种介质具有不同的电导性，电导性的差异影响了电磁波的传播速度。一般用公式（2-5-2）计算电磁波在不同介质中的传播速度。

$$v = \frac{c}{\sqrt{\varepsilon_r}} \qquad (2\text{-}5\text{-}2)$$

式中　v——电磁波在介质中的传播速度，mm/ns。

　　　c——电磁波在空气中的传播速度，取 300 mm/ns。

　　　ε_r——介质的相对介电常数。

根据雷达波在路面面层中的双程走时以及材料的相对介电常数，用公式（2-5-3）确定面层厚度。

$$T = \frac{\Delta t \cdot c}{2\sqrt{\varepsilon_r}} \tag{2-5-3}$$

式中　T——面层厚度，mm。

c——电磁波在空气中的传播速度，取 300 mm/ns。

Δt——雷达波在路面面层中的双程走时，ns。

ε_r——相对介电常数。

（2）路面材料的相对介电常数 ε_r 可以通过路面芯样获得。路面厚度的计算通常先由雷达波识别软件自动识别各层分界线，得到雷达波在各层中的双程走时，然后计算各层厚度。

（五）报　告

路面厚度测试报告应包括检测路段的厚度平均值、标准差、厚度代表值。

四、结构层厚度的评定

（1）评定路段内路面结构层厚度按代表值和单个合格值的允许偏差进行评定。

（2）按规定频率，采用挖验或钻取芯样测定厚度。

（3）厚度代表值按公式（2-5-4）计算。

$$X_L = \overline{X} - \frac{t_\alpha}{\sqrt{n}} S \tag{2-5-4}$$

式中　X_L——厚度代表值，mm；

$\overline{X}$——厚度平均值，mm；

S——标准差，mm；

n——检测点数；

t_α——t 分布表中随测点数和保证率（或置信度 α）而变的系数，可查表 2-1-11。

采用的保证率：高速、一级公路：基层、底基层为 99%，面层为 95%。

其他公路：基层、底基层为 95%，面层为 90%。

（4）当厚度代表值大于等于设计厚度减去代表值允许偏差时，则按单个检查值的偏差不超过单点合格值来计算合格率；当厚度代表值小于设计厚度减去代表值允许偏差时，相应分项工程评为不合格。

（5）沥青面层一般按沥青铺筑层总厚度进行评定，高速公路和一级公路分 2~3 层铺筑时，还应进行上面层厚度检查和评定。

例：某高速公路二灰稳定砂砾基层设计厚度为 18 cm，代表值允许偏差为 -8 mm，极限允许偏差为 -15 mm，评定路段厚度的检测结果分别为：17.5，17.7，18.2，18.6，18.1，18.8，17.6，17.8，19.1，19.3，17.4，17.9，试计算并评定。（$t_\alpha / \sqrt{n} = 0.785 = 0.785$）

解：（1）平均值 $\overline{X} = 18.17$ cm。

（2）标准偏差 $S = 0.64$ cm。

（3）查表得，$\dfrac{t_\alpha}{\sqrt{n}} = 0.785$。

厚度代表值：$X_L = \overline{X} - \dfrac{t_\alpha}{\sqrt{n}} \cdot S = 18.17 - 0.64 \times 0.785 = 17.67$ cm

因为 $X = 17.67 > 18 - 0.8 = 17.2$，所以该段厚度代表值符合要求。

又因为各检测值 $X_i > 18 - 1.5 = 16.5$ cm，所以合格率为 $12 \div 12 = 100\%$。

课题六 水泥混凝土强度检测

一、概　述

为了加强对混凝土质量的监测和控制，作为结构工程质量检测，其中主要的内容之一就是现场检测混凝土的强度。

混凝土测定强度的技术按其对混凝土结构的影响程度分为破损法和非破损法。

破损法以不影响结构或构件的承载能力为前提，在结构或构件上直接进行局部破坏性试验，或直接钻取芯样进行破坏性试验。主要方法有：钻芯法，拔出法，射击法等。此类方法较直观可靠，测试结果易为人接受，但对混凝土结构造成局部破坏，不宜大范围检测且费用较高，因而受到种种限制。

非破损（无损）法以混凝土强度与某一些物理量之间的相关性为基础，检测时在不影响结构或构件混凝土任何性能的前提下测试这些物理量，然后根据相关关系推算被测混凝土的强度。主要方法有：回弹法，超声法，超声回弹综合法，射线法，成熟度法等。此类方法所用仪器简单、操作方便，费用低廉，同时便于大范围检测，在有严格的测强曲线的条件下，其测试精度较高。

二、回弹仪检测水泥混凝土强度

回弹仪检测水泥混凝土强度的基本原理是：利用弹簧驱动的重锤，通过弹击杆弹击混凝土表面，并测出重锤被反弹回来的距离，以回弹值（反弹距离与弹簧初始长度之比）作为与强度相关的指标，来确定混凝土强度的一种方法。

回弹仪在我国使用已达五十余年，而且越用越广泛，这不仅是因为回弹法简便、灵活、符合国情，更是由于我国已解决了回弹法使用精度不高和不能普遍推广的关键问题。

回弹仪法适用于下列情况下在现场对水泥混凝土路面及其他构筑物的普通混凝土抗压强度的快速评定：

（1）不能按同条件制取试块，按国家标准规定的方法检验混凝土强度时或希望迅速估计混凝土强度时，推测混凝土质量的均匀性，发现质量低劣的部位或区域。

（2）推测施工期的混凝土强度，如检验是否达到拆模、拆除支撑、路面开放交通等，为施工进度安排提供依据。

（3）根据混凝土成型试件或钻芯试样的强度与回弹值的相关性推定混凝土的强度，此时宜换算成相当于边长为 15 cm 立方体的同条件试块强度。

（一）目的与适用范围

（1）适用于在现场对水泥混凝土路面及其他构造物的普通混凝土抗压强度的快速评定，所试验的水泥混凝土厚度不得小于 100 mm，温度应不低于 10 ℃。

（2）回弹法可作为试块回弹强度的参考，不得用于代替混凝土的强度评定，不适用于作为仲裁试验或工程验收的最终依据。

（二）仪器设备

（1）混凝土回弹仪：指针直读式（图2-6-1）、数字显示式或自动记录的混凝土回弹仪，回弹仪应符合下列标准：

① 水平弹击时，在弹击锤脱钩的瞬间，回弹仪的标称动能应为 2.207 J。

② 弹击锤与弹击杆碰撞的瞬间，弹击拉簧处于自由状态，此时弹击锤起点应位于刻度尺的零点处。

③ 在洛氏硬度为 HRC60±2 的钢砧上，回弹仪的率定值应为 80±2。

④ 回弹仪使用时的环境温度应为 -4~40 ℃。

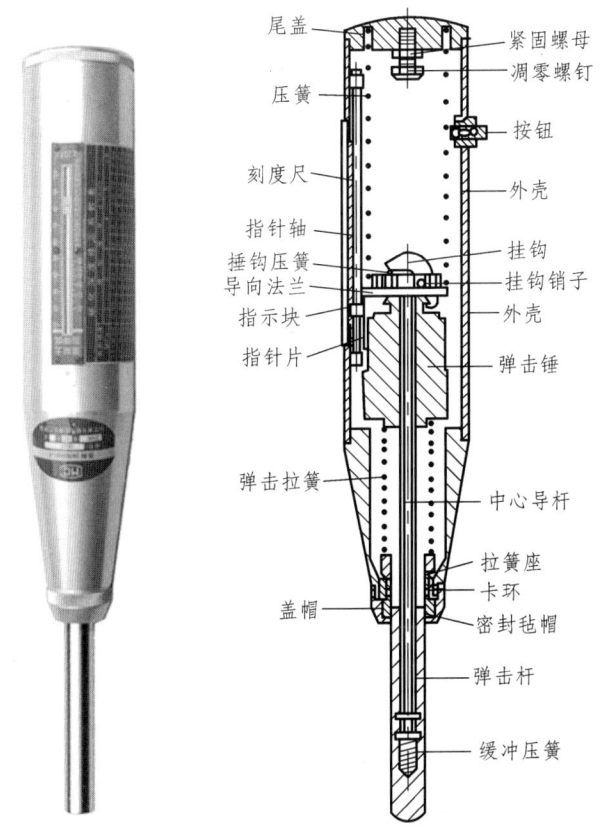

图 2-6-1　指针式回弹仪

（2）酚酞酒精溶液，浓度为 1%。

（3）手提式砂轮。

（4）钢砧：洛氏硬度为 HRC60±2。

（5）其他：卷尺、游标卡尺、凿子、锤、吸耳球等。

（三）回弹仪检定与保养

（1）回弹仪有下列情况之一时，应送检定单位校验。检验合格的回弹仪应具有检定合格证，其有效期为半年。

① 累计弹击次数超过 6 000 次。

② 弹击拉簧座、弹击杆、缓冲压簧、中心导杆、导向法兰、弹击锤、指针轴、指针片、指针块、挂钩及调零螺丝等主要零件之一经更换后。

③ 弹击拉簧前段不在拉簧座原孔位或调零螺丝松动。

④ 遭受严重撞击或其他损害。

（2）回弹仪有下列情况之一时，应在钢砧上进行率定试验：

① 进行构件测定前后，如连续数天测试，可在每天测试完毕时率定一次。

② 测定过程中对回弹值有怀疑时。

如率定试验结果不在规定的 80±2 范围内，应对回弹仪常规保养后再进行率定，如再次率定仍不合格，应送检定单位检验。

（3）回弹仪率定步骤。

回弹仪率定试验宜在室温为（20±5）℃的条件下进行。率定时，钢砧应稳固地平放在刚度大的混凝土地坪上，回弹仪向下弹时，弹击杆应分 4 次旋转，每次旋转约 90°，弹击 3~5 次，取其中最后连续 3 次且读数稳定的回弹值进行平均作为率定值。方法如图 2-6-2 所示。

图 2-6-2　钢砧及率定

（四）测试步骤

1. **资料准备**

（1）工程名称及设计、施工、监理（或监督）和建设单位名称。

（2）结构或构件名称、外形尺寸、数量及混凝土强度等级。

（3）水泥品种、强度等级、厂名；砂石种类、粒径；外加剂或掺合料品种、掺量；混凝土配合比等。

（4）施工时材料计量情况，模板、浇筑、养护情况及成型日期等。

（5）必要的设计图纸和施工记录。

（6）检测原因。

2. 测区与测点布置

（1）当为水泥混凝土路面时，将一块水泥混凝土板作为一个试样，试样的选择按随机取样的方法来决定。每个试样的测区数不宜少于 10 个，相邻两测区的间距不宜大于 2 m；测区宜在试样的可测表面上均匀分布，并宜避开板边板角。

（2）其他混凝土构造物，测区应避开位于混凝土内保护层附近设置的钢筋，测区宜在试样两相对表面上有两个基本对称的测试面，如不能满足这一要求时，一个测区允许只有一个测面。

（3）测区表面应清洁、干燥、平整，不应有接缝、装饰面、粉刷层、浮浆、油垢等蜂窝、麻面，必要时可用砂轮清除表面的杂物和不平整处，磨光的表面不应有残留的粉尘与碎屑。

（4）一个测区的面积宜不小于 200 mm×200 mm，每一测区宜测定 16 测点，相邻两测点的间距宜不小于 3 cm，测点距路面边缘或接缝的距离应不小于 5 cm。

（5）对龄期超过 3 个月的硬化混凝土，应测定混凝土表层的炭化深度进行回弹值修正，也可用砂轮将炭化深度层打磨掉以后进行测定，但经过打磨与未经过打磨的不得混在一起计算或试块强度比较（未打磨）。

（五）回弹值测定

在测试过程中，回弹仪轴线应始终垂直于混凝土表面，具体操作应符合下列规定：

（1）将回弹仪的弹击杆顶住混凝土表面，轻压仪器，使按钮松开，弹击杆徐徐伸出，并使挂钩挂上弹击锤。

（2）手持回弹仪对混凝土表面缓慢均匀施压，待弹击锤脱钩，冲击弹击杆后，弹击锤即带动指针向后移动到达一定位置，指针刻度线在刻度尺上的指示值即为该点的回弹值。

（3）使用上述方法在混凝土表面依次读数并记录回弹值，如条件不利于读数，可按下按钮，锁住机芯，将回弹仪移至它处读数，准确至 1 个单位。

（4）使用完毕后应将弹击杆压入仪器内，经弹击后按下按钮锁锁住机芯，待下一次使用。方法参见图 2-6-3。

图 2-6-3 回弹仪现场检测

(六）炭化深度测定

（1）龄期超过3个月的混凝土，回弹值测量完毕后，可在每个测区上选择一处测量混凝土的炭化深度值。当相邻测区的混凝土生产工艺条件相同，龄期基本相同时，则该测区测得的炭化深度值也可代表相邻测区的炭化深度值。

（2）测量炭化深度值时，可用合适的工具在测区表面形成直径大约15 mm的孔洞（其深度略大于混凝土的炭化深度），然后用吸耳球吹去孔洞中的粉末和碎屑（不得用液体冲洗），并立即用浓度为1%酚酞酒精溶液洒在孔洞内壁的边缘处，当已炭化与未炭化界限清楚时（未炭化部分变成紫红色），用游标卡尺测量已炭化与未炭化交界面至混凝土表面的垂直距离1~2次，该距离为混凝土的炭化深度值，每次测读至0.5 mm。方法如图2-6-4所示。

图2-6-4 炭化深度测定

(七）计 算

（1）将测区的16个测点的回弹值，去掉3个较大值与3个较小值，将其余10个测量值按公式（2-6-1）计算区间平均回弹值。

$$\bar{N}_S = \frac{\sum N_i}{10} \tag{2-6-1}$$

式中 $\bar{N}_S$——测区的平均回弹值，准确至0.1；

N_i——第 i 个测点的回弹值。

（2）测试角度的修正。

当回弹仪非水平方向测试混凝土的浇筑侧面时，应根据回弹仪的轴线与水平方向的角度（图2-6-5）将测得的数据按公式（2-6-2）进行修正，计算非水平方向测定的回弹修正值。当测定水泥混凝土路面为向下垂直方向时，测试角度为-90°。回弹值修正值 ΔN 见表2-6-1。

$$\bar{N} = \bar{N}_S + \Delta N \tag{2-6-2}$$

式中 $\bar{N}$——经非水平测定修正的测区平均回弹值；

$\bar{N}_S$——回弹仪实测的测区平均回弹值；

ΔN——非水平测量的回弹值修正值，由表2-6-1或内插法求得，准确至0.1。

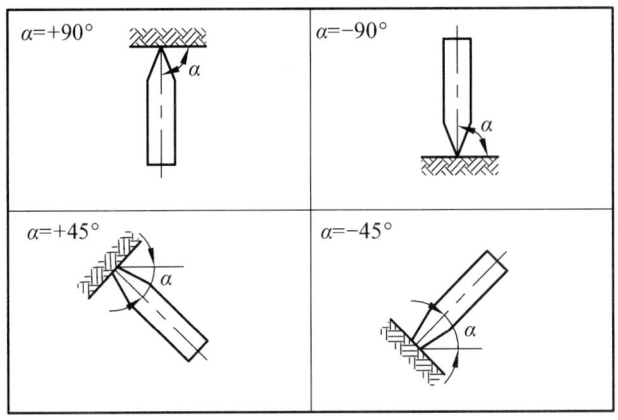

图 2-6-5　回弹仪测试角度示意图

表 2-6-1　非水平方向测定的修正回弹值

$\overline{N}_S$ \ ΔN 与水平方向所成的角度	+90°	+60°	+45°	+30°	−30°	−45°	−60°	−90°
20	−6.0	−5.0	−4.0	−3.0	+2.5	+3.0	+3.5	+4.0
30	−5.0	−4.0	−3.5	−2.5	+2.0	+2.5	+3.0	+3.5
40	−4.0	−3.5	−3.0	−2.0	+1.5	+2.0	+2.5	+3.0
50	−3.5	−3.0	−2.5	−1.5	+1.0	+1.5	+2.0	+2.5

注：表中未列入的 $\overline{N}_S$，可用内插法求得。

（3）平均炭化深度按公式（2-6-3）计算：

$$\overline{L} = \frac{1}{n}\sum_{i=1}^{n} L_i \qquad (2\text{-}6\text{-}3)$$

式中　$\overline{L}$——平均炭化深度，mm；

　　　L_i——第 i 测点炭化深度，mm；

　　　n——测点数。

如平均炭化深度值小于或等于 0.4 mm 时，按无炭化处理（即平均炭化深度为 0）。如等于或大于 6.0 mm 时，取 6.0 mm；对新浇混凝土龄期不超过 3 个月者，可视为无炭化。

（4）混凝土强度推算。

① 当需要将回弹值换算为混凝土强度时，宜采用下列方法：

a. 有试验条件时，宜通过试验建立实际的测强曲线，但测强曲线仅适用于材料质量、成型、养护和龄期等条件基本相同的混凝土。混凝土标准试块尺寸为 15 cm × 15 cm × 15 cm，采用 1.5、1.75、2.0、2.25、2.50 五个灰水比，以便得到不少于 30 对数据。试件与被测对象有相同的养护条件，到达龄期后，将试块用压力机加压至 30～50 kN 稳定，用回弹仪在两侧面分别测定 8 个测点，按公式（2-6-2）计算平均回弹值，然后进行抗压强度试验，用最小二乘法建立二者相关关系的推定式。推定式可为直线式或其他适当的形式，相关系数不得小于 0.90。然后根据测区平均回弹值利用测强曲线推定混凝土抗压强度。

b. 当无足够的试验数据或相关关系的推定式不够满意时，可按公式（2-6-4）推算混凝土抗压强度。

$$R = 0.025\bar{N}^2 \tag{2-6-4}$$

式中　R——水泥混凝土的抗压强度，MPa；

　　　$\bar{N}$——测区混凝土平均回弹值。

② 在没有条件通过试验建立实际的测强曲线时，每个测区混凝土的抗压强度值 R_i 可按平均回弹值 $\bar{N}$ 及平均炭化深度 $\bar{L}$ 根据表 2-6-2 查得。

③ 计算测定对象全部测区混凝土的抗压强度的平均值、标准差、变异系数。

（5）结构或构件的混凝土强度推定值（R_e）的确定。

① 当该结构或构件测区少于 10 个时，可按公式（2-6-5）计算：

$$R_e = R_{\min} \tag{2-6-5}$$

式中　$R_{\min}$——构件中最小的测区混凝土强度换算值。

② 当该结构或构件的测区强度值中出现小于 10 MPa，即：

$$R_e < 10.0 \text{ MPa} \tag{2-6-6}$$

③ 当该结构或构件测区数不小于 10 个或按批量检测时，应按公式（2-6-7）计算：

$$R_e = \bar{R} - 1.645S \tag{2-6-7}$$

④ 对按批量检测的构件，当该批构件混凝土强度标准差出现下列情况之一时，则该批构件应全部按单个构件检测。

a. 当该批构件混凝土强度平均值小于 25 MPa：

$$S > 4.5 \text{ MPa} \tag{2-6-8}$$

b. 当该批构件混凝土强度平均值不小于 25 MPa：

$$S > 5.5 \text{ MPa} \tag{2-6-9}$$

表 2-6-2　测区混凝土抗压强度值换算表

平均回弹值 $\bar{N}$	测区混凝土抗压强度值 R_i（MPa）												
	平均炭化深度值 $\bar{L}$（mm）												
	0	0.5	1.0	1.5	2.0	2.5	3.0	3.5	4.0	4.5	5.0	5.5	6.0
20	10.3	9.9											
21	11.4	10.0	10.5	10.1									
22	12.5	12.0	11.5	11.0	10.6	10.2	9.8						
23	13.7	13.1	12.6	12.1	11.6	11.1	10.7	10.2	9.8				
24	14.9	14.3	13.7	13.2	12.6	12.1	11.6	11.2	10.7	10.3	9.8		
25	16.2	15.5	14.9	14.3	13.7	13.1	12.6	12.1	11.6	11.1	10.7	10.3	9.9

续表 2-6-2

平均回弹值 $\overline{N}$	测区混凝土抗压强度值 R_i（MPa）													
	平均炭化深度值 $\overline{L}$（mm）													
	0	0.5	1.0	1.5	2.0	2.5	3.0	3.5	4.0	4.5	5.0	5.5	6.0
26	17.5	16.8	16.1	15.4	14.8	14.2	13.7	13.1	12.6	12.1	11.6	11.1	10.7
27	18.9	18.1	17.4	16.7	16.0	15.8	14.7	14.1	13.6	13.0	12.5	12.0	11.5
28	20.3	19.5	18.7	17.9	17.2	16.5	15.8	15.2	14.6	14.0	13.4	12.9	12.4
29	21.8	20.9	20.1	19.2	18.5	17.7	17.0	16.3	15.7	15.0	14.4	13.8	13.3
30	23.3	22.4	21.5	20.6	19.8	19.0	18.2	17.5	16.8	16.1	15.4	14.8	14.2
31	24.9	23.9	22.9	22.0	21.1	20.3	19.4	18.7	17.9	17.2	16.5	15.8	15.2
32	26.5	25.5	24.4	23.5	22.5	21.6	20.7	19.9	19.1	18.3	17.6	16.9	16.2
33	28.2	27.1	26.0	25.0	23.9	23.0	22.0	21.2	20.3	19.5	18.7	17.9	17.2
34	30.0	28.8	27.6	26.5	25.4	24.4	23.4	22.5	21.6	20.7	19.9	19.1	18.3
35	31.8	30.5	29.8	28.1	27.0	25.9	24.9	23.8	22.9	21.9	21,0	20.2	19.4
36	33.6	32.3	31.0	29.7	28.5	27.4	26.3	25.2	24.2	23.3	22.3	21.4	20.5
37	35.5	34.1	32.7	31.4	30.1	28.9	27.8	26.6	25.6	24.5	23.5	22.6	21.7
38	37.5	36.0	34.5	33.1	31.8	30.0	29.3	28.1	27.0	25.9	24.8	23.8	22.9
39	39.5	37.9	36.4	34.9	33.5	32.2	30.9	29.6	28.4	27.8	26.2	25.1	24.1
40	41.6	39.9	38.3	36.7	35.5	33.8	32.5	31.2	29.9	28.7	27.5	26.4	25.4
41	43.7	41.9	40.2	38.6	37.0	35.6	34.1	32.7	31.4	30.1	28.9	27.8	26.6
42	45.9	44.0	42.2	40.5	38.9	37.8	35.8	34.4	33.0	31.6	30.4	29.1	28.0
43	48.1	46.1	44.3	42.5	40.8	39.1	37.5	36.0	34.6	33.2	31.8	30.6	29.3
44		48.3	46.4	44.5	42.7	41.1	39.5	37.9	36.4	34.9	33.3	32.0	30.7
45			48.5	46.6	44.7	42.9	41.1	39.5	37.9	36.4	34.9	33.5	32.1
46				48.7	46.7	44.8	43.0	41.3	39.6	38.0	36.5	35.0	33.6
47					48.8	46.8	44.9	43.1	41.3	39.7	38.1	36.5	35.1
48						48.8	46.8	44.9	43.1	41.4	39.7	38.1	36.6
49							48.8	46.9	45.0	43.1	41.4	39.7	38.1
50								48.8	46.8	44.9	43.1	41.4	39.7
51									48.7	46.8	44.9	43.1	41.8
52										48.6	46.7	44.8	43.0
53											48.5	46.5	44.6
54												48.3	46.4
55													48.1

（八）试验记录（表2-6-3）

表2-6-3　回弹法测试原始记录表

项目名称		合同段		测试面状态：侧面、表面、底面、风面、潮湿、光洁、粗糙												测试角度：水平、向上、向下		
单项工程名称		构件名称		回弹仪型号				回弹仪编号						率定值				
测区	1	2	3	4	5	6	7	8	9	10	11	12	13	14	15	16	有效均值 N	炭化深度（mm）	推算强度（MPa）

表 2-6-4　结构或构件混凝土回弹强度计计算表

项目名称				合同段			施工单位			
构件名称				试验规程编号				试验日期		
项目	测区	1	2	3	4	5	6	7	8	9	10
回弹值	测区平均值										
	角度修正值 $\triangle N_a$										
	角度修正后										
平均炭化深度值 $\bar{L}$（mm）											
测区强度值 P_{ni}（MPa）											
强度计算（MPa）		强度平均值									
		标准差									
		变异系数									
强度评定值 R_N（MPa）											
备注：											

三、超声回弹法检测路面水泥混凝土抗弯强度

水泥混凝土路面的混凝土抗弯强度是指标准条件下的梁式试件龄期 28 d 时的抗弯强度。本方法适用于回弹仪、低频超声仪在现场对水泥混凝土路面按综合法快速检测，并利用测强曲线方程推算混凝土的抗弯强度。

本方法适用于视密度为 1.9~2.5 t/m³，板厚大于 100 mm，龄期大于 14 d，强度已达到设计抗压强度 80%以上的水泥混凝土。

现场用超声回弹法测定不能代替试验室标准条件下的抗弯强度测定，本试验不适用于作为仲裁试验或工程验收的最终依据。

超声回弹法测定水泥混凝土强度时，先选择测区并布置测点。按随机选点方法选择测定的水泥混凝土板，将每一块水泥混凝土路面板作为一个试样，均匀布置 10 个测区，每个测区不宜小于 150 mm×550 mm。测试面应清洁、干燥、平整。每个测区的测点宜在测区范围内均匀分布，但不得布置在气孔或外露石子上，相邻两测点的距离不宜小于 30 mm。

用回弹仪对每个测区的 16 个测点进行回弹值测定。用超声波仪器量测区内布置的三条测轴线的超声时值。对龄期超过 3 个月的水泥混凝土路面，进行测区混凝土表面炭化深度的测定。

根据测量的超声时值计算测区的超声波声速。对回弹仪所测回弹值进行非水平方向修正和炭化深度修正。

通过对比试验，建立误差满足要求的测强曲线方程。将每个测点的超声声速和修正后的回弹值换算为混凝土抗弯强度，再按规定方法得到每一段（或子段）中每一幅为一个单位的混凝土抗弯强度评定值。

课题七　沥青路面渗水系数测试

一般沥青路面应该是密实、不透水的。如果整个沥青路面透水过大，路面表面的水就会向下渗透进入基层或路基，使路面承载力降低，导致路面结构破坏。为了使沥青路面结构具有良好的水稳定性，应该限制沥青路面面层的渗水性。因此，按我国有关规定，沥青混合料配合比设计需要对试件进行渗水试验，其渗水系数应满足要求；在沥青路面成型后应立即测定路面表面渗水系数，以检验沥青混合料面层的施工质量。渗水系数是指在规定的初始水头压力下，单位时间内渗入路面规定面积的水的体积，单位为 mL/min。

由于路面在使用过程中，灰尘极易堵塞空隙，使渗水试验无法做好，因此，渗水系数测试应在路面施工结束后进行测试。同时，对于公称最大粒径大于 26.5 mm 的下面层或基层混合料，由于渗水系数的测定方法及指标问题，不适用于渗水系数的测定。

一、目的与适用范围

本方法适用于在路面现场测定沥青路面的渗水系数。

二、仪器与材料

（1）路面渗水仪：形状及尺寸如图 2-7-1 所示，上部盛水量筒由透明有机玻璃制成，

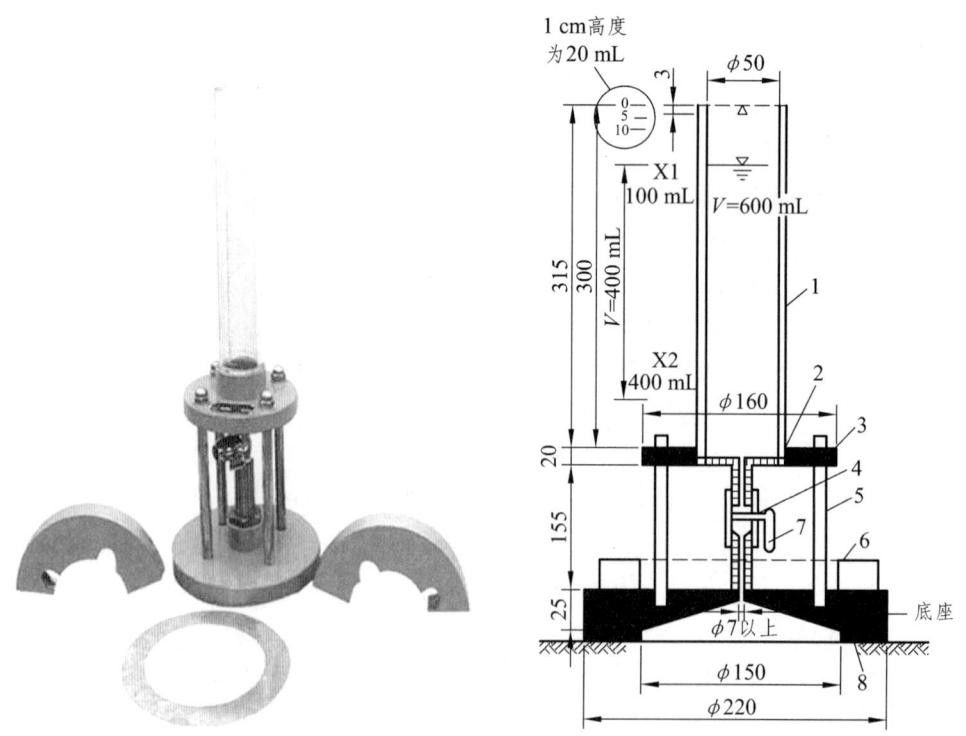

图 2-7-1　路面渗水仪
1—透明有机玻璃筒；2—螺纹连接；3—顶板；4—阀门；5—立柱支架；6—压重钢圈；7—把手；8—密封材料

四、超声回弹法检测路面水泥混凝土抗弯强度

射钉法快速检验水泥混凝土强度的原理是：利用专用的发射枪发出具有一定能量的射钉，测量射钉射入现场混凝土后的外露长度，即硬化水泥混凝土的贯入阻力，以 mm 表示，通过建立与水泥混凝土强度的相关关系，由此推算水泥混凝土的硬化强度。

被测定的水泥混凝土的抗压强度不宜高于 50 MPa，厚度不小于 15 cm 的水泥混凝土，同时必须具有足够的贯入阻力。此法用于快速评定现场新浇混凝土的硬化强度时，可用于确定能否拆除模板、支撑，路面能否开放交通等；用于评定现场混凝土的匀质性时，可通过试验检查由于振捣、养护等施工条件和其他因素变化引起的不均匀性，了解质量低劣的部位或范围。它不适用于施工质量的评定验收与仲裁。

根据不同混凝土强度选用不同型号的射钉与子弹。混凝土表面应平整。布置射钉之间的距离不小于 140 mm，射钉与混凝土表面的边缘相距不得小于 100 mm。在试验点放置定位装置。

必须对每一支枪及每一批子弹针对工程实际情况进行标定试验，建立射钉外露长度与混凝土强度的相关关系，相关系数必须经数理统计检验为高度显著，且不得小于 0.90。变异系数不宜超过 150%。

试验应由专人用同一支发射枪及同一批射钉与子弹进行。按操作规定，用定位装置或在划定位置对准混凝土表面射击点，垂直混凝土表面进行射击，把射钉射入混凝土中。用卡尺测量射钉外露长度。每次测定发射 3 枚射钉，射钉的间距宜为 20 cm，取 2 枚射钉外露长度的平均值作为本次试验结果。

由测定的射钉外露长度按相关关系式计算硬化混凝土的推定强度。

容积 600 mL，上有刻度，在 100 mL 及 500 mL 处有粗标线，下方通过 ϕ10 mm 的细管与底座相接，中间有一开关。量筒通过支架联结，底座下方开口内径 ϕ150 mm，外径 ϕ220 mm，仪器附不锈钢圈压重两个，每个质量约 5 kg，内径 ϕ160 mm。

（2）水筒及大漏斗。

（3）秒表。

（4）密封材料：防水腻子、油灰或橡皮泥。

（5）其他：水、粉笔、塑料圈、刮刀、扫帚等。

三、方法与步骤

1. 准备工作

（1）在测试路段的行车道路面上，随机取样选择测试位置，每一个检测路段应测定 5 个测点，并用粉笔画上测试标记。

（2）试验前，首先用扫帚清扫表面，并用刷子将路面表面的杂物刷去。杂物的存在一方面会影响水的渗入；另一方面也会影响渗水仪和路面或者试件的密封效果。

2. 测试步骤

（1）将塑料圈置于试件中央或者路面表面的测点上，用粉笔分别沿塑料圈的内侧和外侧画上圈，在外环和内环之间的部分就是需要用密封材料进行密封的区域。

（2）用密封材料对环状密封区域进行密封处理，注意不要使密封材料进入内圈。如果密封材料不小心进入内圈，必须用刮刀将其刮走。然后再将搓成拇指粗细的条状密封材料摞在环状密封区域的中央，并且摞成一圈。

（3）将渗水仪放在试件或者路面表面的测点上，注意使渗水仪的中心尽量和圆环中心重合，然后略微使劲将渗水仪压在条状密封材料表面，再将配重加上，以防压力水从底座与路面间流出。

（4）将开关关闭，向量筒中注满水，然后打开开关，使量筒中的水下流排出渗水仪底部内的空气，当量筒中水面下降速度变慢时用双手轻压渗水仪使渗水仪底部的气泡全部排出。关闭开关，并再次向量筒中注满水。

（5）将开关打开，待水面下降至 100 mL 刻度时，立即开动秒表开始计时，每间隔 60 s，读记仪器管的刻度一次，至水面下降 500 mL 时为止。测试过程中，如水从底座与密封材料间渗出，说明底座与路面密封不好，应移至附近干燥路面处重新操作。当水面下降速度较慢时，则测定 3 min 的渗水量即可停止；如果水面下降速度较快，在不到 3 min 的时间内到达了 500 mL 刻度线，则记录到达了 500 mL 刻度线时的时间；若水面下降至一定程度后基本保持不动，说明基本不透水或根本不透水，在报告中注明。现场检测如图 2-7-2 所示。

（6）按以上步骤在同一检测路段选择 5 个测点测定渗水系数，取其平均值作为检测结果。

图 2-7-2　路面渗水现场检测

四、结果处理

计算时以水面从 100 mL 下降到 500 mL 所需的时间为标准，若渗水时间过长，也可以采用 3 min 通过的水量计算。

$$C_w = \frac{V_2 - V_1}{t_2 - t_1} \times 60 \qquad (2\text{-}7\text{-}1)$$

式中　C_w——路面渗水系数，mL/min；

　　　V_1——第一次计时时的水量，mL，通常为 100 mL；

　　　V_2——第二次计时时的水量，mL，通常为 500 mL；

　　　t_1——第一次计时时的时间，s；

　　　t_2——第二次计时时的时间，s。

五、试验记录

现场检测，每一个检测路段应测定 5 个测点，计算其平均值作为检测结果。若路面不透水，在报告中注明渗水系数为 0。检测记录表见表 2-7-1。

表 2-7-1　沥青路面渗水系数试验检测记录表

路面类型						结构层次		
桩号	位置	初始计时时的水量（mL）	渗水读数（mL）			渗水 500 mL 需要的时间（s）	渗水系数测值（mL/min）	渗水系数平均值（mL/min）
			60 s	120 s	180 s			

单元三

桥涵工程现场测试技术

课题一 桥涵地基检测

地基是指支承基础的土体或岩体。基础是建筑物、构筑物和各种设施在地面以下的组成部分，其作用是将上部结构所承受的各种作用荷载传递到地基上。所有的建筑物基础无不以土体或岩体为地基。地基可分为天然地基和人工地基。天然地基为未经加固处理或扰动的地基。当天然地基承载力不够时，用换土、夯实、有机或无机结合料稳定等方法加固处理，以提高承载力，这种加固处理后的地基称为人工（或加固）地基。建（构）筑物的安全取决于基础与基础下地基的变形量是否过大、承载能力是否足够。为此，需要对拟建场地进行地质调查、工程勘察和各种土工试验，以查明场地的地质情况和土层结构、地下水情况和岩土的物理力学性能指标，根据建（构）筑物的类型，作出地基评价，为设计施工依据。获得岩土地基的各种物理性质指标、力学参数、应力应变规律等，要进行各种土工试验。

桥涵地基的容许承载力可根据地质勘测、原位测试、野外荷载试验以及邻近旧桥涵调查对比，由经验和理论公式计算综合分析确定。当缺乏上述资料时可按《公路桥涵地基与基础设计规范》（JTG D63—2007）推荐的方法确定地基容许承载力，对地质和结构复杂的桥涵地基应根据现场荷载试验确定容许承载力。

一、地基基底检验

（一）检验内容

（1）检查基底平面位置、尺寸大小、基底标高。
（2）检查基底地质情况和承载力是否与设计资料相符。
（3）检查基底处理和排水情况是否符合《公路工程桥涵施工技术规范》要求。
（4）检查施工记录及有关试验资料等。

（二）检验方法

按桥涵大小、地基土质复杂（如溶洞、断层、软弱夹层、易溶岩等）情况及结构对地基有无特殊要求，可采用以下检查方法：
（1）小桥涵的地基检验：可采用直观或触探方法，必要时可进行土质试验。
（2）大、中桥和地基土质复杂、结构对地基有特殊要求的地基检验，一般采用触探或钻探（钻深至少4 m），取样做土工试验，或按设计的特殊要求进行荷载试验。
（3）特大桥按设计要求处理。

（三）基底平面位置和高程允许偏差

（1）平面周线位置不小于设计要求。
（2）基底高程：土质 ± 50 mm；石质 + 50 mm，− 200 mm。

（四）注意事项

（1）如果地基经检验认为需要加固处理时，加固处理完毕后应再进行检验，合格后才能进行基础施工。

（2）为具有较好的可比性，加固前后两次的测试项目应力求对应，甚至最好由同一组织、用同一仪器按同一标准进行。

（3）检验后应按规定格式填写"地基检验表"，由参加检验人员签名，作为竣工验收原始资料。

二、平板载荷试验

平板载荷试验是用于确定地基承压板下应力主要影响范围内土层承载力和变形模量的原位测试方法。原位测试是指在岩土原有的位置上，在保持土的天然结构、天然含水率以及天然应力状态条件下测试岩土性质。

地基平板载荷试验可分为浅层平板载荷试验和深层平板载荷试验。

（一）试验方法原理

浅层平板载荷试验适用于确定浅部地基土层（深度小于 3 m）承压板下压力主要影响范围内的承载力和变形模量。

平板载荷试验就是在试验土层表面放置一定规格的方形或圆形承压板，在其上逐级施加荷载，每级荷载增量持续时间相同或接近，测记每级荷载作用下荷载板沉降量的稳定值，加载至总沉降量为 25 mm，或达到加载设备的最大容量为止，然后卸载，记录土的回弹值，持续时间应不小于一级荷载增量的持续时间。根据试验记录绘制荷载 P 和沉降量 S 的关系曲线，如图 3-1-1 所示。分析研究地基土的强度与变形特性，求得地基上容许承载力与变形模量等力学数据。

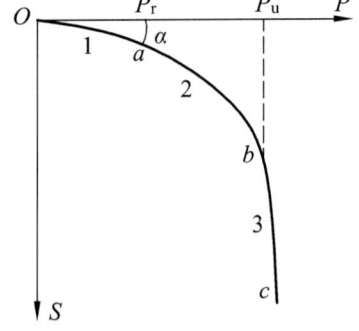

图 3-1-1 荷载-沉降关系曲线

地基在荷载作用下达到破坏状态的过程可以分为三个阶段，如图 3-1-2 所示。

（1）压密阶段（直线变形阶段）。相当于 P-S 曲线上的 Oa 段，接近于直线。这一阶段荷载板的沉降主要是由于土中孔隙的减少引起，土颗粒主要是竖向变形，且随时间渐趋稳定而土体压密。曲线上相应于 a 点的荷载称为比例界限 P_r。

（2）剪切阶段。相当于 P-S 曲线上的 ab 段。曲线已不再保持线性关系，沉降的增长率随荷载的增加而增大。土体的变形是由土中孔隙的压缩和土颗粒剪切移动同时引起的，土粒同时发生竖向和侧向变位，且随时间不易稳定。曲线相应于 P-S 曲线上 b 点的荷载称为极限荷载 P_u。

（3）破坏阶段。相当于 P-S 曲线上的 bc 段。当荷载超过极限荷载后，荷载板急剧下沉，即使不增加荷载，沉降也不能稳定，同时土中形成连续的滑动面，土从承压板下挤出，在承压板周围土体发生隆起及环状或放射状裂隙。土体变形主要由土颗粒剪切变位引起，土粒主要是侧向移动，且随时间不能达到稳定，地基土失稳而破坏。

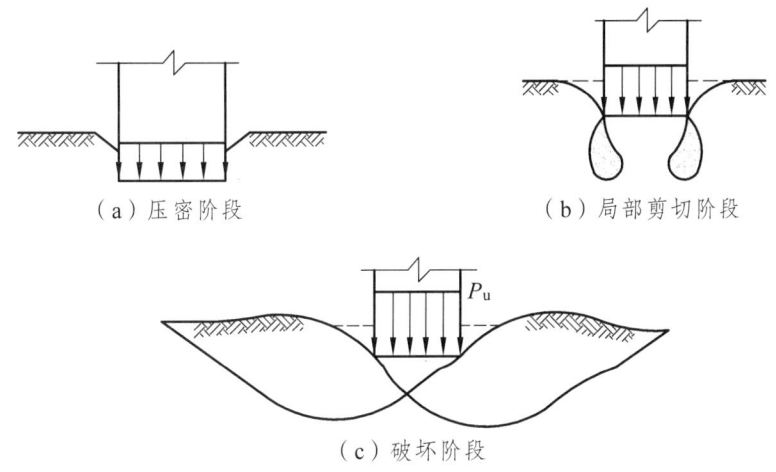

图 3-1-2　地基破坏过程的三个阶段

（二）试验设备

载荷试验设备由稳压加荷装置、反力装置和沉降观测装置三部分组成。

图 3-1-3 是目前常用的载荷试验时的加载方式之一。根据现场具体情况还可采用地锚代替荷重的方式，也可以二者兼用，但总的原则是：加荷、卸荷既简便又安全，同时对沉降量的观测无影响。

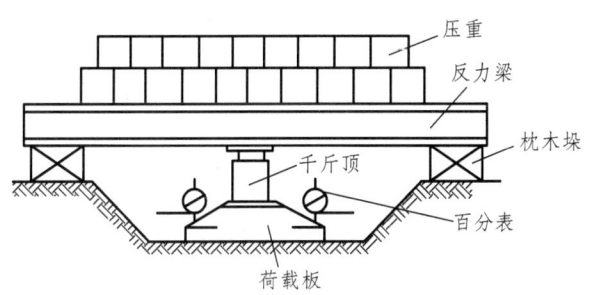

图 3-1-3　现场荷载试验

荷载板一般用刚性的方形板或圆形板，其面积依据不同的荷载试验种类要求而不同。对于浅层平板荷载试验，其面积应为 2 500 cm² 或 5 000 cm²；对于深层平板荷载试验，其面积应为 5 024 cm²；对于岩基荷载试验，其面积应为 706.5 cm²。

用油压千斤顶加荷、卸荷虽然方便，但由于受力后地锚的上拔、设备本身的变形、千斤顶的漏油和荷载板的下沉，在试验过程中，千斤顶的压力不易稳定，会出现松压现象，因此必须随时调节压力以保持一定的恒压。最简单的方法是在千斤顶加压把手上吊一重物并由人工调节，或直接由人控制千斤顶加压把手不时调节，但这样操作实际上使加荷过程出现不断跳动现象，既不方便，又影响试验质量。因此，目前已有一些勘察单位研制成几种类型的稳压器。有的增加一活塞油缸，通过齿轮齿条或杠杆等传动方式，加一定压力于活塞上，使油缸内的油压保持一定。当千斤顶油压松压时，油缸就自动补给千斤顶，使千斤顶保持恒压。有的则是通过继电器控制电动油泵的启闭，来保持千斤顶恒压，稳压精度达 1.8%。同时，还研制了沉降观测自动记录装置，可自行给出连续的沉降与时间关系曲线，进一步保证了操作安全和试验质量。

（三）浅层平板载荷试验要点

（1）浅层平板载荷试验可用于确定浅部地基、承压板下应力主要影响范围内土层的承载力。承压板面积不应小于 0.25 m²，对于软土地丛不应小于 0.5 m²。

（2）试验基坑宽度不应小于承压板宽度 b 或直径 d 的 3 倍；应保持试验土层的原状结构和天然湿度。宜在拟试压表面用厚度不超过 20 mm 的粗砂或中砂层找平。

（3）加荷分级不应少于 8 级。最大加载量不应小于设计要求的 2 倍。

（4）每级加载后，按间隔 10 min，10 min，10 min，15 min，15 min，以后为每隔半小时测读一次沉降量。当在连续两小时内，每小时的沉降量小于 0.1 mm 时，则认为已趋稳定，可加下一级荷载。

（5）当出现下列情况之一时，即可终止加载：

① 承压板周围的土明显地侧向挤出；

② 沉降：急骤增大，荷载-沉降（$P\text{-}S$）曲线出现陡降段。

③ 在某一级荷载下，24 h 内沉降速率不能达到稳定。

④ 沉降量与承压板宽度或直径之比大于或等于 0.06。

当满足前三种情况之一时，其对应的前一级荷载定为极限荷载。

（6）承载力基本容许值的确定应符合下列规定：

① 当 $P\text{-}S$ 曲线上有比例界限时，取该比例界限所对应的荷载值。

② 当极限荷载小于对应比例界限的荷载值的 2 倍时，取极限荷载值的一半。

③ 当不能按上述两款要求确定时，当压板面积为 0.25 ~ 0.50 m² 时，可取 s/b（或 s/d）=0.01 ~ 0.015 所对应的荷载，但其值不应大于最大加载量的一半。

（7）同一土层参加统计的试验点不应少于三点。当试验实测值的极差不超过其平均值的 30% 时，取此平均值作为该土层的地基承载力基本容许值。

（四）深层平板载荷试验要点

（1）深层平板载荷试验可用于确定深部地基及大直径桩桩端在承压板压力主要影响范围内土层的承载力。

（2）深层平板载荷试验的承压板采用直径为 0.8 m 的刚性板，紧靠承压板周围外侧的土层高度不应小于 0.8 m。

（3）加荷等级可按预估极限承载力的 1/10 ~ 1/15 分级施加。

（4）每级加荷后，第一个小时内按间隔 10 min，10 min，10 min，15 min，15 min，以后为每隔半小时测读一次沉降。当在连续两小时内，每小时的沉降量小于 0.1 mm 时，则认为已趋稳定，可加下一级荷载。

（5）当出现下列情况之一时，可终止加载：

① 沉降：急骤增大，荷载-沉降（P-S）曲线上有可判定极限承载力的陡降段，且沉降量超过 $0.04d$（d 为承压板直径）。

② 在某级荷载下，24 h 内沉降速率不能达到稳定。

③ 本级沉降量大于前一级沉降量的 5 倍。

④ 当持力层土层坚硬，沉降量很小时，最大加载量不小于设计要求的 2 倍。

（6）承载力基本容许值的确定应符合下列规定：

① 当 P-S 曲线上有比例界限时，取该比例界限所对应的荷载值。

② 满足前三款终止加载条件之一时，其对应的前一级荷载定为极限荷载；当该值小于对应比例界限的荷载值的 2 倍时，取极限荷载值的一半。

③ 不能按上述两款要求确定时，可取 $s/d = 0.01 \sim 0.015$ 所对应的荷载值，但其值应不大于最大加载量的一半。

④ 同一土层参加统计的试验点不应少于三点。当试验实测值的极差不超过平均值的 30%时，取此平均值作为该土层的地基承载力基本容许值。

三、圆锥动力触探试验

圆锥动力触探试验（DPT）是利用一定质量的落锤，以一定高度的自由落距将标准规格的锥形探头打入土层中，根据探头贯入的难易程度判定土层的物理力学性质。这是公路桥涵工程勘察中的原位测试方法之一。

（一）圆锥动力触探的类型和规格

目前动力触探设备的规格较多，不同设备规格所测得触探指标不同，也就是说，某种动力触探指标对应其相应的设备规格。一般根据锤击能量（表 3-1-1）分为轻型、重型、和超重型三种。

表 3-1-1　圆锥动力触探类型和规格

圆锥动力触探类型		轻型	重型	超重型
探头规格	直径（mm）	40	74	74
	锥角（°）	60	60	60
落锤	锤质量（kg）	10	63.5	120
	落距（cm）	50	76	100
探杆指径（mm）		25	42	50～60
触探指标（击）		贯入 30 cm 锤击数 N_{10}	贯入 10 cm 锤击数 $N_{63.5}$	贯入 10 cm 锤击数 N_{120}
主要使用岩土		浅部的填土、砂土、粉土、黏性土	砂土、中密以下的碎石土、极软岩	密实和很密实的碎石土、软岩、极软岩

（二）试验设备

圆锥动力触探试验设备主要由圆锥触探头、触探杆、穿心锤三部分组成，如图 3-1-4 和 3-1-5 所示。

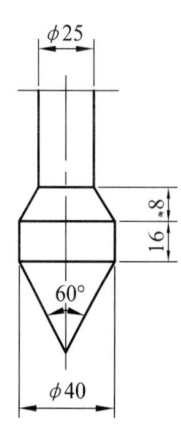

图 3-1-4　重型、超重型圆锥动力触探试验探头　　图 3-1-5　轻型圆锥动力触探试验探头

（三）试验方法

1. 轻型圆锥动力触探试验

（1）先用轻便钻具钻至试验土层标高以上 0.3 m 处，然后对所需试验土层连续进行触探。

（2）贯入时，应使穿心锤自由落下，落锤高度为 0.5 m，记录每打入土层中 0.30 m 时所需的锤击数。

（3）触探杆最大偏斜度不应超过 2%，锤击贯入应连续进行，同时防止锤击偏心、探杆倾斜和侧向晃动，保持探杆垂直度；锤击速率每分钟宜为 15～30 击。

（4）每贯入 1 m，宜将探杆转动一圈半，当贯入深度超过 10 米，每贯入 20 cm 宜转动探杆一次。

（5）如遇密实坚硬土层，当贯入 0.30 m 所需锤击数超过 100 击或贯入 0.15 m 超过 50 击时，即可停止试验。如需对下卧土层进行试验时，可用钻具穿透坚实土层后再贯入。

（6）本试验一般用于贯入深度小于 4 m 的土层。

2. 重型圆锥动力触探试验

（1）试验前将触探架安装平稳，使触探保持垂直地进行。垂直度的最大偏差不得超过 2%。触探杆应保持平直，连接牢固。

（2）贯入时，应使穿心锤自由落下，落锤高度为 0.76 m。地面上的触探杆的高度不宜过高，以免倾斜与摆动太大。

（3）锤击速率宜为每分钟 15～30 击。打入过程应尽可能连续，所有超过 5 min 的间断都应在记录中予以注明。

（4）及时记录每贯入 0.10 m 所需的锤击数。其方法可在触探杆上每 0.1 m 划出标记，然后直接（或用仪器）记录锤击数；也可以记录每一阵击的贯入度，然后再换算为每贯入 0.1 m 所需的锤击数。最初贯入的 1 m 内可不记读数。

（5）对于一般砂、圆砾和卵石，触探深度不宜超过 12～15 m；超过该深度时，需考虑触探杆的侧壁摩阻影响。

（6）每贯入 0.1 m 所需锤击数连续三次超过 50 击时，即停止试验。如需对下部土层继续进行试验时，可改用超重型动力触探。

（7）本试验也可在钻孔中分段进行，一般可先进行贯入，然后进行钻探，直至动力触探所测深度以上 1 m 处，取出钻具将触探器放入孔内再进行贯入。

3. 超重型动力触探

（1）贯入时穿心锤自由下落，落距为 1.00 m。贯入深度一般不宜超过 20 m，超过此深度限值时，需考虑触探杆侧壁摩阻的影响。

（2）其他步骤可参照重型动力触探进行。

（四）试验成果整理

（1）轻型动力触探以每层实测击数的算数平均值作为该层的触探击数平均值 $\overline{N}_{10}$。

（2）重型动力触探实测击数 $N_{63.5}$，应按公式（3-1-1）进行杆长击数修正：

$$N'_{63.5} = \alpha N_{63.5} \tag{3-1-1}$$

式中　$N'_{63.5}$——重型动力触探修正后击数，击/10 cm；

　　　α——杆长击数修正系数，可按表 3-1-2 确定。

表 3-1-2　杆长击数修正系数 α 值

$N_{63.5}$（击/10 cm）杆长 L（m）	5	10	15	20	25	30	35	40	≥50
≤2	1.0	1.0	1.0	1.0	1.0	1.0	1.0	1.0	—
4	0.96	0.95	0.93	0.92	0.90	0.89	0.87	0.86	0.84
6	0.93	0.90	0.88	0.85	0.83	0.81	0.79	0.78	0.75
8	0.90	0.86	0.83	0.80	0.77	0.75	0.73	0.71	0.67
10	0.88	0.83	0.79	0.75	0.72	0.69	0.67	0.64	0.61
12	0.85	0.79	0.75	0.70	0.67	0.64	0.61	0.59	0.55
14	0.82	0.76	0.71	0.66	0.62	0.58	0.56	0.53	0.50
16	0.79	0.73	0.67	0.62	0.57	0.54	0.51	0.48	0.45
18	0.77	0.70	0.63	0.57	0.53	0.49	0.46	0.43	0.40
20	0.75	0.67	0.59	0.53	0.48	0.44	0.41	0.39	0.36

重型动力触探，有效厚度小于 0.3 m 时，动力触探击数平均值可按下列原则确定：

（1）当上、下两层均为击数较小的土层时，$\bar{N}_{63.5}$ 可取该土层触探击数的最大值 $\bar{N}_{63.5\max}$。

（2）当上、下两层为击数较大土层时，$\bar{N}_{63.5}$ 应取小于或等于该土层触探击数最小值 $\bar{N}_{63.5\max}$。

（3）地基承载力的确定。

初步确定地基土承载力特征值时，可根据平均击数 $\bar{N}_{10}$ 或修正后的平均击数 $\bar{N}_{63.5}$ 按表 3-1-3、表 3-1-4 进行估算。

表 3-1-3　轻型动力触探试验推定地基承载力特征值 f_{ak}（kPa）

$\bar{N}_{10}$（击/30 cm）	5	10	15	20	25	30	35	40	45	50
一般黏性土地基	50	70	90	115	135	160	180	200	220	240
黏性素填土地基	60	80	95	110	120	130	140	150	160	170
粉土、粉细砂土地基	55	70	80	90	100	110	125	140	150	160

表 3-1-4　重型动力触探试验推定地基承载力特征值 f_{ak}（kPa）

$\bar{N}_{63.5}$（击/10 cm）	2	3	4	5	6	7	8	9	10	11	12	13	14	15	16
一般黏性土	120	150	180	210	240	265	290	320	350	375	400	425	450	475	500
中砂、粗砂土	80	120	160	200	240	280	320	360	400	440	480	520	560	600	640
粉砂、细砂土		75	100	125	150	175	200	225	250						

四、标准贯入试验

标准贯入试验（SPT）是采用质量为 63.5 kg 的穿心锤，以 76 cm 的落距，将一定规格的标准贯入器先打入土中 15 cm，然后开始记录锤击数，将标准贯入器再打入土中 30 cm，用此 30 cm 的锤击数作为标准贯入试验的指标。标准贯入试验是国内外广泛应用的一种现场原位测试手段。该试验法方便经济，不仅用于砂土，亦可用于黏性土的测试。标准贯入锤击数 N，可用于判定砂土的密实度、黏性土的稠度、地基土的容许承载力、砂土的振动液化、桩基承载力等，也是检验地基处理效果的重要手段。

（一）试验设备

标准贯入试验设备主要由标准贯入器、触探杆和穿心锤等部件组成（图 3-1-6）。

（1）贯入器：标准规格的圆筒形探头，是由两个半圆管合成的取土器。

（2）落锤：重 63.5 kg，自由落距 76 cm。

（3）触探杆：外径 42 mm 的钻杆。

（4）锤垫、导向杆和自动落锤装置等。

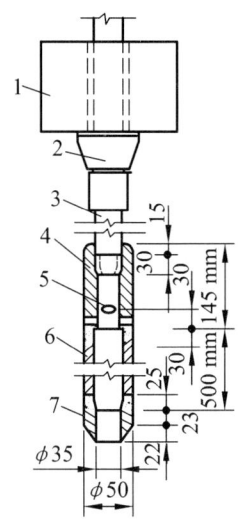

图 3-1-6 标准贯入试验设备

1—穿心锤;2—锤垫;3—触探杆;4—贯入器头;5—出水孔;6—由两半圆管合成的贯入器身;7—贯入器靴

(二)试验方法

(1)用钻机先钻到需要进行标准贯入试验的土层,清孔后,换用标准贯入器,并量得深度尺寸。

(2)将贯入器垂直打入试验土层中,先打入 15 cm,不计击数,继续贯入土中 30 cm,记录其锤击数,此数即为标准贯入击数 N。

若遇比较密实的砂层,贯入不足 30 cm 的锤击数已超过 50 击时,应终止试验,并记录实际贯入深度 $\triangle S$ 和累计锤击数 n,按公式(3-1-2)换算成贯入 30 cm 的锤击数 N:

$$N = 30 \times \frac{50}{\Delta S} \quad (3\text{-}1\text{-}2)$$

式中 N——标准贯入击数;

ΔS——50 击时的贯入度,cm。

(3)提出贯入器,将贯入器中土样取出,进行鉴别描述、记录,然后换以钻探工具继续钻进,至下一需要进行试验的深度,再重复上述操作。一般可每隔 1.0~2.0 m 进行一次试验。

(4)在不能保持孔壁稳定的钻孔中进行试验时,应下套管以保护孔壁,但试验深度必须在套管口 75 cm 以下,或采用泥浆护壁。

(5)由于钻杆的弹性压缩会引起能量损耗,钻杆过长时传入贯入器的动能降低,因而减少每击的贯入深度,亦即提高了锤击数,所以需要根据杆长对锤击数进行修正。

当采用重型圆锥动力触探确定碎石土密实度或其他指标时,锤击数 $N_{s,63.5}$ 可按下式修正:

$$N' = \alpha N \quad (3\text{-}1\text{-}3)$$

式中 N'——修正后的重型动力触探锤击数；
α——修正系数，按表 3-1-5 取值；
N——实测重型圆锥动力触探锤击数。

表 3-1-5　标准贯入试验触探杆长度修正系数

触探杆长度（m）	≤3	6	9	12	15	18	21	25	30
α	1.00	0.92	0.86	0.81	0.77	0.73	0.70	0.68	0.65

（6）对于同一土层应进行多次试验，然后取锤击数的平均值。

（三）试验数据整理

（1）标准贯入试验数据整理时，以下资料应当齐全，包括钻孔孔径、钻进方式、护孔方式、落锤方式、地下水位及孔内水位（或泥浆高程）、初始贯入度、预打击数、试验标贯击数、记录深度、贯入器所取扰动土样的鉴别描述等。

（2）绘制标贯击数 N 与深度的关系曲线，或在地质剖面图上标出试验深度处的 N 值。

（3）结合钻探及其他原位试验，依据 N 值在深度上的变化，对各土层的 N 值进行统计。统计时，要剔除个别异常值。

（四）试验结果应用

初步判定地基土承载力特征值时，可按表 3-1-6～表 3-1-8 进行估算。

表 3-1-6　砂土的承载力特征值 f_{ak}（kPa）

N'	10	20	30	50
中砂、粗砂	180	250	340	500
粉砂、细砂	140	180	250	340

表 3-1-7　粉土的承载力特征值 f_{ak}（kPa）

N'	3	4	5	6	7	8	9	10	11	12	13	14	15
f_{ak}	105	125	145	165	185	205	225	245	265	285	305	325	345

表 3-1-8　黏性土的承载力特征值 f_{ak}（kPa）

N'	3	5	7	9	11	13	15	17	19	21
f_{ak}	90	110	150	180	220	260	310	360	410	450

课题二 钻(挖)孔灌注桩检测

混凝土钻孔灌注桩是桥梁及建筑结构物常用的基桩形式之一,这主要是由于桩能将上部结构的荷载传递到深层稳定的土层上去,从而大大减少基础沉降和建筑物的不均匀沉降,实践也证明它的确是一种极为有效、安全可靠的基础形式。但是,灌注桩的成桩过程是在桩位处的地面下或水下完成,施工工序多,质量控制难度大,稍有不慎极易产生断桩等严重缺陷。灌注桩的质量检测内容主要有孔形检测、沉渣厚度检测及桩身质量检测等。

一、泥浆性能指标检测

在基桩的岩土地层钻孔过程中,一般都要采取护壁措施。泥浆作为钻探的冲洗液,除起护壁作用外,还具有携带岩土、冷却钻头、堵漏等功能,泥浆性能的好坏直接影响钻进效率和生产安全。钻孔灌注桩用泥浆一般由水、黏土(或膨润土)和添加剂按适当配合比配制而成。

泥浆应根据钻孔方法和地层情况采用不同的性能指标,具体指标可参照表 3-2-1 选择。

表 3-2-1 泥浆性能指标选择

钻孔方法	地层情况	泥浆性能指标						
		相对密度	黏度(Pa·s)	含砂率(%)	胶体率(%)	失水率(mL/30 min)	泥皮厚(mm/30 min)	静切力(Pa)	酸碱度(PH)
正循环	一般地层	1.05~1.20	16~22	8~4	≥96	≤25	≤2	1~2.5	8~10
	易坍地层	1.20~1.45	19~28	8~4	≥96	≤15	≤2	3~5	8~10
反循环	一般地层	1.02~1.06	16~20	≤4	≥95	≤20	≤3	1~2.5	8~10
	易坍地层	1.06~1.10	18~28	≤4	≥95	≤20	≤3	1~2.5	8~10
	卵石土	1.10~1.15	20~35	≤4	≥95	≤20	≤3	1~2.5	8~10
推钻冲抓	一般地层	1.10~1.20	18~24	≤4	≥95	≤20	≤3	1~2.5	8~11
冲击	易坍地层	1.20~1.40	22~30	≤4	≥95	≤20	≤3	3~5	8~11

注:① 地下水位高或其流速大时,指标取高限,反之取低限;
② 地质状态较好,孔径或孔深较小的取低限,反之取高限;
③ 在不易坍塌的黏质土层中,使用推钻、冲抓、反循环回转钻进时,可用清水提高水头(≥2 m)维护孔壁;
④ 若当地缺乏优良黏质土,远运膨润土亦很困难,调制不出合格泥浆时,可掺用添加剂改善泥浆性能,各种添加剂掺量可按规范要求选取。

(一)相对密度 ρ_x

(1)定义:泥浆与 4 ℃时同体积水的质量之比。
(2)仪器设备:泥浆相对密度计,见图 3-2-1。
(3)测定方法。
① 方法一:泥浆相对密度计法。
a. 将要量测的泥浆装满泥浆杯,齐平杯口,不要留

图 3-2-1 泥浆比重计

有气泡,将杯盖轻轻盖上,多余泥浆和空气从杯盖中间小孔中排出,再将溢出的泥浆揩刷干净;

b. 将杠杆的主刀口放到底座的主刀垫上去,将砝码缓缓移动,当水泡位于中央时,杠杆呈水平状态,砝码左侧所示刻度,即为泥浆的相对密度。

c. 需测得泥浆比重在 2~3 g/cm³ 时,需将平衡圆柱盖旋开,将平衡重锤放入,旋上螺纹盖即可测得。

② 方法二:工地简易测定。

a. 一个口杯先称其质量,设为 m_1。

b. 满清水称其质量为 m_2。

c. 倒去清水,装满泥浆并擦去杯周溢出的泥浆,称其质量为 m_3。

d. 相对密度按公式(3-2-1)计算。

$$\rho_x = \frac{m_3 - m_1}{m_2 - m_1} \tag{3-2-1}$$

(二)黏度 η(s)

(1)定义:液体或混合液体运动时各分子或颗粒之间产生的内摩阻力。

(2)仪器设备:标准漏斗黏度计,如图 3-2-2 所示。

(3)测定方法。

① 校正:漏斗中注入 700 mL 清水,流出 500 mL,所需时间应是 15 s,其偏差如超过 ±1 s,测量泥浆黏度时应校正。

② 测定:用两端开口量杯分别量取 200 mL 和 500 mL 泥浆,通过滤网注入黏度计,其流口用手指堵住不使流出;将 500 mL 泥浆的量杯置于流出口下,当放开堵住出口的手指时,同时开动秒表,记下泥浆流出的时间,即为泥浆的黏度。

 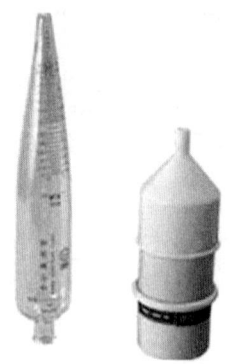

图 3-2-2 泥浆黏度计　　　　图 3-2-3 泥浆含砂率计

(三)含砂率(%)

(1)定义:泥浆内所含的砂和黏土颗粒的体积百分比。

(2)仪器设备:含砂率计,如图 3-2-3 所示。

（3）测定方法。

① 将泥浆充至测管上标有"泥浆"字样的刻线处，加清水至标有"水"的刻线处，堵死管口并摇振。

② 倾倒该混合物于滤筒中，丢弃通过滤筛的液体，再加清水于测管中。摇振后再倒入滤筒中，反复进行，直至测管内清洁为止。

③ 用清水冲洗筛网上所得的砂子，剔除残留泥浆。

④ 把漏斗套进滤筒，然后慢慢翻转过来，并把漏斗嘴插入测管内，用清水把附在筛网上的砂子全部冲入管内。

⑤ 待砂子沉淀后，读出砂子的百分含量。

⑥ 将仪器清洗并擦干，收入箱内。

（四）胶体率（%）

（1）定义：胶体率也称稳定率，指泥浆静止后，其中呈悬浮状态的黏土颗粒与水分离的程度，以百分比表示。反映泥浆中土粒保持悬浮状态的性能。

（2）仪器设备：量杯、玻璃板。

（3）测定方法：

① 将 100 mL 的泥浆放入干净的量杯中，用玻璃板盖上，静置 24 h。

② 量杯上部的泥浆可能澄清为透明的水，量杯底部可能有沉淀物。

③ 以 100 −（水 + 沉淀物）体积即等于胶体率。

（五）失水量（mL/30 min）和泥皮厚（mm）

1. 失水量

失水量指泥浆在钻孔内受内外水头压力差的作用在一定时间内渗入地层的水量，以 mL/30 min 为单位。

测定方法为用一张 120 mm×120 mm 的滤纸，置于水平玻璃板上，中央画一个直径 30 mm 的圆圈；将 2 mL 的泥浆滴于圆圈中心；30 min 后，量算湿润圆圈的平均半径；湿润圆圈的平均半径减去泥浆坍平成为泥饼的平均半径（mm）即失水量。

2. 泥皮厚

在滤纸上量出泥浆皮的厚度（mm），即为泥皮厚。泥皮愈平坦、愈薄，则泥浆质量愈高，一般不宜厚于 2~3 mm。

二、成孔质量检验

钻、挖孔在终孔和清孔后，应进行孔位、孔深、孔径、孔形和倾斜度等检查。

孔径、孔形和倾斜度宜采用专用仪器测定，当缺乏专用仪器时，可采用外径为钻孔灌注桩钢筋笼直径加 100 mm（不得大于钻头直径），长度为 4~6 倍外径的钢筋检孔器吊入钻孔内检测。

钻、挖孔成孔的质量见表 3-2-2。

表 3-2-2 钻、挖孔成孔的质量标准

项　目	允许偏差
孔的中心位置（mm）	群桩：不大于 100；单排桩：不大于 50
孔径（mm）	不小于设计桩径
倾斜度	钻孔：小于 1%；挖孔：小于 0.5%
孔深	摩擦桩：不小于设计规定 支承桩：比设计深度超深不小于 50 mm
沉淀厚度（mm）	摩擦桩：符合设计要求，当设计无要求时，对于直径≤1.5 m 的桩，≤300 mm；对桩径>1.5 m 或桩长>40 m 或土质较差的桩，≤500 mm。 支承桩：不大于设计要求
清孔后泥浆指标	相对密度：1.03～1.10；黏度：17～20 Pa·s；含砂率：<2%；胶体率：>98%

注：清孔后的泥浆指标，是从桩孔的顶、中、底部分分别取样检测的平均值。本项指标的测定，限指大直径桩或有特定要求的钻孔桩。

三、桩身完整性检测

混凝土钻孔灌注桩是桥梁及建筑结构物常用的基桩形式之一，这主要是由于桩能将上部结构的荷载传递到深层稳定的土层上去，从而大大减少基础沉降和建筑物的不均匀沉降，实践也证明它的确是一种极为有效、安全可靠的基础形式。但是，灌注桩的成桩过程是桩位处的地面下或水下完成，施工工序多，质量控制难度大，稍有不慎极易产生断桩等严重缺陷。据统计国内外钻孔灌注桩的事故率高达 5%～10%。因此，灌注桩的质量检测就显得格外重要。

桩的桩身完整性检测主要是判定桩身缺陷类型（断裂、离析、空洞、蜂窝、缩径、扩径等）及其缺陷的部位，同时也可对桩长进行核对，对桩身混凝土质量做出评价。

桩身完整性的检测主要有低应变反射波法、高应变动测法、声波透射法，钻芯法。

桩基完整性检测结果的分类按《公路工程基桩动测技术规程》（JTG/T F81-01－2004）要求的评价内容划分（桩身完整性分类标准见表 3-2-3）。

表 3-2-3 桩身完整性分类

桩身完整性类别	分 类 原 则
Ⅰ类桩	桩身完整，可正常使用
Ⅱ类桩	桩身基本完整，有轻度缺陷，不影响正常使用
Ⅲ类桩	桩身有明显缺陷，对桩身结构承载力有影响
Ⅳ类桩	桩身有严重缺陷，对桩身结构承载力有严重影响

（一）低应变反射波法

1. 测试原理

嵌入土中的桩相当于阻尼介质中的一维弹性杆，当桩头受到纵向激振时，应力波将沿桩身向下传播，在桩身存在明显阻抗界面（如桩底、断桩或严重离析等部位）或桩身截面积变化（缩径或扩径）部分，将产生反射波。经接收、放大滤波和数据处理，可识别来自桩身不同部位的反射信息。据此计算桩身波速、判断桩身完整性和混凝土强度等级。

2. 测试系统（图 3-2-4）

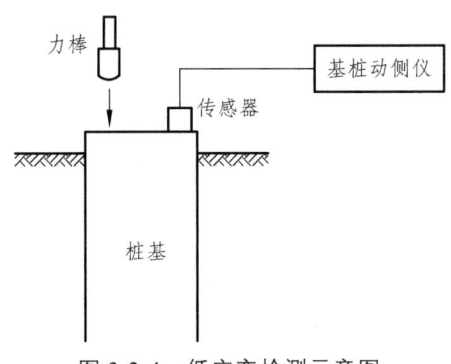

图 3-2-4 低应变检测示意图

3. 检测工作方法

（1）采用低应变法检测时，混凝土灌注桩宜在成桩 14 d 以后进行。

（2）将桩头凿至设计标高，并处理水平桩表面平整干净且无积水，将敲击点和测量传感器安装点部位磨平。传感器应牢固地安置在桩顶上，避免产生随机谐振。根据桩径大小对称布置 2~4 个检测点，每个检测点记录的有效信号数不宜少于 3 个。传感器安装和锤击区域见图 3-2-5。

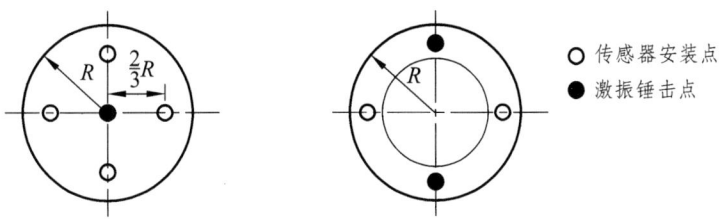

图 3-2-5 激振点和传感器安装示意图

（3）在一个检测工地中，应尽量保持接收参数和传感器的一致性，以便进行有效的对比分析。

（4）根据不同激发频率要求，应采用不同重量和材质的击锤进行激振。当干扰较大时，可采用信号增强技术进行重复激振，提高信噪比；当信号一致性差时，分析原因，排除人为和检测仪器等干扰因素，重新检测。

（5）为提高反射波的分辨率，应采用小能量激振，用截止频率较高的传感器和采用宽带放大器；放大器增益选择，不允许产生波幅削波现象。在满足能记录到桩底 2 次反射波的情况下，宜采用较高的采样率。

（6）在桩头上进行横向激振，对浅部断桩、缩径和严重离析等缺陷有较明显的反应，可与纵向激振检测配合进行。

（7）对每根被检测的单桩，均应重复测试，时域波形应有较好的重复性。当重复性不好时应及时清理激振点，改善传感器安置条件或排除仪器的故障后重新进行测试。

（8）对于异常波形，应在现场及时分析研究，首先排除可能存在的激振或接收条件不良因素的影响后，再重复测试。

4. 检测数据分析与判断（图 3-2-6）

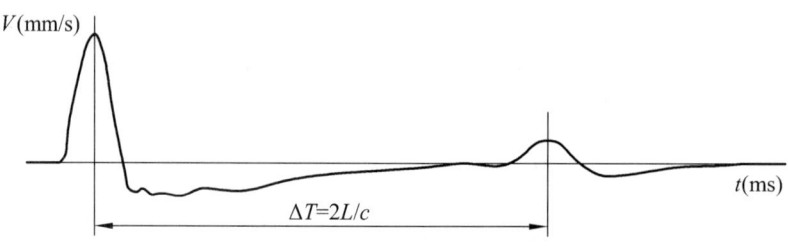

图 3-2-6 完整桩典型时域信号特征

（1）桩身波速平均值的确定应符合下列规定：

① 当桩长已知、桩底反射信号明确时，在地质条件、设计桩型、成桩工艺相同的基桩中，选取不少于 5 根 I 类桩的桩身波速值按公式（3-2-2）计算其平均值：

$$c_\mathrm{m} = \frac{1}{n}\sum_{i=1}^{n} c_i, \quad c_i = \frac{2\,000L}{\Delta T}, \quad c_i = 2L \cdot \Delta f \tag{3-2-2}$$

② 当无法按上款确定时，波速平均值可根据本地区相同桩型及成桩工艺的其他桩基工程的实测值，结合桩身混凝土的骨料品种和强度等级综合确定。

（2）桩身缺陷位置按下列公式（3-2-3）计算：

$$x = \frac{1}{2\,000} \cdot \Delta t_x \cdot c, \quad x = \frac{1}{2} \cdot \frac{c}{\Delta f'} \tag{3-2-3}$$

（3）桩身完整性类别应结合缺陷出现的深度、测试信号衰减特性以及设计桩型、成桩工艺、地质条件、施工情况，按规范的规定和实测时域或频域信号特征进行综合分析判定。

（4）对于混凝土桩，采用时域信号分析时应区分桩身截面渐变后恢复至原桩径并在该阻抗突变处的一次反射，或扩径突变处的二次反射，结合成桩工艺和地质条件综合分析判定受检桩的完整性类别。必要时，可采用实测曲线拟合法辅助判定桩身完整性或借助实测导纳值、动刚度的相对高低辅助判定桩身完整性。

（5）对于嵌岩桩，桩底时域反射信号为单一反射波且与锤击脉冲信号同向时，应采取其他方法核验桩底嵌岩情况。

5. 桩基类别判定标准

桩基完整性检测结果的判定按《公路工程基桩动测技术规程》(JTG/T F81-01—2004)要求的技术内容划分（桩身完整性判定标准见表3-2-4）。

表3-2-4　桩身完整性判定

类别	特　征
Ⅰ	桩端反射较明显，无缺陷反射波，振幅谱线分布正常，混凝土波速处于正常范围
Ⅱ	桩端反射较明显，但有局部缺陷所产生的反射信号，混凝土波速处于正常范围
Ⅲ	桩端反射不明显，可见缺陷二次反射波信号，或有桩端反射但波速明显偏低
Ⅳ	无桩端反射信号，可见因缺陷引起的多次强反射信号，或按平均波速计算的桩长明显短于设计桩长

（二）声波透射法

1. 检测内容

检测预埋声测管的混凝土灌注桩的完整性检测，判定缺陷桩的缺陷性质、位置及范围，并可评定基桩混凝土质量等级，本方法适用于直径不小于800 mm的混凝土灌注桩的完整性检测。

2. 检测原理

声波透射法检测技术是利用频率很高的超声波作为信息载体来对混凝土构件进行探测的方法。当混凝土的组成材料、工艺条件、均匀性以及测试距离都一定时，超声波在其中传播，首波的幅度和接受信号的频率等声学参数的测量值应该基本一致。如果混凝土局部存在离析、夹泥、断裂、空洞和不密实现象等缺陷时，则在缺陷处声阻抗率减小，波传播速度减低，还会产生波的反射和绕射，与正常混凝土相比较，就出现声时偏长，波幅和频率降低等异常现象，从而可判断缺陷位置。

3. 检测技术

（1）施工前期及检测前注意事项。

① 桩径小于1.5 m的桩宜埋设三管；桩径大于等于1.5 m时宜埋设四根管（图3-2-7），声测管对称埋设，管底端应与桩底标高相同。

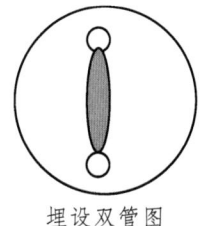
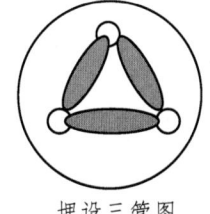

埋设双管图　　　埋设三管图　　　埋设四管图

图3-2-7　声测管埋设图

② 声测管宜采用钢管、塑料管或钢质波纹管,以钢管为佳,声测管内径比换能器直径大 10~20 mm,可以螺纹连接,或加套管焊接,但均应保证接缝处内侧无焊渣或其他有碍探头上下移动的凸起物,下端封闭,上端加盖,管口高出桩顶不小于 10 cm。

③ 声测管可焊接或绑扎在钢筋笼的内侧,探测管之间应互相平行。

④ 被检桩的混凝土龄期应大于 14 d。

⑤ 声测管内应注满清水且水密性满足 1 MPa 水压不渗水。

⑥ 施工单位在灌注桩施工完毕报检前,应将桩头浮浆凿除,并确保探测管露出桩头外且不堵塞。

(2) 设置采样参数,在同一检测剖面的检测过程中,声波发射电压和仪器设置参数应保持不变。将发射换能器和接收换能器分别置于两根声测管的测点位置处。以两根管为一检测剖面,因此埋设双管的只需检测一次,埋设三根管的基桩需检测 3 次,埋设四根管的基桩需检测 6 次。

(3) 发射换能器和接受换能器分别在两根声测管中,可置于同一标高,或有一定的高差,水平角度一般为 30°~40°。

(4) 发射与接收换能器应以相同标高或保持固定高差同步升降,测点间距不应大于 250 mm。发射与接收换能器同步升降,随时校正相对高差,使不大于 2 cm。当数据异常时,应加密检测。采用加密测点、斜测、扇形扫测(图 3-2-8)进行复测,进一步确定桩身缺陷的位置和范围。

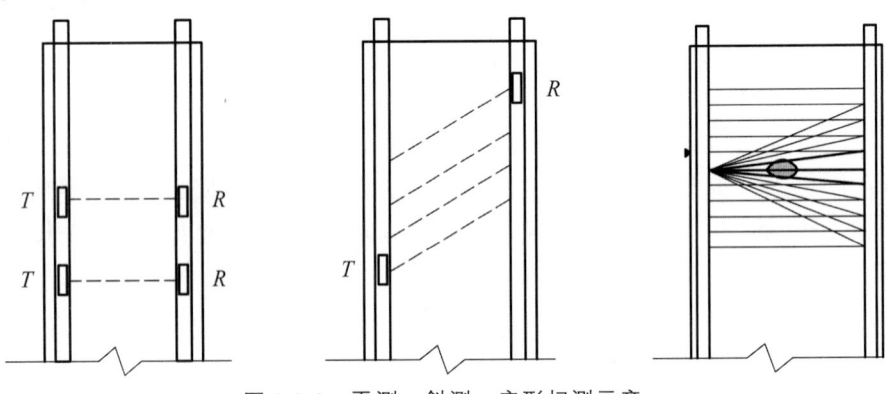

图 3-2-8 平测、斜测、扇形扫测示意

(5) 检测完成后,对每组测管的测试点进行随机重复抽测 10%~20%,声时相对标准差应≤5%,波幅相对标准差≤10%。对声时和波幅异常的部位也做重复抽测,以确保缺陷位置判断的准确性。

4. 数据分析处理

(1) 声时修正值可按公式(3-2-4)计算:

$$t' = \frac{D-d}{v_t} + \frac{d-d'}{v_w} \qquad (3-2-4)$$

式中 t'——声时修正值,μs,(t 为声波在混凝土中的传播时间,简称声时);

D——声测管外径，mm；
d——声测管内径，mm；
d'——换能器外径，mm；
v_t——声测管壁厚度方向声速值，km/s；
v_w——水的声速值，km/s。

（2）各测点的声时、声速和声速平均值按公式（3-2-5）、公式（3-2-6）、公式（3-2-7）计算，并绘制声速-深度曲线、波幅-深度曲线。

$$t = t_i - t_0 - t' \tag{3-2-5}$$

$$v_i = \frac{l}{t_{ci}} \tag{3-2-6}$$

$$v_m = \sum_{i=1}^{n} \frac{v_i}{n} \tag{3-2-7}$$

式中　t——声时值，μs；
　　　t_i——超声波第 i 测点声时值，μs；
　　　t_0——声波检测系统延迟时间，μs；
　　　t'——声时修正值，μs；
　　　v_i——第 i 个测点声速值，km/s；
　　　l——两根声测管外壁间的距离，mm；
　　　v_m——混凝土声速平均值，km/s；
　　　n——测点数。

（3）桩身混凝土缺陷应根据下列方法综合判定：

① 声速判据。

当测试混凝土声速值低于声速临界值时，应将其作为可疑缺陷区。

$$v_i < v_D \tag{3-2-8}$$

式中　v_i——第 i 个测点声速值，km/s；
　　　v_D——声速临界值，km/s。

声速临界值采用正常混凝土声速平均值与 2 倍声速标准差之差，即：

$$\bar{v} = \sum_{i=1}^{n} \frac{v_i}{n} \tag{3-2-9}$$

$$\sigma_V = \sqrt{\sum_{i=1}^{n} \frac{(v_i - \bar{v})^2}{n-1}} \tag{3-2-10}$$

式中　$\bar{v}$——正常混凝土声速平均值，km/s；
　　　σ_V——正常混凝土声速标准差；
　　　v_i——第 i 个测点声速值，km/s；

n——测点数。

当检测剖面 n 个测点的声速值普遍偏低且离散性很小时，宜采用声速低限值判据。即实测混凝土声速值低于声速低限值时，可直接判定为异常。声速低限值应由预留同条件混凝土试件的抗压强度与声速对比试验结果，结合本地区实际经验确定。

② 波幅判据。

用波幅平均值减去 6 dB 作为波幅临界值，当实测波幅低于波幅临界值时，应将其作为可以缺陷区。

③ PSD 判据。

采用斜率法作为辅助异常判据，当 PSD 值在某测点附近变化明显时，应将其作为可疑缺陷区。

$$PSD = \frac{(t_i - t_{i-1})^2}{z_i - z_{i-1}} \quad (3\text{-}2\text{-}11)$$

式中　t_i——第 i 个测点声时值，μs；

t_{i-1}——第 $i-1$ 个测点声时值，μs；

z_i——第 i 个测点深度，m；

z_{i-1}——第 $i-1$ 个测点深度，m。

④ 桩身完整性类别应结合桩身混凝土各声学参数临界值、PSD 判据以及混凝土声速低限值，按规范规定的特征进行综合判定。

桩身完整性判定标准见表 3-2-5。

表 3-2-5　桩身完整性判定

类别	特　　征
Ⅰ	各声测管剖面每个测点的声速、波幅均大于临界值，波形正常
Ⅱ	某一声测剖面个别测点的声速、波幅略小于临界值，但波形基本正常
Ⅲ	某一声测剖面连续多个测点或某一深度桩截面处的声速、波幅值小于临界值，PSD 值变大，波形畸变
Ⅳ	某一声测剖面连续多个测点或某一深度桩截面处的声速、波幅值明显小于临界值，PSD 突变，波形严重畸变

（三）钻芯法

1. 一般规定

（1）本方法适用于检测混凝土灌注桩的桩长、桩身混凝土强度、桩底沉渣厚度和桩身完整性。当采用本方法判定或鉴定桩端持力层岩土特性时，钻探深度应满足设计要求。

（2）每根受检桩的钻芯孔数和钻孔位置，应符合下列规定：

① 桩径小于 1.2 m 的桩的钻孔数量可为 1~2 个孔，桩径为 1.2~1.6 m 的桩的钻孔数量宜为 2 个孔，桩径大于 1.6 m 的桩的钻孔数量宜为 3 个孔。

② 当钻芯孔为 1 个时，宜在距桩中心 10～15 cm 的位置开孔；当钻芯孔为 2 个或 2 个以上时，开孔位置宜在距桩中心 $0.15D$～$0.25D$ 范围内均匀对称布置。

③ 对桩端持力层的钻探，每根受检桩不应少于 1 个孔。

（3）当选择钻芯法对桩身质量、桩底沉渣、桩端持力层进行 1～3 验证检测时，受检桩的钻芯孔数可为 1 孔。

2. 仪器设备

（1）钻取芯样宜采用液压操纵的高速钻机，并配置适宜的水泵、孔口管、扩孔器、卡簧、扶正稳定器和可捞取松软渣样的钻具。

（2）基桩桩身混凝土钻芯检测，应采用单动双管钻具钻取芯样，严禁使用单动单管钻具。

（3）钻头应根据混凝土设计强度等级选用合适粒度、浓度、胎体硬度的金刚石钻头，且外径不宜小于 100 mm。

（4）锯切芯样的锯切机应具有冷却系统和夹紧固定装置。芯样试件端面的补平器和磨平机，应满足芯样制作的要求。

3. 现场检测

（1）钻机设备安装必须周正、稳固、底座水平。钻机在钻芯过程中不得发生倾斜、移位，钻芯孔垂直度偏差不得大于 0.5%。

（2）每回次钻孔进尺宜控制在 1.5 m 内；钻至桩底时，宜采取减压、慢速钻进、干钻等适宜的方法和工艺，钻取沉渣并测定沉渣厚度；对桩底强风化岩层或土层，可采用标准贯入试验、动力触探等方法对桩端持力层的岩土性状进行鉴别。

（3）钻取的芯样应按回次顺序放进芯样箱中；钻机操作人员应记录钻进情况和钻进异常情况，对芯样质量进行初步描述；检测人员应对芯样混凝土，桩底沉渣以及桩端持力层详细编录。

① 桩身混凝土芯样的描述：芯样连续性、完整性、胶结情况、表面光滑情况，混凝土芯样是否为柱状，骨料大小分布情况，气孔、蜂窝麻面、沟槽、破碎、夹泥、松散情况，以及取样编号和取样位置。

② 持力层的描述：钻进深度、岩土名称、芯样颜色、结构构造、裂隙发育程度、坚硬程度。

（4）钻芯结束后，应对芯样和钻探标示牌的全貌进行拍照。

（5）当单桩质量评价满足设计要求时，应从钻芯孔孔底往上用水泥浆回灌封闭；当单桩质量评价不满足设计要求时，应封存钻芯孔，留待处理。

4. 芯样试件截取与加工

（1）截取混凝土抗压芯样试件应符合下列规定：

① 当桩长小于 10 m 时，每孔应截取 2 组芯样；当桩长为 10～30 m 时，每孔应截取 3 组芯样，当桩长大于 30 m 时，每孔应截取芯样不少于 4 组。

② 上部芯样位置距桩顶设计标高不宜大于 1 倍桩径或超过 2 m，下部芯样位置距桩底不宜大于 1 倍桩径或超过 2 m，中间芯样宜等间距截取。

③ 缺陷位置能取样时，应截取 1 组芯样进行混凝土抗压试验。

④ 同一基桩的钻芯孔数大于 1 个，且某一孔在某深度存在缺陷时，应在其他孔的该深度处，截取 1 组芯样进行混凝土抗压强度试验。

（2）每组混凝土芯样应制作 3 个抗压试件。

（3）芯样加工。

① 平均直径：芯样直径一般 76～100 mm，平均直径从中部垂直测量，求平均值，精确至 0.5 mm，任意直径与平均直径相差不大于 2 mm。

② 芯样高度：为了避免再对芯样试件高径比进行修正，规定 $0.95d \leqslant h \leqslant 1.05d$，$d$ 为芯样试件平均直径，精度 1 mm。

③ 试件端面的不平整度在 100 mm 长度内不超过 0.1 mm。

5. 芯样试件抗压强度试验

混凝土芯样试件的抗压强度试验应按现行国家标准《普通混凝土力学性能试验方法标准》GB/T 80071 执行。

混凝土芯样试件抗压强度应按公式（3-2-12）计算：

$$f_{\text{cor}} = \frac{4P}{\pi d^2} \tag{3-2-12}$$

式中　f_{cor}——混凝土芯样试件抗压强度，MPa，精确至 0.1 MPa；

P——芯样试件抗压试验测得的破坏荷载，N；

D——芯样试件的平均直径，mm。

6. 检测数据分析与判定

（1）每根受检桩混凝土芯样试件抗压强度的确定应符合下列规定：

① 取一组 3 块试件强度值的平均值，作为该组混凝土芯样试件抗压强度检测值。

② 同一受检桩同一深度部位有两组或两组以上混凝土芯样试件抗压强度检测值时，取其平均值作为该桩该深度处混凝土芯样试件抗压强度检测值。

③ 取同一受检桩不同深度位置的混凝土芯样试件抗压强度检测值中的最小值，作为该桩混凝土芯样试件抗压强度检测值。

（2）桩身完整性类别判定。

桩身完整性类别应结合钻芯孔数、现场混凝土芯样特征、芯样试碎抗压强度试验结果，按表 3-2-5 所列特征进行综合判定。

当混凝土出现分层现象时，宜截取分层部位的芯样进行抗压强度试验。当混凝土抗压强度满足设计要求时，可判为Ⅱ类；当混凝土抗压强度不满足设计要求或不能制作成芯样试件时，应判为Ⅳ类。

多于三个钻芯孔的基桩桩身完整性可类比表 3-2-6 三孔特征进行判定。

表 3-2-6 桩身完整性判定

类别	特征		
	单孔	两孔	三孔
I	混凝土芯样连续、完整、胶结好，芯样侧表面光滑、骨料分布均匀，芯样呈长柱状、断口吻合		
	芯样侧表面仅见少量气孔	局部芯样侧表面有少量气孔、蜂窝麻面、沟槽，但在另一孔同一深度部位的芯样中未出现，否则应判为II类	局部芯样侧表面有少量气孔、蜂窝麻面、沟槽，但在三孔同一深度部位的芯样中未同时出现，否则应判为II类
II	混凝土芯样连续、完整、胶结较好，芯样侧表面较光滑、骨料分布基本均匀，芯样呈柱状、断口基本吻合，有下列情况之一：		
	1. 局部芯样侧表面有蜂窝麻面、沟槽或较多气孔；2. 芯样侧表面蜂窝麻面严重、沟槽连续或局部芯样骨料分布极不均匀，但对应部位的混凝土芯样试件抗压强度检测值满足设计要求，否则应判为III类	1. 芯样侧表面有较多气孔、严重蜂窝麻面、连续沟槽或局部混凝土芯样骨料分布不均匀，但在两孔同一深度部位的芯样中未同时出现；2. 芯样侧表面有较多气孔、严重蜂窝麻面、连续沟槽或局部混凝土芯样骨料分布不均匀，且在另一孔同一深度部位的芯样中同时出现，但该深度部位的混凝土芯样试件抗压强度检测值满足设计要求，否则应判为III类；3. 任一孔局部混凝土芯样破碎段长度不大于10cm，且在另一孔同一深度部位的局部混凝土芯样的外观判定完整性类别为I类或II类，否则应判为III类或IV类	1. 芯样侧表面有较多气孔、一严重蜂窝麻面、连续沟槽或局部混凝土芯样骨料分布不均匀，但在三孔同一深度部位的芯样中未同时出现；2. 芯样侧表面有较多气孔、严重蜂窝麻面、连续沟槽或局部混凝土芯样骨料分布不均匀，且在任两孔或三孔同一深度部位的芯样中同时出现，但该深度部位的混凝土芯样试件抗压强度检测值满足设计要求，否则应判为III类；3. 任一孔局部混凝土芯样破碎段长度不大于10cm，且在另两孔同一深度部位的局部混凝土芯样的外观判定完整性类别为I类或II类，否则应判为III类或IV类
III	大部分混凝土芯样胶结较好，无松散、夹泥现象。有下列情况之一：		大部分混凝土芯样胶结较好。有下列情况之一：
	1. 芯样不连续、多呈短柱状或块状；2. 任一孔局部混凝土芯样破碎段长度大于10cm	1. 芯样不连续、多呈短柱状或块状；2. 任一孔局部混凝土芯样破碎段长度大于10cm但不大于20cm，且在另一孔同一深度部位的局部混凝土芯样的外观判定完整性类别为I类或II类，否则应判为IV类	1. 芯样不连续、多呈短柱状或块状；2. 任一孔局部混凝土芯样一破碎段长度大于10cm但不大于30cm，且在另两孔同一深度部位的局部混凝土芯样的外观判定完整性类别为I类或II类，否则应判为IV类；3. 任一孔局部混凝土芯样松散段长度不大于10cm，且在另两孔同一深度部位的局部混凝土芯样的外观判定完整性类别为I类或II类，否则应判为IV类

续表 3-2-6

类别	特征		
	单孔	两孔	三孔
Ⅳ	有下列情况之一： 1. 因混凝土胶结质量差而难以钻进； 2. 混凝土芯样任一段松散或夹泥； 3. 局部混凝土芯样破碎长度大于 10 cm	1. 任一孔因混凝土胶结质量差而难以钻进； 2. 混凝土芯样任一段松散或夹泥； 3. 任一孔局部混凝土芯样破碎长度大于 20 cm； 4. 两孔同一深度部位的混凝土芯样破碎	1. 任一孔因混凝土胶结质量差而难以钻进； 2. 混凝土芯样任一段松散或夹泥段长度大于 10 cm； 3. 任一孔局部混凝土芯样破碎长度大于 30 cm； 4. 其中两孔在同一深度部位的混凝土芯样破碎、松散或夹泥

课题三 桥梁工程制品试验检测

一、预应力混凝土用钢绞线（图 3-3-1）

（一）适用范围

适用于由冷拉光圆钢丝及刻痕钢丝捻制的用于预应力混凝土结构的钢绞线。

（二）术　语

（1）标准型钢绞线：由冷拉光圆钢丝捻制成的钢绞线。
（2）刻痕钢绞线：由刻痕钢丝捻制成的钢绞线。
（3）模拔型钢绞线：捻制后再经冷拔成的钢绞线。
（4）公称直径：钢绞线外接圆直径的名义尺寸。

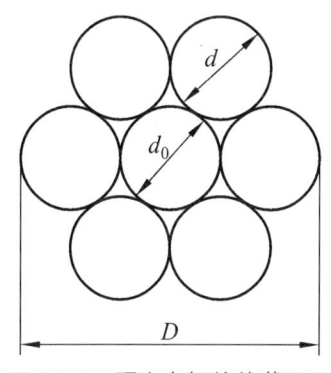

图 3-3-1　预应力钢绞线截面图

（三）分类和标记

1. 分类与代号

钢绞线按结构分为 8 类。其代号为：
（1）用两根钢丝捻制的钢绞线　　　　　　　　1×2
（2）用三根钢丝捻制的钢绞线　　　　　　　　1×3
（3）用三根刻痕钢丝捻制的钢绞线　　　　　　1×3I
（4）用七根钢丝捻制的标准型钢绞线　　　　　1×7
（5）用六根刻痕钢丝和一根光圆中心钢丝捻制的钢绞线　1×7I
（6）用七根钢丝捻制又经模拔的钢绞线　　　（1×7）C
（7）用十九根钢丝捻制的 1+9+9 西鲁式钢绞线　1×19S
（8）用十九根钢丝捻制的 1+6+6/6 瓦林吞式钢绞线　1×19W

2. 标　记

产品标记应包含下列内容：预应力钢绞线、结构代号、公称直径、强度级别、标准编号。

示列 1：公称直径为 15.20 mm，强度级别为 1 860 MPa 的七根钢丝捻制的标准型钢绞线其标记为：预应力钢绞线 1×7-15.20-1860-GB/T5224-2014。

示列 2：公称直径为 8.74 mm，强度级别为 1 670 MPa 的三根刻痕钢丝捻制的钢绞线其标记为：预应力钢绞线 1×3I-8.74-1670-GB/T5224-2014。

示列 3：公称直径为 12.70 mm，强度级别为 1 860 MPa 的七根钢丝捻制又经模拔的钢绞线其标记为：预应力钢绞线（1×7）C-12.70-1860-GB/T5224-2014。

(四)技术要求

1. **力学性能(表 3-3-1)**

表 3-3-1　1×7 结构钢绞线的力学性能

钢绞线公称直径(mm)	公称抗拉强度 R_m(MPa)	整根钢绞线最大力 F_m(kN) ≥	整根钢绞线最大力 $F_{m,max}$/(kN) ≤	0.2%屈服力 $F_{p0.2}$(kN) ≥	最大力总伸长率($L_0 \geq 500$ mm)A_{gt}(%) ≥
15.20	1 470	206	234	181	3.5
	1 570	220	248	194	
	1 670	234	262	206	
	1 720	241	269	212	
	1 860	260	288	229	
	1 960	274	302	241	

2. **应力松弛性能**

所有不同规格钢绞线的松弛性能要求均按表 3-3-2 执行,实测应力松弛率应大于表中规定的松弛率。

表 3-3-2　钢绞线应力松弛性能要求

初始负荷相当于公称最大力的百分数(%)	1 000 h 后应力松弛率(%)
70	2.5
80	4.5

3. **弹性模量**

钢绞线的弹性模量为(195 ± 10)GPa,可不作为交货条件。当需方需要时,应满足该范围值。

4. **其他检验项目**

表面质量、外形尺寸和钢绞线伸直性的检验,疲劳性能试验和偏斜拉伸试验,应参照国家标准《预应力混凝土用钢绞线》(GB/T 5224—2014)。

(1)除非需方有特殊要求,钢绞线表面不得有油、润滑脂等物质。钢绞线允许有轻微的浮锈,表面不能有目视可见的锈蚀凹坑。

(2)钢绞线表面允许存在回火颜色。

(五)试验方法

1. **表面检验**

表面质量用目视检查。

2. 尺寸检验

钢绞线的直径应用分度值为不大于 0.02 mm 的量具测量，测量位置距离端头不小于 300 mm。测量 1×7 结构钢绞线直径应以横穿直径方向的相对两根外层钢丝为准，在同一截面不同方向上测量三次取平均值。

3. 钢绞线的伸直性

取弦长为 1 m 的钢绞线，放在一平面上，其弦长与弧内侧最大自然矢高不大于 25 mm。

4. 拉伸试验

（1）最大力。

整根钢绞线的最大力试验按 GB/T 21839 的规定进行。如试样在夹头内和距钳口 2 倍钢绞线公称直径内断裂达不到标准性能要求时，试验无效。计算抗拉强度时取钢绞线的参考截面积值。

（2）屈服力。

钢绞线屈服力采用的是引伸计标距（不小于一个捻距）的非比例延伸达到引伸计标距 0.2%所受的力（$F_{p0.2}$）。为便于供方日常检验，也可以测定总延伸达到原始标距 1%的力（F_{tl}），其值符合标准规定的 $F_{p0.2}$ 值时可以交货，但仲裁试验时测定 $F_{p0.2}$。测定 $F_{p0.2}$ 和 F_{tl} 时，预加负荷为规定非比例延伸力的 10%。

（3）最大力总伸长率。

5. 最大力总伸长率 A_{gt} 的测定

按 GB/T 21839 规定进行。使用计算机采集数据或使用最子拉伸设备测量伸长率时，预加负荷对试样所产生的伸长率应加在总延伸内。

6. 弹性模量的测定

按 GB/T 21839 规定进行。

7. 应力松弛性能试验

（1）钢绞线的应力松弛性能试验应按 GB/T 21839 的规定进行。
（2）试验期间，试样的环境温度应保持在（20±2）℃内。
（3）试验标距长度不小于公称直径的 60 倍。
（4）试样制备后不得进行任何热处理和冷加工。
（5）允许用至少 120 h 的测试数据计算 1 000 h 的松弛率值。

（六）检验规则

1. 检查和验收

产品的检查由供方技术监督部门按表 3-3-3 的规定进行，需方可按本标准进行检查验收。

表 3-3-3　供方出厂常规项目及取样数量

序号	检验项目	取样数量	取样部位	检验方法
1	表面	逐盘卷	—	目视
2	外形尺寸	逐盘卷	—	按相关标准规定执行
3	钢绞线伸直性	3根/批	在每（任）盘卷中任意一端截取	用分度值为1 mm的量具测量
4	整根钢绞线最大力	3根/批		从外观检验合格的3盘钢绞线的端部正常部位各截取一根
5	0.2%屈服力	3根/批		
6	最大力总伸长率	3根/批		
7	弹性模量	不小于1跟/每合同段		
8	应力松弛性能	不小于1根/每批俩批		

2. 组批原则

钢绞线应成批验收，每批钢绞线由同一牌号、同一规格、同一生产工艺捻制的钢绞线组成。每批质量不大60 t。

3. 复验与判定规则

当某一项检验结果不符合规定时，则该盘卷不得交货。并从同一批未经试验的钢绞线盘卷中取双倍数量的试样进行该不合格项目的复验，复验结果即使有一个试样不合格，则整批钢绞线不得交货，或进行逐盘检验合格后交货。

二、预应力锚具、夹具和连接器检测

在预应力混凝土结构施工预应力的过程中，无论是先张法对预应力钢筋的临时固定，还是后张法对预应力钢筋的永久性锚固，都需要有锚具或夹具。因此锚夹具是保证预应力混凝土结构安全可靠的关键之一，它们必须满足受力安全可靠、预应力损失小、张拉锚固方便迅速等要求。

（一）基本知识

1. 常用术语定义

1）锚具

在后张法结构或构件中，用于保持预应力筋的拉力并将其传递到混凝土（或钢结构）上所用的永久性锚固装置，锚具可分为两类：

（1）张拉端锚具：安装在预应力筋端部且可用以张拉的锚具。

（2）固定端锚具：安装在预应力筋固定端端部，通常不用以张拉的锚具。

2）夹具

在先张法构件施工时，用于保持预应力筋的拉力并将其固定在生产台座（或设备）上的临时性锚固装置；或者为后张法结构或构件施工时，在张拉千斤顶或设备上夹持预应力筋的临时性锚固装置（又称工具锚）。

3）连接器

用于连接预应力筋的装置。

2. 产品分类

锚具、夹具和连接器按锚固方式不同，可分为夹片式（单孔和多孔夹片锚具）、支承式（墩头锚具、螺母锚具等），锥塞式（钢制锥形锚具等）和握裹式（挤压锚具、压花锚具等）四种。

3. 代　号

锚具、夹具或连接器的总代号可以分别用汉语拼音字母 M、J、L 表示；各类锚固方式的分类代号，如表 3-3-4 所示。

表 3-3-4　锚具、夹具和连接器的代号

分类代号		锚具	夹具	连接器
夹片式	圆形	YJM	YJJ	YJL
	扇形	BJM		
支承式	墩头	DTM	DTJ	DTL
	螺母	LMN	LMJ	LML
锥塞式	钢质	GZM	—	—
	冷铸	LZM	—	—
	热铸	RZM	—	—
握裹式	挤压	JYM	JYJ	JYL
	压花	YHM	—	—

注：连接器的代号以续接段端部锚固方式命名。

4. 标　记

锚具、夹具或连接器的标记由产品代号、预应力钢材直径、预应力钢材根数三部分组成（生产企业的体系代号只在需要时中加注），如图 3-3-2 所示。

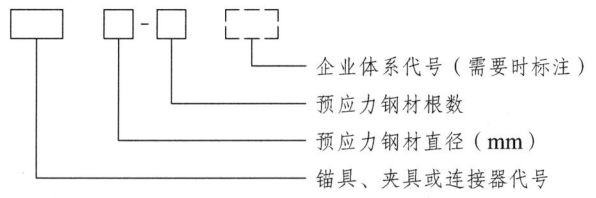

图 3-3-2　锚具、夹具或连接器的标记

示例：

（1）锚固 12 根直径 15.2 mm 预应力混凝土用钢绞线的圆形夹片式群锚锚具，标记为"YJM15-12"。

（2）预应力筋为 12 根直径 12.7 mm 钢绞线，用于固定端的挤压式锚具，标记为"JYM13-12"，需要时可续注企业体系代号。

（3）用挤压头方法连接 12 根直径 15.2 mm 钢绞线连接器，标记为"JYL15-12"。

特殊的或有必要阐明特点的新产品，可增加文字或图样以准确表达。

（二）技术要求

预应力锚具、夹具和连接器应具有可靠的锚固性能和足够的承载能力，以保证充分发挥预应力筋的强度。

（1）在预应力筋强度等级已经确定的条件下，预应力筋-锚具组装件的静载锚固性能试验结果，应同时满足锚具效率系数 η_a 等于或大于 0.95 和预应力筋总应变 ε_{apu} 等于或大于 2.0%两项要求。

（2）锚具的静载锚固性能，应由预应力筋-锚具组装件静载试验测定的锚具效率系数（η_a）和达到实测极限拉力时组装件受力长度的总应变（ε_{apu}）确定。

$$\eta_a = \frac{F_{apu}}{\eta_p \cdot F_{pm}} \tag{3-3-1}$$

式中　F_{apu}——预应力筋-锚具组装件的实测极限拉力。

　　　F_{pm}——应力筋的实际平均极限抗拉力。由预应力钢材试件实测破断荷载平均值计算得出。

　　　η_p——预应力筋的效率系数。应按下列规定取用：预应力筋-锚具组装件中预应力钢材为 1 至 5 根时，取 1；6 至 12 根时，去 0.99；13 根至 19 根时，取 0.98；20 根以上时，取 0.97。

当预应力筋-锚具（或连接器）组装件达到实测极限拉力时，应由预应力筋的断裂，而不应由锚具（或连接器）的破坏导致试验的终结。预应力筋拉应力未超过 0.8 时，锚具主要受力零件应在弹性阶段工作，脆性零件不得破坏。

（3）夹具的静载性能，应由预应力筋-夹具组装件静载试验测定的夹具效率系数（η_a）确定。夹具效率系数（η_a）应按公式（3-3-2）计算：

$$\eta_a = \frac{F_{apu}}{F_{pm}} \tag{3-3-2}$$

式中　F_{apu}——预应力筋-夹具组装件的实测极限拉力。

试验结果应满足夹具效率系数等于或大于 0.92 的要求。

当预应力筋-夹具组装件达到实测极限拉力时，应由预应力筋的断裂，而不应由夹具的破坏导致试验终结。

（三）试验项目

（1）外观检查。
（2）硬度检验。
（3）静载锚固性能。

（四）试件抽样及检验判定

（1）划分进场验收批时，只有在同种材料和同一生产工艺条件下生产的产品，才可列为同一批量。锚固多根预应力钢材的锚具或夹具应以不超过 1 000 套为一个验收批；锚固单根预应力钢材的锚具或夹具，每个验收批可扩大为 2 000 套。连接器的每个验收批不宜超过 500 套。

每个工程或标段不宜使用两个生产厂家提供的产品。

（2）外观检验：从每批中抽取 10%的锚具且不少于 10 套，检查其外观质量及外形尺寸；并按产品技术条件确定是否合格。

所抽全部样品均不得有裂纹出现，当有一套表面有裂纹时，则本批应逐套检查，合格者方可进入后续检验组批。

（3）硬度检验：对硬度有严格要求的锚具零件，应进行硬度检验。应从每批中抽取 5%且不少于 5 套，硬度值符合设计要求的范围应判为合格。如有一个零件不合格，则应另取双倍数量的零件重做检验；如仍有一个零件不合格，则应逐个检验，合格者方可进入后续检验批。

（4）静载锚固能力检验：在通过外观检查和硬度检验的锚具中抽取 6 套样品，与符合试验要求的预应力筋组装成 3 个预应力筋-锚具组装件，并应由国家或省级质量技术监督部门授权的专业质量检测机构进行静载锚固性能试验。有一个试件不符合要求时，则应取双倍数量的锚具重做试验；仍有一个试件不符合要求时，则该批锚具应视为不合格品。

三、张拉设备校验

1. 分 类

预应力筋的张拉方式有机械张拉和电热张拉两类。机械可采用张拉液压拉伸机、手动螺杆张拉器、电动螺杆张拉机。桥梁工程中通常采用液压拉伸机，由油压千斤顶和配套的高压油泵、压力表及外接油管等组成。液压拉伸机的千斤顶按其构造可分为台座式（普通油压千斤顶）、穿心式、锥锚式和拉杆式。预应力张拉机具应与锚具配套使用，并在进场前进行检查和校验。

2. 校验方法

油压千斤顶的作用力一般用油压表测定和控制。油压表上的指示读数为油缸内的单位油压，在理论上将其乘以活塞面积即应为千斤顶的作用力。但由于油缸与活塞之间有一定的摩阻力，此项摩阻力抵消一部分作用力，因此实际作用力要比理论值为小。为正确控制张拉力，一般均用校验标定的方法测定油压千斤顶的实际作用力与油压读数的关系。校验时，应将千斤顶及配套使用的油泵、油压表一起配套进行。校验仪器可采用压力试验机、标准测力计或传感器等，一般采用长柱压力试验机的方法。

（1）用长柱压力试验机校验：压力试验机的精度不得低于±2%。校验时，应采取被动校验法，即在校验时用千斤顶顶试验机，这样活塞运行方向、摩阻力的方向与实际工作时相同，校验比较准确。在进行被动校验时，压力试验机本身也有摩阻力，且与正常使用时相反，故试验机表盘读数反映的也不是千斤顶的实际作用力。因此，用被动法校验千斤顶时，必须事先用具有足够吨位的标准测力计对试验机进行被动标定，以确定试验机的度盘读数值。标定后在校验千斤顶时就可以从试验机度盘上直接读出千斤顶的实际作用力以及相应的油压表的准确读数。

（2）用压力试验机校验的步骤如下（图3-3-3）：

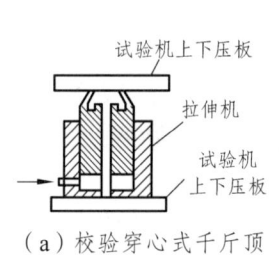

（a）校验穿心式千斤顶　　　　（b）校验拉杆式千斤顶

图3-3-3　用压力试验机校验千斤顶

① 千斤顶就位：当校验穿心式千斤顶时，将千斤顶放在试验机台面上，千斤顶活塞面或撑套与试验机压板紧密接触，并使千斤顶与试验机的受力中心线重合。

当校验拉杆式千斤顶时，先把千斤顶的活塞杆推出，取下封尾板，在缸体内放入一根厚壁无缝钢管，然后将千斤顶两脚向下立于试验机的中心线部位。放好后，调整试验机，使钢管的上端与试验机上压板接紧，下端与缸体内活塞面接紧，并对准缸体中心线。

② 校验千斤顶：开动油泵，千斤顶进油，使活塞杆上升，顶试验机上压板。在千斤顶顶试验机的平缓增加负荷载的过程中（此时不得用试验机压千斤顶），自零位到最大吨位，将试验机被动标定的结果逐点标定到千斤顶的油压表上。标定点应均匀地分布在整个测量范围内，且不少于5点。当采用最小二乘法回归分析千斤顶的标定经验公式时需10~20点。各标定点应重复标定3次，取平均值，并且只测读进程，不得读回程。

③ 记录千斤顶校验数值，并可根据校验结果绘千斤顶校验曲线供预应力筋钢材张拉时使用，亦可采用最小二乘法求出千斤顶校验的经验公式，供预应力筋张拉时使用。

四、桥梁支座试验检测

（一）概　述

1. 分类（图 3-3-4）

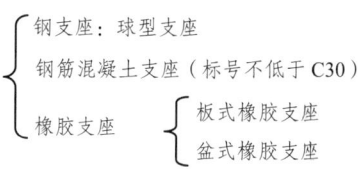

图 3-3-4　支座分类

2. 特　点

（1）橡胶支座在公路桥梁上使用最普通，但近年来，铁路桥梁也大量采用橡胶支座，较早的铁路桥梁大量采用钢支座，但是新建的客运专线亦大量采用橡胶支座。

（2）钢筋混凝土支座具有结构简单，造价低廉的特点，广泛应用于乡村道路桥梁和非重要道路的小型桥梁，因体积大而承载力小，故仅在乡村道路上采用。

（二）板式橡胶支座

1. 板式桥梁橡胶支座构造特性

通常由若干层橡胶片与以薄钢板为刚性加劲物组合而成，各层橡胶与上下钢板经加压硫化牢固的粘接成为一体。支座在竖向荷载作用下，具有足够的刚度，主要是由于嵌入橡胶片之间的钢板限制橡胶的侧向膨胀。在水平力作用下，支座的水平位移量取决于橡胶片的净厚度。在运营期间为防止嵌入钢板的锈蚀，支座的上下面及四边都有橡胶保护层，如图 3-3-5 所示。

图 3-3-5　板式橡胶支座

2. 分　类

1）按结构形式分

（1）普通板式橡胶支座区分为矩形板式橡胶支座（代号 GJZ），圆形板式橡胶支座（代号 GYZ）。

（2）四氟滑板式橡胶支座区分为矩形四氟滑板橡胶支座（代号 GJZF4）、圆形四氟滑板橡胶支座（代号 GYZF4）。

2）按支座材料和适用温度分

（1）常温型橡胶支座，应采用氯丁橡胶（CR）生产，适用温度为 $-25 \sim 60\ ℃$。不得使用天然橡胶代替氯丁橡胶，也不允许在氯丁橡胶中掺入天然橡胶。

（2）耐寒型橡胶支座，应采用天然橡胶（NR）生产，适用的温度为 $-40 \sim 60\ ℃$。

3. 代号（图 3-3-6）

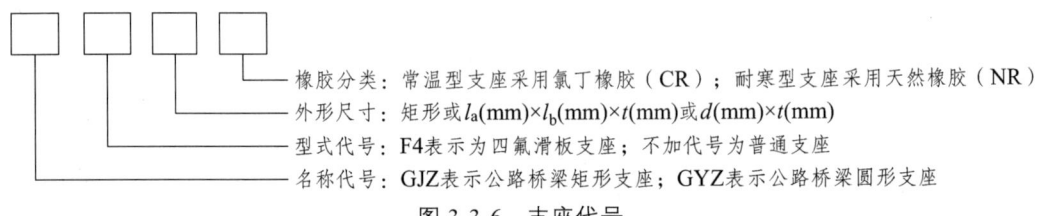

图 3-3-6　支座代号

例：

（1）GJZ300×400×47（CR）：公路桥梁矩形普通氯丁胶支座，短边尺寸为 300 mm、长边尺寸为 400 mm、厚度为 47 mm 的支座。

（2）$GYZF_4$300×54（NR）：公路桥梁圆形四氟滑板天然胶支座，直径为 300 mm、厚度为 54 mm 的支座。

4. 组　成

（1）普通板式橡胶支座：至少同两层以上加劲钢板，且钢板全部包在橡胶弹性材料内形成的支座，如图 3-3-7 所示。

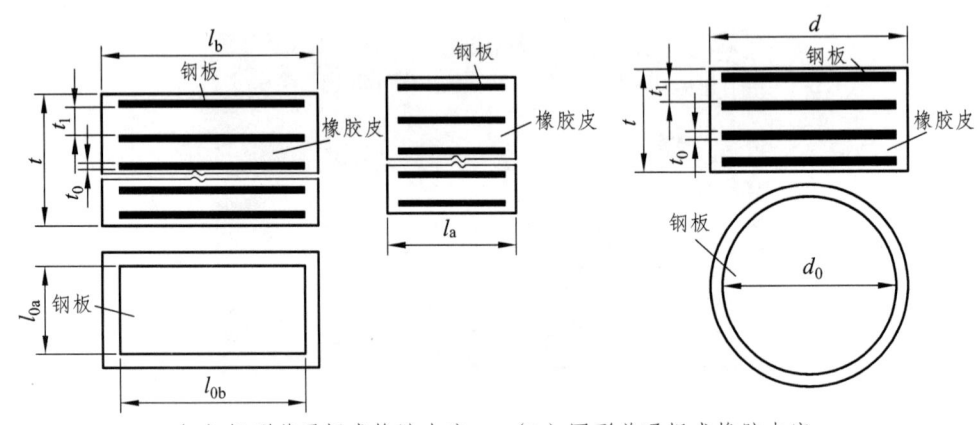

（a）矩形普通板式橡胶支座　　（b）圆形普通板式橡胶支座

图 3-3-7　板式橡胶支座结构示意图

（2）四氟滑板橡胶支座：在普通板式橡胶支座顶面粘贴一块一定厚度的聚四氟乙烯板材形成的支座，如图 3-3-8 所示。

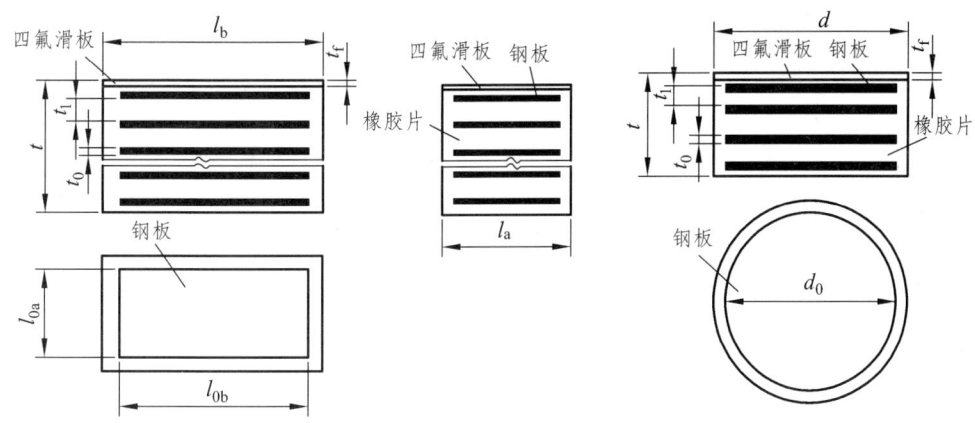

图 3-3-8 四氟滑板橡胶支座结构示意图

5. 支座外形尺寸、外观质量和内在质量检测

1）外形尺寸的检测

采用钢直尺量测，厚度用游标卡尺或量规量测。对于矩形支座，在四边上量测长短边尺寸，平面与侧面对角线尺寸；厚度在四边中点及对角线中心处量测。对于圆形支座，直径、厚度应至少量测四次，测点应垂直交叉，并量测圆心处厚度。其技术要求见表 3-3-5、表 3-3-6。

表 3-3-5 支座平面尺寸偏差（单位：mm）

矩形支座		圆形支座	
长边范围（l_b）	偏差	直径范围（d）	偏差
$l_b \leq 300$	+2，0	$d \leq 300$	+2，0
$300 < l_b \leq 500$	+4，0	$300 < d \leq 500$	+4，0
$l_b > 500$	+5，0	$d > 500$	+5，0

表 3-3-6 支座厚度尺寸偏差（单位：mm）

矩形支座		圆形支座	
厚度范围（t）	偏差	厚度范围（t）	偏差
$t \leq 49$	+1，0	$t \leq 49$	+1，0
$49 < t \leq 100$	+2，0	$49 < t \leq 100$	+2，0
$100 < t \leq 150$	+3，0	$100 < t \leq 150$	+3，0
$t > 150$	+4，0	$t > 150$	+4，0

2）外观质量检测

采用目测方法或量具逐块检查，其技术要求见表 3-3-7。

表 3-3-7　支座外观质量标准

项　目	成品质量标准（不允许有两项缺陷同时存在）
气泡、杂质	气泡、杂质总面积不得超过支座平面面积的 0.1%，且每一处气泡、杂质面积不能大于 50 mm^2，最大深度不超过 2 mm
凹凸不平	当支座平面面积小于 0.15 m^2 时，不多于两处；大于 0.15 m^2 时，不得多于四处，且每处凹凸高度不超过 0.5 mm，面积不超过 6 mm^2
四侧面裂纹、钢板外露	不允许
掉块、崩裂、机械损伤	不允许
钢板与橡胶粘接处开裂或剥落	不允许
支座表面平整度	1. 橡胶支座：表面不平整度不大于平面最大长度的 0.4%； 2. 四氟滑板支座：表面不平整度不大于四氟板平面最大长度的 0.2%
四氟滑板表面划痕、碰伤、敲击	不允许
四氟滑板与橡胶支座粘贴错位	不得超过橡胶支座短边或直径尺寸的 0.5‰

3）内在质量检测

抽取一块橡胶层数大于三层的支座，将其沿垂直方向锯开，进行规定项目检验。其技术要求，见表 3-3-8。

表 3-3-8　支座内在质量标准

项　目	解剖检验标准
锯开后胶层厚度	胶层厚度应均匀，t_1 为 5 mm 或 8 mm 时，其偏差为 ±0.4 mm；t_1 为 11 mm 时，其偏差不得大于 ±0.7 mm；t_1 为 15 mm 时，其偏差不得大于 ±1.0 mm
钢板与橡胶黏结	钢板与橡胶黏结应牢固，且无离层现象，其平面尺寸偏差为 ±1 mm；上下保护层偏差（+0.5，0）mm
剥离胶层	剥离胶层后，测定的橡胶性能与规定的标准值相比，拉伸强度下降不大于 15%，扯断伸长率下降不大于 20%

6. 支座力学性能检测

支座力学性能要求见表 3-3-9。

表 3-3-9　支座力学性能标准

项　目		指　标
极限抗压强度 R_u（MPa）		≥70
实测抗压弹性模量 E_1（MPa）		$E ± E × 20\%$
实测抗剪弹性模量 G_1（MPa）		$G ± G × 15\%$
实测老化后抗剪弹性模量 G_2（MPa）		$G + G × 15\%$
实测转角正切值 $\tan\theta$	混凝土桥	≥1/300
	钢桥	≥1/500
实测四氟板与不锈钢板表面摩擦系数 μ_f（加硅脂时）		≤0.03

1）试验条件

试验室的标准温度为（23±5）℃，且不能有腐蚀性气体及影响检测的震动源。

试验前应将试样直接暴露在标准温度（23±5）℃下，停放 24 h，以使试样内外温度一致。

2）试样抽取

试验用的试样应在仓库内随机抽取，其储存条件应满足以下要求：

① 储存支座的库房应干燥通风，支座应堆放整齐，保持清洁，严禁与酸、碱、油类、有机溶剂等相接触，并应距热源 1 m 以上且不能与地面直接接触。

② 支座储存期不宜超过一年。如储存期较长，则在使用时应进行有关检验，其力学性能应符合有关规定和要求。

凡与油及其他化学药品接触过的支座不得用作试样使用。

3）仪器设备

（1）试验机宜具备下列功能：微机控制，能自动、平稳连续加载、卸载，且无冲击和颤动现象，自动持荷（试验机满负荷保持时间不少于 4 h，且试验荷载的示值变动不应大于 0.5%），自动采集数据，自动绘制应力-应变图，自动储存试验原始记录及曲线图和自动打印结果的功能。试验用承载板应具有足够的刚度，其厚度应大于其平面最大尺寸的 1/2，且不能用分层垫板代替。平面尺寸必须大于被测试试样的平面尺寸，在最大荷载下不应发生挠曲。

（2）进行剪切试验时，其剪切试验机构的水平油缸、负荷传感器的轴线应和中间钢拉板的对称轴相重合，确保被测试样水平轴向受力。

（3）试验机的级别为 I 级，示值相对误差最大允许值为 ±1.0%，试验机正压力使用可在最大力值的 0.4%~90%。水平力的使用可在最大力值的 1%~90%，其示值的准确度和相关的技术要求应满足 JJG 175 的规定。

（4）测量支座试样变形量的仪表量程应满足测量支座试样变形量的需要，测量转角变形量的分度值为 0.001 mm，测量竖向压缩变形量和水平位移变形量的分度值为 0.01 mm，其示值误差和相关技术要求应按相关的检验规程进行检定。

4）极限抗压强度检验

极限抗压强度试验应按下列步骤进行：

（1）将试样放置在试验机的承载板上，上下承载板与支座接触面不得有油污，对准中心位置，精度应小于1%的试件短边尺寸。

（2）以 0.1 MPa/s 的速率连续地加载至试样极限抗压强度 R_U 不小于 70 MPa 为止，绘制应力-时间图，并随时观察试样受力状态及变化情况，试样是否完好无损。

5）抗压弹性模量检验

抗压弹性模量应按下列步骤进行试验，见图 3-3-9。

（1）将橡胶支座成品直接置于试验加荷装置承压板上，对准中心，加荷至压力应为 1.0 MPa 且稳压后，在承载板的四角对称安装四只位移计。

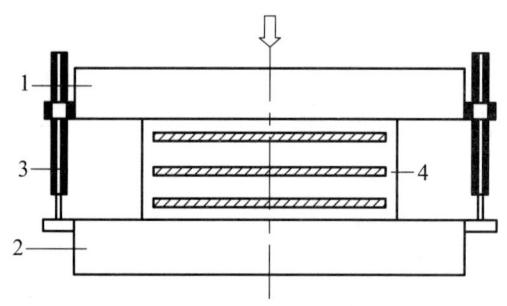

图 3-3-9 压缩试验设备图
1—上承载板；2—下承载板；3—位移传感器；4—支座试样

（2）预压。将压应力以（0.03~0.04）MPa/s 速率连续增至平均压应力 σ =10 MPa，持荷 2 min，然后以连续均匀的速度将压应力卸至 1.0 MPa，持荷 5 min，记录初始值，绘制应力-应变图，预压三次。

（3）正式加载。每一加载循环自 1.0 MPa 开始，将压应力以（0.03~0.04）MPa/s 速率均匀加载至 4 MPa，持荷 2 min 后，采集支座变形值，然后以同样速率每 2 MPa 为一级逐级加载，每级持荷 2 min 后，采集支座变形数据直至平均压应力 σ 为止，绘制的应力-应变图应呈线性关系。然后以连续均匀的速度卸载至压应力为 1.0 MPa。10 min 后进行下一加载循环。加载过程应连续进行三次。

（4）以承载板四角所测得的变化值的平均值，作为各级荷载下试样的累计竖向压缩变形 Δ_0，按试样橡胶层的总厚度 t_e 求出在各级试验荷载作用下，试样的累计压缩应变 $\varepsilon_i = \Delta_{ci}/t_e$。

试样实测抗压弹性模量应按公式（3-3-3）计算：

$$E_1 = \frac{\sigma_{10} - \sigma_4}{\varepsilon_{10} - \varepsilon_4} \tag{3-3-3}$$

式中 E_1——试样实测抗压弹性模量计算值，精确至 1 MPa；

ε_{10}、ε_4——第 4 MPa 级试验荷载下的压应力和累积压缩应变值；

σ_{10}、σ_4——第 10 MPa 级试验荷载下的压应力和累积压缩应变值。

每块试件的抗压弹性模量 E 为三次加载过程所得的三个结果的算术平均值。但单项结果和算术平均值之间的偏差不应大于算术平均值的 3%，否则应重新试验一次，如果仍超过 3%，应由试验机生产厂专业人员对试验机进行检修和检定，合格后再重新进行试验。

6）抗剪弹性模量检验

抗剪弹性模量应按下列步骤进行试验，如图 3-3-10 所示。

（1）在试验机的承载板上，应使支座顺其短边方向受剪，将试样及中间钢拉板按双剪组合配置好，使试样和中间钢拉板的对称轴和试验机承载板中心轴处在同一垂直面上，精度应小于 1%的试件短边尺寸。为防止出现打滑现象，应在上下承载板和中间钢拉板上粘贴高摩擦板，以确保试验的准确性。

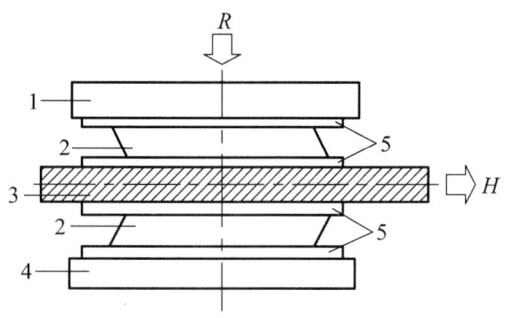

图 3-3-10 剪切试验设备图
1—上承载板；2—支座试样；3—中间钢拉板；4—下承载板；5—防滑摩擦板

（2）将压应力以（0.03~0.04）MPa/s 的速率连续地增至平均压应力 σ，绘制应力-时间图，并在整个抗剪试验过程中保持不变。

（3）调整试验机的剪切试验机构，使水平油缸、负荷传感器的轴线和中间钢拉板的对称轴重合。

（4）预加水平力。以（0.002~0.003）MPa/s 的速率连续施加水平剪应力至剪应力 $\tau=1.0$ MPa，持荷 5 min，然后以连续均匀的速度卸载至剪应力为 0.1 MPa，持荷 5 min，记录初始值，绘制应力-应变图。预载三次。

（5）正式加载。每一加载循环自 $\tau_1=0.1$ MPa 开始，每级剪应力增加 0.1 MPa，持荷 1 min，采集支座变形数据，至 $\tau=1.0$ MPa 为止，绘制的应力-应变图应呈线性关系。然后以连续均匀的速度卸载至剪应力为 0.1 MPa。10 min 后进行下一循环试验。加载过程应连续进行三次。

（6）将各级水平荷载下位移传感器所测得的试样累计水平剪切变形 Δs，按试样橡胶层的总厚度 t_e。求出在各级试验荷载作用下，试样的累积剪切应变 $\gamma_i=\Delta_s/t_e$。

试样实测抗剪弹性模量应按公式（3-3-4）计算：

$$G_1=\frac{\tau_{1.0}-\tau_{0.3}}{\gamma_{1.0}-\gamma_{0.3}} \tag{3-3-4}$$

式中　G_1——试样的实测抗剪弹性模量计算值，精确至 1%，MPa；

　　　$\tau_{1.0}$、$\gamma_{1.0}$——第 1.0 MPa 级试验荷载下的剪应力和累计剪切应变值，MPa；

　　　$\tau_{0.3}$、$\gamma_{0.3}$——第 0.3 MPa 级试验荷载下的剪应力和累计剪切应变值，MPa。

每对检验支座所组成试样的综合抗剪弹性模量 G_1，为该对试件三次加载所得到的三个结果的算术平均值。但各单项结果与算术平均值之间的偏差应不大于算术平均值的 3%，否则应对该试样重新复核试验一次，如果仍超过 3%，应请试验机生产厂专业人员对试验机进行检修和检定，合格后再重新进行试验。

7）抗剪老化试验

将试样置于老化箱内，在（70±2）℃温度下经 72 h 后取出，将试样在标准温度（23±5）℃下，停放 48 h，再在标准试验室温度下进行剪切试验，试验与标准抗剪弹性模量试验方法步骤相同。老化后抗剪弹性模量 G_2 的计算方法与标准抗剪弹性模量计算方法相同。

8）摩擦系数检验

摩擦系数应按下列步骤进行试验，如图 3-3-11 所示。

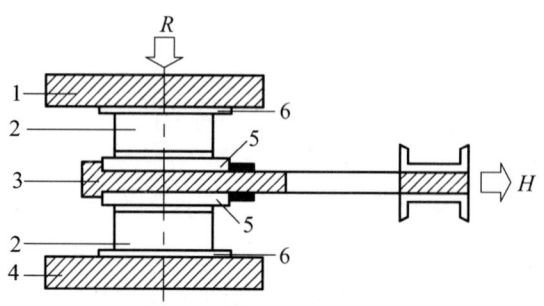

图 3-3-11　摩擦系数试验设备图
1—试验机上承载板；2—四氟滑板支座试样；3—中间刚拉板；4—试验机下承载板；
5—不锈钢板试样；6—防滑摩擦板

（1）将四氟滑板支座与不锈钢板试样按规定摆放，对准试验机承载板中心位置，精度应小于1%的试件短边尺寸。试验时应将四氟滑板试样的储油槽内注满 5201-2 硅脂油。

（2）将压应力以（0.03~0.04）MPa/s 的速率连续地增至平均压应力 σ，绘制应力-时间图，并在整个摩擦系数试验过程中保持不变。其预压时间为 1 h。

（3）以（0.002~0.003）MPa/s 的速率连续地施加水平力，直至不锈钢板与四氟滑板试样接触面间发生滑动为止，记录此时的水平剪应力作为初始值。试验过程应连续进行三次。

摩擦系数应按公式（3-3-5）计算。

$$\left.\begin{array}{l} \mu_f = \dfrac{\tau}{\sigma} \\ \tau = \dfrac{H}{A_0} \\ \sigma = \dfrac{R}{A_0} \end{array}\right\} \quad (3\text{-}3\text{-}5)$$

式中　μ_f——四氟滑板与不锈钢板表面的摩擦系数，精确至 0.01；

τ——接触面发生滑动时的平均剪应力，MPa；

σ——支座的平均压应力，MPa；

H——支座承受的最大水平力，kN；

R——支座最大承压力，kN；

A_0——支座有效承压面积，mm^2。

每对试样的摩擦系数为三次试验结果的算术平均值。

9）转角检验

转角检验应按下列步骤进行试验，如图 3-3-12 所示。

① 将试样按图 3-3-12（a）规定摆放，对准中心位置，精度应小于 1%的试件短边尺寸。在距试样中心 L 处，安装使梁产生转动用的千斤顶和测力计，并在承载梁（或板）四角对称安置四只高精度位移传感器（精度 0.001 mm）。

② 预压。将压应力以（0.03～0.04）MPa/s 的速率连续地增至平均压应力 σ，绘制应力-时间图，维持 5 min，然后以连续均匀的速度卸载至压应力为 1.0 MPa，如此反复三遍。检查传感器是否灵敏准确。

③ 加载。将压应力按照抗压弹性模量试验要求增至 σ，采集支座变形数据，绘制应力-应变图，并在整个试验过程中维持 σ 不变。用千斤顶对中间工字梁施加一个向上的力 P，使其达到预期转角的正切值（偏差不大于 5%），停 5 min 后，记录千斤顶力 P 及传感器的数值。

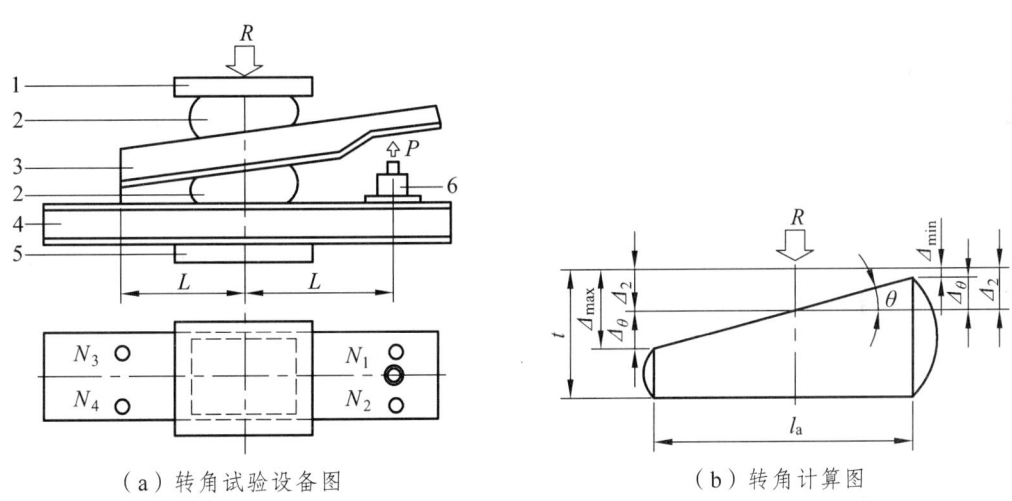

（a）转角试验设备图　　　　　　（b）转角计算图

图 3-3-12　转角计算图

1—试验机上承载板；2—试样；3—中间工字梁（假想梁体）；4—承载梁（板）；
5—试验机下承载板；6—千斤顶

实测转角的正切值应按公式（3-3-6）计算：

$$\tan\theta = \frac{\Delta_1^2 + \Delta_3^4}{2L} \tag{3-3-6}$$

式中　$\tan\theta$——试样实测转角的正切值；

Δ_1^2——传感器 N_1、N_2 处的变形平均值，mm；

Δ_3^4——传感器 N_3、N_4 处的变形平均值，mm；

L——转动力臂。

各种转角下，由于垂直承压力和转动共同影响产生的压缩变形值应按公式（3-3-7）计算：

$$\Delta_2 = \Delta_c - \Delta_1$$
$$\Delta_1 = (\Delta_1^2 - \Delta_3^4)/2 \tag{3-3-7}$$

式中 Δ_c——支座最大承压力 R 时试样累积压缩变形值，mm；

Δ_1——转动试验时，试样中心平均回弹变形值，mm；

Δ_2——垂直承压力和转动共同影响下试样中心处产生的压缩变形值，mm。

各种转角下，试样边缘换算变形值应按公式（3-3-8）计算：

$$\Delta_\theta = \tan\theta \cdot l_a / 2 \tag{3-3-8}$$

式中 Δ_θ——实测转角产生的变形值，mm；

l_a——矩形支座试样的短边尺寸，m；圆形支座采用直径 d，m。

各种转角下，支座边缘最大、最小变形值应按公式（3-3-9）计算：

$$\Delta_{max} = \Delta_2 + \Delta_\theta$$
$$\Delta_{min} = \Delta_2 - \Delta_\theta \tag{3-3-9}$$

10）判定规则

（1）试样的抗压弹性模量与规定值的偏差在±20%范围之内时，则认为是满足要求的。

（2）试样的抗剪弹性模量与规定值的偏差在±15%范围之内，则认为是满足要求的。

（3）在两倍剪应力作用下，橡胶层未被剪坏，中间层钢板未断裂错位，卸载后，支座变形恢复正常，应认为试样抗剪性能满足要求。

（4）试样老化后的抗剪弹性模量与规定值的偏差在+15%范围之内时，应认为满足要求。

（5）在不小于 70 MPa 压应力时，橡胶层未被挤坏，中间层钢板未断裂，四氟滑板与橡胶未发生剥离，应认为试样的极限抗压强度满足要求。

（6）四氟滑板试样与不锈钢板试样的摩擦系数满足规范要求时，应认为满足要求。

（7）试样的转角正切值，混凝土、钢筋混凝土桥梁在 1/300，钢桥在 1/500 时，试样边缘最小变形值大于或等于零时，应认为试样转角满足要求。

（三）盆式橡胶支座

1. 分 类

1）按使用性能分类

① 双向活动支座（SX）（其具有竖向承载、竖向转动和多向滑移性能）。

② 单向活动支座（DX）（具有竖向承载、竖向转动和单一方向滑移性能）。

③ 固定支座（GD）（具有竖向承载和竖向转动性能）。

2）按适用温度范围分类

① 常温型支座（适用于 −25 ~ +60 ℃ 使用）。

② 耐寒型支座（F）（适用于 −40 ~ +60 ℃ 使用）。

2. 支座型号表示方法（图 3-3-13）

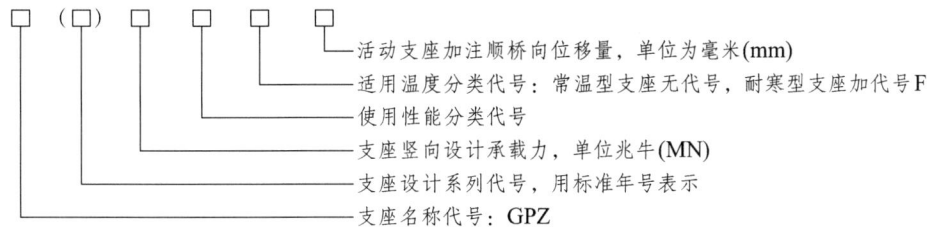

图 3-3-13　支座型号表示方法

【例 3-3-1】×××× 年设计系列，设计竖向承载力为 15 MN 的双向活动耐寒型顺桥向位移为 ±100 mm 的盆式支座，其型号表示为 GPZ（××××）15SXF±100 mm。

【例 3-3-2】×××× 年设计系列，设计竖向承载力为 35MN 的单向活动常温型顺桥向位移为 ±50 mm 的盆式支座，其型号表示为 GPZ（××××）35DX±50 mm。

【例 3-3-3】×××× 年设计系列，设计竖向承载力为 50 MN 的常温型固定盆式支座，其型号表示为 GPZ（××××）50GD。

3. 结构形式

（1）双向活动支座和单向活动支座由顶板、不锈钢冷轧钢板、聚四氟乙烯滑板、中间钢板、黄铜密封圈、橡胶板、底盆、锚固螺栓和防尘圈和防尘围板等组成。

（2）固定支座：由顶板、黄铜密封圈、橡胶板、钢盆、锚固螺栓和防尘圈和防尘围板等组成。

各支座结构示意图如图 3-3-14 所示。

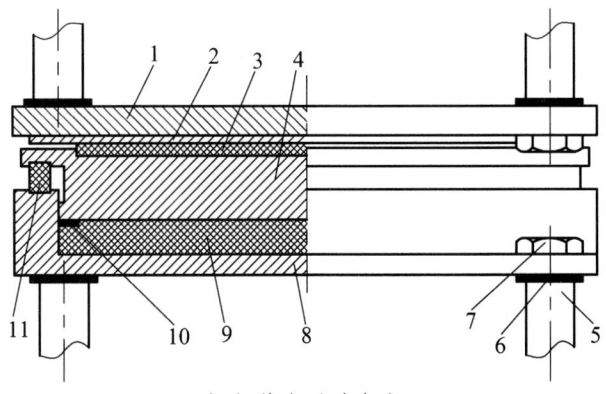

（a）单向活动支座

1—顶板；2—不锈钢冷轧钢板；3—聚四氟乙烯板；4—中间钢板；5—套筒；6—垫圈；7—锚固螺栓；
8—钢盆；9—橡胶板；10—黄铜密封圈；11—防尘圈

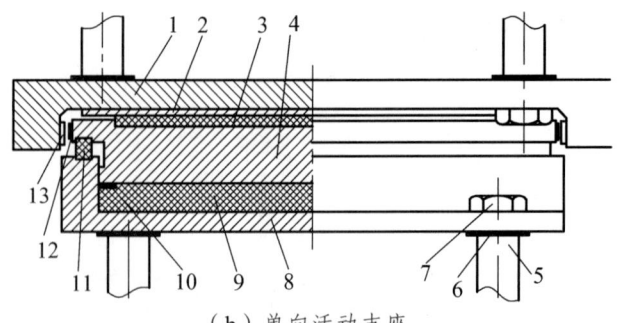

（b）单向活动支座

1—顶板；2—不锈钢冷轧钢板；3—聚四氟乙烯板；4—中间钢板；5—套筒；6—垫圈；7—锚固螺栓；8—钢盆；9—橡胶板；10—黄铜密封圈；11—防尘圈；12—SF-1导向滑条；13—侧向不锈钢条

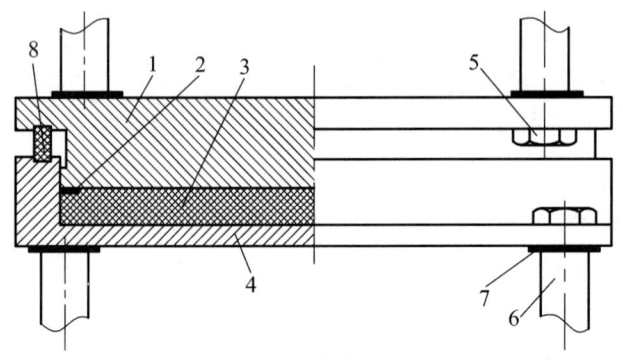

（c）固定支座

1—顶板；2—黄铜密封圈；3—橡胶板；4—钢盆；5—锚固螺栓；6—套筒；7—垫圈；8—防尘圈

图 3-3-14　盆式橡胶支座结构示意图

4. 支座性能

1）竖向承载力

支座竖向承载力分为33级，即 0.4 MN，0.5 MN，0.6 MN，0.8 MN，1 MN，1.5 MN，2 MN，2.5 MN，3 MN，3.5 MN，4 MN，5 MN，6 MN，7 MN，8 MN，9 MN，10 MN，12.5 MN，15 MN，17.5 MN，20 MN，22.5 MN，25 MN，27.5 MN，30 MN，32.5 MN，35 MN，37.5 MN，40 MN，45 MN，50 MN，55 MN，60 MN。

在竖向设计承载力作用下，支座压缩变形不大于支座总高度的 2%，钢盆盆环上口径向变形不大于盆环外径的 0.05%。

2）水平承载力

固定支座和单向活动支座非滑移方向的水平承载力均不小于支座竖向承载力的 10%。

减震型固定支座和减震型单向活动支座非滑移方向的水平承载力均不小于支座竖向承载力的 20%。

3）转角

支座竖向转动角度不小于 0.02 rad。支座正常工作时，支座竖向转动角度不大于 0.02 rad。

4）摩擦系数

加 5201 硅脂润滑后，常温型活动支座摩擦系数不大于 0.030。

加 5201 硅脂润滑后，耐寒型活动支座摩擦系数不大于 0.060。

5）位移

双向活动支座和单向活动支座顺桥向位移量分为五级：± 50 mm，± 100 mm，± 150 mm，± 2000 mm，± 250 mm；双向活动支座横桥向位移量为 ± 50 mm。当有特殊需要时，可按实际需要调整位移，调整位移级差为 ± 50 mm。

五、后张孔道压浆材料

预应力筋张拉锚固后，孔道应尽早压浆，且应在 48 h 内完成，否则应采取避免预应力筋锈蚀的措施。

（1）后张预应力孔道宜采用专用压浆料或专用压浆剂配制的浆液进行压浆。所用原材料应符合下列规定：

① 水泥应采用性能稳定、强度等级不低于 42.5 MPa 的低碱硅酸盐水泥或低碱普通硅酸盐水泥，水泥性能应符合《公路桥涵施工技术规范》的技术要求。

② 水泥外加剂应与水泥具有良好的相容性，且不得含有氯盐、亚硝酸盐或其他对预应力筋有腐蚀作用的成分。减水剂应采用高效减水剂，且应满足现行国家标准《混凝土外加剂》中高效减水剂一等品的技术要求，其减水率应不小于 20%。

③ 矿物掺合料的品种宜为Ⅰ级粉煤灰、磨细矿渣粉或硅灰，性能应符合《公路桥涵施工技术规范》的技术要求。

④ 水不应含有对预应力筋或水泥有害的成分，每升水中不得含有 350 mg 以上的氯化物离子或任何一种其他有机物，宜采用符合国家卫生标准的清洁饮用水。

⑤ 膨胀剂宜采用钙矾石系或复合型膨胀剂，不得采用一铝粉为膨胀源的膨胀剂或总碱含量 0.75%以上的高碱膨胀剂。

⑥ 压浆材料中氯离子含量不应超过胶凝材料总量的 0.06%，比表面积应大于 350 m^2/kg，三氧化硫含量应不超过 6.0%。

（2）采用压浆材料配制的浆液，其性能应符合表 3-3-10 的规定。

表 3-3-10 压浆材料配制的浆液性能

项　　目		指　　标
水胶比（%）		0.26~0.28
凝结时间（h）	初凝	≥5
	终凝	≤24
流动度（25 ℃）（s）	初始流动度	10~17
	30 min 流动度	10~20
	60 min 流动度	10~25

续表 3-3-10

项　　目		指　　标
泌水率（%）	24 h 自由泌水率	0
	3 h 钢丝间泌水率	0
压力泌水率（%）	0.22 MPa（孔道垂直高度≤1.8 m 时）	≤2.0
	0.36 MPa（孔道垂直高度>1.8 m 时）	
自由膨胀率（%）	3 h	0～2
	24 h	0～3
充盈度		合格
抗压强度（MPa）	3 d	≥20
	7 d	≥40
	28 d	≥50
抗折强度（MPa）	3 d	≥5
	7 d	≥6
	28 d	≥10
对钢筋的锈蚀作用		无锈蚀

课题四 钢筋混凝土及预应力混凝土结构检测

一、结构混凝土强度的检测与评定

(一) 概 述

混凝土测定强度的技术按其对混凝土结构的影响程度分为破损法和非破损法。

破损法以不影响结构或构件的承载能力为前提,在结构或构件上直接进行局部破坏性试验,或直接钻取芯样进行破坏性试验。主要方法有钻芯法、拔出法、射击法等。此类方法较直观可靠,测试结果易为人接受,但对混凝土结构造成局部破坏,不宜大范围检测且费用较高,因而受到种种限制。

非破损(无损)法以混凝土强度与某一些物理量之间的相关性为基础,检测时在不影响结构或构件混凝土任何性能的前提下测试这些物理量,然后根据相关关系推算被测混凝土的强度。主要方法有回弹法、超声法、超声回弹综合法、射线法、成熟度法等。此类方法所用仪器简单、操作方便,费用低廉,同时便于大范围检测,在有严格的测强曲线的条件下,其测试精度较高。

(二) 钻芯法检验混凝土强度方法

1. 目的与适用范围

(1) 钻芯法检测混凝土强度是从混凝土结构物中钻取芯样来测定混凝土的抗压强度,是一种直观准确的方法。用钻芯法还可以检测混凝土的裂缝、接缝、分层、孔洞或离析等缺陷。

(2) 在正常生产情况下,制作立方体标准养护试块进行混凝土强度评定和验收,只有在下列情况下才可以进行钻取芯样检测强度,并作为处理混凝土质量事故的主要技术依据:

① 对试块抗压强度的测试结果产生怀疑时。
② 因材料、施工或养护不良而发生混凝土质量事故。
③ 混凝土遭受冻害、火灾、化学侵蚀或其他损害时。
④ 需检测经多年使用的建筑结构或构筑物中混凝土强度时。

2. 仪器设备

(1) 钻芯机:构造如图 3-4-1 所示。
(2) 芯样切割机:当检测混凝土强度时,应将芯样用切割机加工成具有一定尺寸的抗压试件。
(3) 钻头:空心薄壁钻头主要由钢体和胎环部分组成。钢体一般由无缝钢管车制而成。

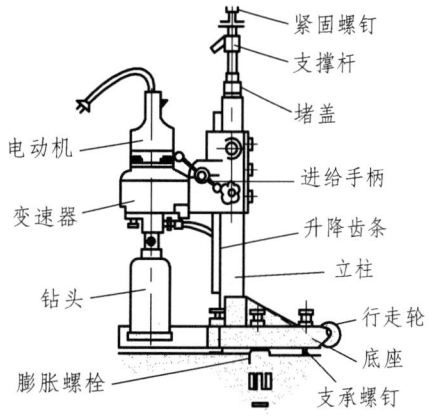

图 3-4-1 钻芯机构造示意图

（4）压力试验机。

3. 准备工作

1）调查了解工程质量情况

① 工程名称（或代号）及设计、施工、监理、建设单位名称。

② 结构或构件种类、外形尺寸及数量。

③ 设计采用的混凝土强度等级。

④ 检测龄期、原材料（水泥品种、粗骨料粒径等）和抗压强度试验报告。

⑤ 结构或构件的质量状况以及施工中存在问题的记录。

⑥ 有关的结构设计图和施工图。

2）钻取芯样部位

① 结构或构件受力较小的部位。

② 混凝土强度质量具有代表性的部位。

③ 便于钻芯机安放与操作的部位。

④ 避开主筋、预埋件和管线的位置，并尽量避开其他钢筋。

3）钻芯机具准备及钻头直径的选择

抗压试验的芯样试验宜使用标准芯样试件，其公称直径不宜小于骨料最大粒径的3倍；也可采用小直径芯样试件，但其公称直径不应小于70mm且不得小于骨料最大粒径的2倍。

4）芯样数量的确定

芯样试件的数量根据检测批的容量确定。标准芯样试件的最小样本量不宜少于15个，小直径芯样试件的最小样本量应适当增加。

芯样应从检测批的结构构件中随机抽取，每个芯样应取自一个构件或结构的局部部位，且取芯位置应符合上文提到的要求。

检测单个构件混凝土强度的推定值应按下列方法确定：

① 钻芯确定单个构件的混凝土强度推定值时，有效芯样试件的数量不应少于3个；对于较小构件，有效芯样试件的数量不得少于2个。

② 单个构件的混凝土强度推定值不再进行数据的舍弃，而应按有效芯样试件混凝土抗压强度值中的最小值确定。

4. 检测技术

（1）芯样钻取。

将钻机安放稳固，调至水平，安装好钻头；接通水源，启动电动机；加压手柄，使钻头慢慢接触混凝土表面；当钻头钻至芯样要求长度后，退钻至离混凝土表面20~30mm时停电停水，然后将钻头全部退出混凝土表面；移开钻机后，用带弧度的钢钎插入圆形槽并用锤敲击，将芯样提出；取出的芯样应及时编号，并检查外观质量情况，做好记录后妥善保管，以备割成标准尺寸的芯样试件。

（2）芯样尺寸要求及测量方法。

抗压芯样试件的高度与直径之比（H/d）宜为1.00。

① 平均直径：用游标卡尺测量芯样中部，在互相垂直的两个位置上取其两次测量的算术平均值作为平均直径，测量精度为 0.5 mm。当沿芯样高度任一直径与平均直径相差达 2 mm 以上时，由于对抗压强度的影响难以估计，故这样的芯样不能作为抗压试件使用。

② 芯样高度：用钢卷尺或钢板尺进行测量，精确至 0.5 mm。

③ 端面平整度：用钢板尺或角尺紧靠在芯样端面上，一面转动钢板尺，一面用塞尺测量与芯样之间的缝隙，在 100 mm 长度范围内不超过 0.05 为合格。

④ 垂直度：芯样两个端面应互相平行且垂直于轴线。用游标量角器分别测量两个端面与轴线间的夹角，在 90°±2° 时为合格，测量精度为 ±1°。承压线凹凸不应大于 0.25 mm。

（3）芯样端面处理方法。

锯切后的芯样应进行端面处理，宜采取在磨平机上磨平端面的处理方法。承受轴向压力芯样试件的端面，也可采取下列处理方法：

① 用环氧胶泥或聚合物水泥砂浆补平。

② 抗压强度低于 40 MPa 的芯样试件，可采用水泥砂浆、水泥净浆或聚合物水泥砂浆补平，补平层厚度不宜大于 5 mm；也可采用硫黄胶泥补平，补平层厚度不宜大于 1.5 mm。

（4）芯样试件内不宜含有钢筋。当不能满足此项要求时，抗压试件应符合下列要求：

① 标准芯样试件，每个试件内最多只允许有 2 根直径小于 10 mm 的钢筋。

② 公称直径小于 100 mm 的芯样试件，每个试件内最多只允许有一根直径小于 10 mm 的钢筋。

③ 芯样内的钢筋应与芯样试件的轴线基本垂直并离开端面 10 mm 以上。

（5）芯样试件尺寸偏差及外观质量超过下列数值时，相应的测试数据无效：

① 芯样试件的实际高径比（H/d）小于要求高径比的 0.95 或大于 1.05。

② 沿芯样试件高度的任一直径与平均直径相差大于 2 mm。

③ 抗压芯样试件端面的不平整度在 100 mm 长度内大于 0.1 mm。

④ 芯样试件端面与轴线的不垂直度大于 1°。

⑤ 芯样有裂缝或有其他较大缺陷。

（6）抗压强度试验。

① 芯样试件宜在与被检测结构或构件混凝土湿度基本一致的条件下进行抗压试验。如结构工作条件比较干燥，芯样试件应以自然干燥状态下进行试验；如结构工作条件比较潮湿，芯样试件应以潮湿状态进行试验。

② 按自然干燥状态进行试验时，芯样试件在受压前应在室内自然干燥 3 d；在潮湿状态进行试验时，芯样试件应在（20±5）℃ 的清水中浸泡 40~48 h，从水中取出后应立即进行抗压试验。

③ 取出试件，清除表面污垢，擦去表面水分，仔细检查后，在其中部量出高度和宽度，精确至 1 mm。在准备过程中，要求保持试件温度无变化。

④ 在压力机下压板上放好试件，几何对中球座放在试件顶面并凸面朝上。加荷速度，强度等级小于 C30 的混凝土时，取 0.3~0.5 MPa/s；强度等级为 C30~C60 时，则取 0.5~0.8 MPa/s；强度等级大于 C60 的混凝土时，取 0.8~1.0 MPa/s。当试件接近而开始迅速变

形时，应停止调整试验机油门，直至试件破坏记下最大荷载。

5. 芯样强度计算

芯样抗压强度 $f_{cu,cor}$ 按公式（3-4-1）计算。

$$f_{cu,cor} = \frac{F_c}{A} \tag{3-4-1}$$

式中　　$f_{cu,cor}$——混凝土芯样抗压强度，结果计算精确至 0.1 MPa；

F_c——极限荷载，N；

A——受压面积，mm^2；

6. 钻芯法确定混凝土强度推定值

1）检测批的混凝土强度推定值确定方法

检测批的混凝土强度推定值应计算推定区间，推定区间的上限值和下限值按下列公式计算：

上限值：

$$f_{cu,e1} = f_{cu,cor,m} - k_1 S_{cor}$$

下限值：

$$f_{cu,e2} = f_{cu,cor,m} - k_2 S_{cor}$$

平均值：

$$f_{cu,cor,m} = \frac{\sum_{i=1}^{n} f_{cu,cor,i}}{n}$$

标准差：

$$S_{cor} = \sqrt{\frac{\sum_{i=1}^{n}(f_{cu,cor,i} - f_{cu,cor,m})^2}{n-1}}$$

式中　　$f_{cu,cor,m}$——芯样试件的混凝土抗压强度平均值（MPa），精确至 0.1 MPa；

$f_{cu,cor,i}$——单个芯样试件的混凝土抗压强度平均值（MPa），精确至 0.1 MPa；

$f_{cu,e1}$——混凝土抗压强度推定上限值（MPa），精确至 0.1 MPa；

$f_{cu,e2}$——混凝土抗压强度推定下限值（MPa），精确至 0.1 MPa；

k_1, k_2——推定区间上限值系数和下限值系数，查《钻芯法检测混凝土强度技术规程》（CECS03：2007）附录 B。

S_{cor}——芯样试件抗压强度样本的标准差（MPa），精确至 0.1 MPa。

① $f_{cu,e1}$ 和 $f_{cu,e2}$ 所构成推定区间的置信度宜为 0.85，$f_{cu,e1}$ 和 $f_{cu,e2}$ 之间的差值不宜大于 5.0 MPa 和 0.10 $f_{cu,cor,m}$ 两者的较大值。

② 宜以 $f_{cu,e1}$ 作为检测批混凝土强度的推定值。

2）单个构件的混凝土强度推定值确定方法

① 钻芯确定单个构件的混凝土强度推定值时，有效芯样的试件数量不应少于 3 个；对于较小构件，有效芯样试件的数量不得少于 2 个。

② 单个构件的混凝土强度推定值不再进行数据的舍弃，而应按有效芯样试件混凝土抗压强度值中的最小值确定。

（三）回弹法检测结构混凝土强度的方法

1. 概　述

（1）回弹法的基本原理。

回弹法是用弹簧驱动重锤，通过弹击杆弹击混凝土表面，并测出重锤被反弹回来的距离，以回弹值（反弹距离与弹簧初始长度之比）作为与强度相关的指标，来推定混凝土强度的一种方法。

（2）当有下列情况之一时，可采用本方法检测混凝土强度，且检测结果可作为处理混凝土质量问题的依据：

① 未按规定制作试件或制作试件数量不足。

② 制作的标准养护试件或同条件试件与所成型的构件在材料用料、配合比、水灰比等方面有较大差异，已不能代表构件的混凝土质量。

③ 标准养护试块或同条件试块抗压强度不合格。

④ 工程出现质量事故。

⑤ 对混凝土实体强度有检测要求。

2. 目的与适用范围

（1）适用于在现场对水泥混凝土路面及其他构造物的普通混凝土抗压强度的快速评定，所试验的水泥混凝土厚度不得小于 100 mm，温度应不低于 10 ℃。

（2）回弹法可作为试块回弹强度的参考，不得用于代替混凝土的强度评定，不适用于作为仲裁试验或工程验收的最终依据。

3. 仪器设备

（1）混凝土回弹仪：指针直读式（图 2-6-1）、数字显示式或自动记录的混凝土回弹仪，回弹仪应符合下列标准：

① 水平弹击时，在弹击锤脱钩瞬间，回弹仪的标称能量应为 2.207 J。

② 在弹击锤与弹击杆碰撞的瞬间，弹击拉簧应处于自由状态，且弹击锤起跳点应位于指针指示刻度尺上的"0"处。

③ 在洛氏硬度 HRC 为 60 ± 2 的钢砧上，回弹仪的率定值应为 80 ± 2。

④ 数字式回弹仪应带有指针直读示值系统。数字显示的回弹值与指针直读示值相差不应超过 1。

⑤ 回弹仪使用时的环境温度应为 −4~40 °C。

（2）酚酞酒精溶液，浓度为1%。

（3）手提式砂轮。

（4）钢砧：洛氏硬度为 HRC60±2。

（5）其他：卷尺、游标卡尺、凿子、锤、吸耳球等。

4. 回弹仪检定与保养

（1）回弹仪检定周期期为半年，当回弹仪具有下列情况之一时，应由法定计量检定机构按现行行业标准《回弹仪》JJG817进行检定：

① 新回弹仪启用前。

② 超过检定有效期限（半年）。

③ 数字式回弹仪数字显示的回弹值与指针直读示值相差大于1。

④ 经保养后，在钢砧上的率定值不合格。

⑤ 遭受严重撞击或其他损害。

（2）回弹仪的率定试验应符合下列规定：

① 率定试验应在室温为5~35 °C的条件下进行。

② 钢砧表面应干燥、清洁，并应稳固地平放在刚度大的物体上。

③ 回弹值应取连续向下弹击三次的稳定回弹结果的平均值。

④ 率定试验应分四个方向进行，且每个方向弹击前，弹击杆应旋转90°，每个方向的回弹值应为80±2。

回弹仪率定试验所用的钢砧应每2年送授权计量检定机构检定或校准。

（3）当回弹仪存在下列情况之一时，应进行保养：

① 回弹仪弹击超过2 000次。

② 在钢砧上的率定值不合格。

③ 对检测值有怀疑。

（4）回弹仪的保养方法

① 先将弹击锤脱钩，取出机芯，然后卸下弹击杆，取出里面的缓冲压簧，并取出弹击锤、弹击拉簧和拉簧座。

② 清洁机芯各零部件，并应重点清理中心导杆、弹击锤和弹击杆的内孔及冲击面。清理后，应在中心导杆上薄薄涂抹钟表油，其他零部件不得抹油。

③ 清理机壳内壁，卸下刻度尺，检查指针，其摩擦力应为0.5~0.8 N。

④ 进行率定。

⑤ 保养时，不得旋转尾盖上已定位紧固的调零螺丝，不得自制或更换零部件。

⑥ 对于数字式回弹仪，还应按产品要求的维护程序进行维护。

回弹仪使用完毕，应使弹击杆伸出机壳，并应清除弹击杆、杆前端球面以及刻度尺表面和外壳上的污垢、尘土。回弹仪不用时，应将弹击杆压入机壳内，经弹击后应按下按钮，锁住机芯，然后装入仪器箱。仪器箱应平放在干燥阴凉处。当数字式回弹仪长期不用时，应取出电池。

5．检测技术

1）资料准备

① 工程名称、设计单位、施工单位。

② 构件名称、数量及混凝土类型、强度等级。

③ 水泥安定性，外加剂、掺合料品种，混凝土配合比等。

④ 施工模板，混凝土浇筑、养护情况及浇筑日期等。

⑤ 必要的设计图纸和施工记录。

⑥ 检测原因。

2）抽样数量及适用范围

混凝土强度可按单个构件或按批量进行检测，并应符合下列规定：

① 单个检测：适用于单个结构或构件的检测。

② 批量检测：对于混凝土生产工艺、强度等级相同，原材料、配合比、养护条件基本一致且龄期相近的一批同类构件的检测应采用批量检测。按批量进行检测时，应随机抽取构件，抽检数量不宜少于同批构件总数的30%且不宜少于10件。当检验批构件数量大于30个时，抽样构件数量可适当调整，并不得少于国家现行有关标准规定的最少抽样数量。

3）选择符合下列规定的测区

① 对于一般构件，测区数不宜少于10个。当受检构件数量大于30个且不需提供单个构件推定强度或受检构件一方向尺寸不大于4.5 m且另一方向尺寸不大于0.3 m时，每个构件的测区数量可适当减少，但不应少于5个。

② 相邻两测区的间距不应大于2 m，测区离构件端部或施工缝边缘的距离不宜大于0.5 m，且不宜小于0.2 m。

③ 测区宜选在能使回弹仪处于水平方向的混凝土浇筑侧面。当不能满足这一要求时，也可选在使回弹仪处于非水平方向的混凝土浇筑表面或底面。

④ 测区宜布置在构件的两个对称的可测面上，当不能布置在对称的可测面上时，也可布置在同一可测面上，且应均匀分布。在构件的重要部位及薄弱部位应布置测区，并应避开预埋件。

⑤ 测区的面积不宜大于0.04 m^2。

⑥ 测区表面应为混凝土原浆面，并应清洁、平整，不应有疏松层、浮浆、油垢、涂层以及蜂窝、麻面。

⑦ 对于弹击时产生颤动的薄壁、小型构件，应进行固定。

4）回弹值测量

① 回弹仪的操作：将弹击杆顶住混凝土的表面，轻压仪器，松开按钮，弹击杆徐徐伸出。使仪器对混凝土表面缓慢均匀试压，待弹击锤脱钩冲击弹击杆后即弹回，带动指针向后移动并停留在某一位置上，即为回弹值。使用上述方法在混凝土表面依次读数并记录回弹值，如条件不利于读数，可按下按钮，锁住机芯，将回弹仪移至他处读数，准确至1个单位。使用完毕后应将弹击杆压入仪器内，经弹击后按下按钮锁锁住机芯，待下一次使用。

② 每一测区应读取 16 个回弹值，每一测点的回弹值读数应精确至 1。测点宜在测区范围内均匀分布，相邻两测点的净距离不宜小于 20 mm；测点距外露钢筋、预埋件的距离不宜小于 30 mm；测点不应在气孔或外露石子上，同一测点应只弹击一次。

5）炭化深度值测量

① 回弹值测量完毕后，应在有代表性的测区上测量炭化深度值，测点数不应少于构件测区数的 30%，并应取其平均值作为该构件每个测区的炭化深度值。当炭化深度值极差大于 2.0 mm 时，应在每一测区分别测量炭化深度值。

② 炭化深度值的测量应符合下列规定：

可采用工具在测区表面形成直径约 15 mm 的孔洞，其深度应大于混凝土的炭化深度；应清除孔洞中的粉末和碎屑，且不得用水擦洗；应采用浓度为 1%~2% 的酚酞酒精溶液滴在孔洞内壁的边缘处，当已炭化与未炭化界线清晰时，应采用炭化深度测量仪测量已炭化与未炭化混凝土交界面到混凝土表面的垂直距离，并应测量 3 次，每次读数应精确至 0.25 mm；应取三次测量的平均值作为检测结果，并应精确至 0.5 mm。

6）泵送混凝土的检测

检测泵送混凝土强度时，测区应选在混凝土浇筑侧面。

7）回弹值计算和测区混凝土强度的确定

① 计算测区平均回弹值，应从该测区的 16 个回弹值中剔除 3 个最大值和 3 个最小值，余下的 10 个回弹值按下式计算：

$$R_m = \frac{\sum_{i=1}^{n} R_i}{10} \tag{3-4-2}$$

式中　R_m——测区平均回弹值，精确至 0.1；

　　　R_i——第 i 个测点的回弹值。

② 非水平方向检测混凝土浇筑侧面时，应按下式修正：

$$R_m = R_{ma} + R_{\partial a} \tag{3-4-3}$$

式中　R_{ma}——非水平状态检测时测区的平均回弹值，精确至 0.1；

　　　$R_{\partial a}$——非水平状态检测时回弹值修正值，可由表 3-4-1 查取。

表 3-4-1　非水平状态检测时回弹值修正表

R_{ma}	检测角度							
	向上				向下			
	90°	60°	45°	30°	-30°	-45°	-60°	-90°
20	-6.0	-5.0	-4.0	-3.0	+2.5	+3.0	+3.5	+4.0
21	-5.9	-4.9	-4.0	-3.0	+2.5	+3.0	+3.5	+4.0
22	-5.8	-4.8	-3.9	-2.9	+2.4	+2.9	+3.4	+3.9
23	-5.7	-4.7	-3.9	-2.9	+2.4	+2.9	+3.4	+3.9
24	-5.6	-4.6	-3.8	-2.8	+2.3	+2.8	+3.3	+3.8

续表 3-4-1

R_{ma}	检测角度							
	向上				向下			
	90°	60°	45°	30°	-30°	-45°	-60°	-90°
25	-5.5	-4.5	-3.8	-2.8	+2.3	+2.8	+3.3	+3.8
26	-5.4	-4.4	-3.7	-2.7	+2.2	+2.7	+3.2	+3.7
27	-5.3	-4.3	-3.7	-2.7	+2.2	+2.7	+3.2	+3.7
28	-5.2	-4.2	-3.6	-2.6	+2.1	+2.6	+3.1	+3.6
29	-5.1	-4.1	-3.6	-2.6	+2.1	+2.6	+3.1	+3.6
30	-5.0	-4.0	-3.5	-2.5	+2.0	+2.5	+3.0	+3.5
31	-4.9	-4.0	-3.5	-2.5	+2.0	+2.5	+3.0	+3.5
32	-4.8	-3.9	-3.4	-2.4	+1.9	+2.4	+2.9	+3.4
33	-4.7	-3.9	-3.4	-2.4	+1.9	+2.4	+2.9	+3.4
34	-4.6	-3.8	-3.3	-2.3	+1.8	+2.3	+2.8	+3.3
35	-4.5	-3.8	-3.3	-2.3	+1.8	+2.3	+2.8	+3.3
36	-4.4	-3.7	-3.2	-2.2	+1.7	+2.2	+2.7	+3.2
37	-4.3	-3.7	-3.2	-2.2	+1.7	+2.2	+2.7	+3.2
38	-4.2	-3.6	-3.1	-2.1	+1.6	+2.1	+2.6	+3.1
39	-4.1	-3.6	-3.1	-2.1	+1.6	+2.1	+2.6	+3.1
40	-4.0	-3.5	-3.0	-2.0	+1.5	+2.0	+2.5	+3.0
41	-4.0	-3.5	-3.0	-2.0	+1.5	+2.0	+2.5	+3.0
42	-3.9	-3.4	-2.9	-1.9	+1.4	+1.9	+2.4	+2.9
43	-3.9	-3.4	-2.9	-1.9	+1.4	+1.9	+2.4	+2.9
44	-3.8	-3.3	-2.8	-1.8	+1.3	+1.8	+2.3	+2.8
45	-3.8	-3.3	-2.8	-1.8	+1.3	+1.8	+2.3	+2.8
46	-3.7	-3.2	-2.7	-1.7	+1.2	+1.7	+2.2	+2.7
47	-3.7	-3.2	-2.7	-1.7	+1.2	+1.7	+2.2	+2.7
48	-3.6	-3.1	-2.6	-1.6	+1.1	+1.6	+2.1	+2.6
49	-3.6	-3.1	-2.6	-1.6	+1.1	+1.6	+2.1	+2.6
50	-3.5	-3.0	-2.5	-1.5	+1.0	+1.5	+2.0	+2.5

注：① R_{ma} 小于 20 或大于 50 时，均分别按 20 或 50 查表。
② 表中未列入的相应 R_{ma} 的修正值 $R_{\partial a}$，可用内插法求得，精确至 0.1。

③ 水平方向检测混凝土浇筑顶面或底面时，应按公式（3-4-4）、公式（3-4-5）修正：

$$R_m = R_m^t + R_a^t \tag{3-4-4}$$

$$R_m = R_m^b + R_a^b \tag{3-4-5}$$

式中 R_m^t、R_m^b——水平方向检测混凝土浇筑表面、底面时，测区的平均回弹值，精确至0.1；

R_a^t、R_a^b——混凝土浇筑表面、底面回弹值的修正值，应由表3-4-2查取。

表3-4-2 不同浇筑面的回弹值修正值

R_m^t或R_m^b	表面修正值（R_a^t）	地面修正值（R_a^b）	R_m^t或R_m^b	表面修正值（R_a^t）	地面修正值（R_a^b）
20	+2.5	-3.0	36	+0.9	-1.4
21	+2.4	-2.9	37	+0.8	-1.3
22	+2.3	-2.8	38	+0.7	-1.2
23	+2.2	-2.7	39	+0.6	-1.1
24	+2.1	-2.6	40	+0.5	-1.0
25	+2.0	-2.5	41	+0.4	-0.9
26	+1.9	-2.4	42	+0.3	-0.8
27	+1.8	-2.3	43	+0.2	-0.7
28	+1.7	-2.2	44	+0.1	-0.6
29	+1.6	-2.1	45	0	-0.5
30	+1.5	-2.0	46	0	-0.4
31	+1.4	-1.9	47	0	-0.3
32	+1.3	-1.8	48	0	-0.2
33	+1.2	-1.7	49	0	-0.1
34	+1.1	-1.6	50	0	0
35	+1.0	-1.5			

注：① R_m^t或R_m^b小于20或大于50时，均分别按20或50查表。
② 表中有关混凝土浇筑表面的修正系数，是指一般原浆抹面的修正值。
③ 表中有关混凝土浇筑底面的修正系数，是指构件底面与侧面采用同一类模板在正常浇筑情况下的修正值。
④ 表中未列入的相应于R_m^t或R_m^b的R_a^t或R_a^b值，可用内插法求得，精确至0.1。

当检测时回弹仪为非水平方向且测试面为非混凝土的浇筑侧面时，应先对回弹值进行角度修正，再对修正后的值进行浇筑面修正。

④测区混凝土强度值的确定。

结构或构件第i个测区混凝土强度换算值，根据每一测区的回弹平均值及炭化深度值，查阅统一测强度曲线[《回弹法检测混凝土抗压强度技术规程》（JGJ/T 23—2011）]得出，当有地区测强曲线或专用测强曲线时，混凝土强度换算值应按地区测强曲线或专用测强曲线换算得出。表中未列入的测区强度值可用内插法求得。对于泵送混凝土要注意规程中的有关规定。

8）混凝土强度计算

（1）构件第i个测区混凝土强度换算值，可求得的平均回弹值（R_m）及平均炭化深度值（d_m）由附录3中的附表3-1及附表3-2查表或计算得出。当有地区或专用测强曲线时，混凝土强度的换算值宜按地区测强曲线或专用测强曲线计算或查表得出。

（2）结构或构件测区混凝土强度平均值可根据各测区混凝土强度换算值计算。

当测区数为 10 个及以上时，应计算强度标准差。平均值及标准差应按公式（3-4-6）、公式（3-4-7）计算：

$$m_{f_{cu}^c} = \frac{\sum_{i=1}^{n} f_{cu,i}^c}{n} \quad (3\text{-}4\text{-}6)$$

$$S_{f_{cu}^c} = \sqrt{\frac{\sum \left(f_{cu,i}^c\right)^2 - n\left(mf_{cu}^c\right)^2}{n-1}} \quad (3\text{-}4\text{-}7)$$

式中 $m_{f_{cu}^c}$——结构或构件测区混凝土强度换算值的平均值，MPa，精确至 0.1 MPa；

N——对单个检测的构件，取一个构件的测区数；对批量检测的构件，取被抽检构件的测区数之和；

$S_{f_{cu}^c}$——结构或构件测区混凝土强度换算值的标准差，MPa，精确至 0.01 MPa。

（3）结构或构件混凝土强度推定值（$f_{cu,e}$）应按下列公式确定：

① 当该结构或构件测区数少于 10 个时：

$$f_{cu,e} = f_{cu,min}^c \quad (3\text{-}4\text{-}8)$$

式中 $f_{cu,min}^c$——构建中最小的测区混凝土强度换算值。

② 当该结构或构件测区强度值中出现小于 10.0 MPa 时：

$$f_{cu,e} < 10.0 \text{ MPa} \quad (3\text{-}4\text{-}9)$$

③ 当该结构或构件测区数不少于 10 个或按批量检测时：

$$f_{cu,e} = m_{f_{cu}^c} - 1.645 S_{f_{cu}^c} \quad (3\text{-}4\text{-}10)$$

④ 当批量检测时：

$$f_{cu,e} = m_{f_{cu}^c} - k S_{f_{cu}^c} \quad (3\text{-}4\text{-}11)$$

式中 k——推定系数，宜取 1.645，当需要进行推定强度区间时，可按国家现行有关标准的规定取值。

（4）对按批量检测的构件，当该构件混凝土强度标准差出现下列情况之一时，则该批构件应全部按单个构件检测；

① 当该批构件混凝土强度平均值小于 25 MPa 时：

$$S_{f_{cu}^c} > 4.5 \text{ MPa} \quad (3\text{-}4\text{-}12)$$

② 当该批构件混凝土强度平均值不小于 25 MPa 且不大于 60 MPa 时：

$$S_{f_{cu}^c} > 5.5 \text{ MPa} \tag{3-4-13}$$

9）注意问题

① 回弹法测强的误差比较大，因此对比较重要的构件或结构物强度检测必须慎重使用。

② 符合下列条件混凝土才能采用全国统一测强曲线进行测区混凝土强度换算。

a. 混凝土采用的材料、拌和用水符合现行国家有关标准。

b. 不掺外加剂或仅掺非引气型外加剂。

c. 采用普通成型工艺。

d. 采用符合现行国家标准《混凝土结构工程施工质量验收规范》规定的钢模、木模及其他材料制作的模板。

e. 自然养护或蒸气养护出池后经自然养护 7 d 以上，且混凝土表层为干燥状态。

f. 龄期为 14～1 000 d。

g. 抗压强度为 10～60 MPa。

③ 当有下列情况之一时，测区混凝土强度值不得按全国统一测强曲线进行测区混凝土强度换算，但可制定专用测强曲线或通过试验进行修正，专用测强曲线的制定方法见《回弹法检测混凝土抗压强度技术规程》。

a. 粗集料最大粒径大于 60 mm。

b. 特种成型工艺制作的混凝土。

c. 检测部位曲率半径小于 250 mm。

d. 潮湿或浸水混凝土。

④ 当构件混凝土抗压强度大于 60 MPa 时，可采用标准能量大于 2.207 J 的混凝土回弹仪，并应另行制订检测方法及专用测强曲线进行检测。

⑤ 批量检测的条件是：在相同的生产工艺条件下，混凝土强度等级相同，原材料、配合比、成型工艺、养护条件基本一致且龄期相近的同类结构或构件。按批进检测的构件，抽检数量不得少于同批构件总数的 30%且构件数量不得少于 10 件。抽检构件时，应随机抽取并使所选构件具有代表性。

（四）超声回弹综合法检测结构混凝土强度的方法

超声回弹综合法是指采用超声仪和回弹仪，在结构混凝土同一测区分别测量声时值和回弹值，然后利用已建立起来的测强公式推算该测区混凝土强度的一种方法。与单一回弹法或超声法相比，超声回弹综合法具有受混凝土龄期和含水率的影响小、测试精度高、适用范围广、能够较全面地反映结构混凝土的实际质量等优点。

1. 超声法的基本原理

超声仪是超声检测的基本装置。它的作用是产生重复的电脉冲去激励发射换能器，发射换能器发射的超声波经耦合进入混凝土，在混凝土中传播后被接收换能器所接收并转换成电信号，电信号被送至超声仪，经放大后显示在示波屏上。超声仪除了产生电脉冲，接收、显示超声波外，还具有测量超声波有关参数，如声传播时间、接收波振幅、频率等功能。

目前工程中应用的主要是智能型超声仪,主要由计算机(主机)、高压发射系统、程控放大系统、数据采集及传输系统、电源系统五大部分组成。其工作原理为:高压发射电路在主机控制下,产生高压脉冲,通过发射换能器转换为声波信号并传入被测介质,接收换能器接收通过被测介质的声波信号并转换为电信号,受主机控制的程控放大系统对接收的电信号作自动增益调整达到设定状态,经数据采集系统转换为数字信号,并将其高速送入主机系统,然后在主机系统控制下进行波形显示、声参量的判读和存储,或者对所存储的声参量进行分析处理等。

2. 设备要求

超声回弹综合法检测混凝土强度技术,实质上就是超声法和回弹法两种单一测强的综合测试,因此,有关回弹仪技术要求、检测方法及规定与前述基本相同,超声波仪器技术要求、检测方法及规定如下。

1)一般规定

① 所采用的混凝土超声检测仪应通过技术鉴定,必须具有产品合格证和检定证。

② 用于混凝土的超声波检测仪可分为下列两类:

a. 模拟式:接收的信号为连续模拟量,可由时域波形信号测读声学参数。

b. 数字式:接收的信号转化离散数字量,具有采集、储存数字信号、测读声学参数和对数字信号处理的智能化功能。

③ 所采用的超声波检测仪应符合现行行业标准《混凝土超声波检测仪》(JG/T 5004)的要求,并在计量检定有效期内使用。

④ 超声波检测仪应满足下列要求:

a. 具有波形清晰、显示稳定的示波装置。

b. 声时最小分度值为 0.1 μs。

c. 具有最小分度值为 1 dB 的信号幅度调整系数。

d. 接收放大器频响范围 10~500 kHz,总增益不小于 80 dB,接收灵敏度(信噪比 3:1 时)不大于 50 μV。

e. 电源电压波动范围在标称值 ±10%情况下能正常工作。

f. 连续正常工作时间不少于 4 h。

⑤ 模拟式超声波检测仪还应满足下列要求:

a. 具有手动游标和自动整形两种声时测读功能。

b. 数字显示稳定,声时调节在 20~30 μs 范围内,连续静置 1 h 数字变化不超过 ±0.2 μs。

⑥ 数字式超声波检测仪还应满足下列要求:

a. 具有采集、储存数字信号并进行数据处理的功能。

b. 具有手动游标测读和自动测读两种方式。当自动测读时,在同一测试条件下,在 1 h 内每 5 min 测读一次声时值的差异不超过 ±0.2 μs。

c. 自动测读时,在显示器的接收波形上,有光标指示声时的读位盆。

⑦ 超声波检测仪器使用时,环境湿度应为 0~40 ℃。

2）换能器技术要求

① 换能器的工作频率宜在 50～100 kHz 范围内。

② 换能器的实测主频与标称频率相差不应超过 ±10%。

3）校准和保养

（1）超声波检测仪应进行声时计量检验。

（2）空气中声速的测试步骤如下：

取常用平面换能器一对，接于超声波仪器上，开机预热 10 min，在空气中将两个换能器的辐射面对准，依次改变两个换能器辐射面之间的距离（如 50 mm、60 mm、70 mm、80 mm、90 mm、100 mm…），在首波幅度一致的条件下，读取各间距所对应的声时值 t_1、t_2、$t_3 \cdots t_n$。同时测量空气温度 T_k，精确至 0.5 ℃。

测量时应注意下列事项：

a. 两个换能器辐射面的轴线始终保持在同一直线上。

b. 换能器辐射面间距的测量误差不应超过 ±1%，且测量精度为 0.5 mm。

c. 换能器辐射面宜悬空相对放置；若置于地板或桌面上，必须在换能器下面垫以吸声材料。

实测空气中声速可采用下列两种方法之一计算：

a. 以换能器辐射面间距为纵坐标，声时读数为横坐标，将各组数据点绘在直角坐标图上。穿越各点形成一直线，算出该直线的斜率，即为空气中声速实测值 v'。

b. 以各测点的测距 l 和对应的声时 t 求回归直线方程 $l = a + bt$。回归系数 b 便是空气中声速实测值 v'。

空气中声速计算值：

$$v_k = 331.1\sqrt{1+0.003\,67 T_k} \tag{3-4-14}$$

式中　331.4——0 ℃ 时空气的声速值，m/s；

v_k——温度为 T_k 时空气中声速计算位，m/s；

T_k——测试时空气的温度，℃。

误差计算：

空气中声速值 v_k 与空气中声速实测值 v' 之间的相对误差 e 可用公式（3-4-15）计算：

$$e_r = (v_k - v')/v_k \times 100\% \tag{3-4-15}$$

e_r 值不应超过 ±0.5%，否则，应检查仪器各部位的连接处重测，或更换超声检测仪。

（3）检测时，应根据测度需要在仪器上配置合适的换能器和高频缆线，并测定声时初读数 t_0。检测过程中如更换换能器或高频电缆线，应重新测定 t_0。

（4）超声波检测仪应定期保养。

3. 测区回弹值和声速值的测量及计算

1）一般规定

（1）测试前宜具备下列资料：

① 工程名称和设计、施工、建设、委托单位名称。
② 结构或构件名称、施工图纸和混凝土设计强度等级。
③ 水泥的品种、强度等级和用量，砂石的品种、粒径，外加剂或掺和料的品种、掺量和混凝土配合比等。
④ 模板类型，混凝土浇筑、养护情况和成型日期。
⑤ 结构或构件检测原因的说明。
（2）检测数量应符合下列规定：
① 按单个构件检测时，应在构件上均匀布置测区，每个构件上测区数量不应少于10个。
② 同批构件检测时，构件抽样数不应少于同批构件的30%，且不应少于10件；对一般施工质量的检测和结构功能的检测，可按照现行国家标准《建筑结构检测技术标准》的规定抽样。
③ 对某一方向尺寸不大于4.5 m且另一方向尺寸不大于0.3 m的构件，其测区数量可适当减少，但不应少于5个。
（3）按批抽样检测时，符合下列条件的构件可作为同批构件：
① 混凝土设计强度等级相同。
② 混凝土原材料、配合比、成型工艺、养护条件和龄期基本相同。
③ 构件种类相同。
④ 施工阶段所处状态基本相同。
（4）构件的测区布置宜满足下列规定：
① 在条件允许时，测区宜优先布置在构件混凝土浇筑方向的侧面。
② 测区可在构件的两个对应面、相邻面或同一面上布置。
③ 测区宜均匀布置，相邻两测区的间距不宜大于2 m。
④ 测区应避开钢筋密集区和预埋件。
⑤ 测区尺寸宜为200 mm×200 mm，采用平测时宜为400 mm×400 mm。
⑥ 测试面应清洁、平整、干燥，不应有接缝、施工缝、饰面层、浮浆和油垢，并应避开蜂窝、麻面部位。必要时，可用砂轮片清除杂物和打磨平整，并擦净残留粉尘。
（5）对结构或构件上的测区编号，并记录测区位置和外观质量情况。
（6）对结构或构件的每一测区，应先进行回弹测试，后进行超声测试。
（7）计算混凝土抗压强度换算值时，非同一测区的回弹值和声速值不得混用。
2）回弹测试及回弹值计算
同回弹法测试及计算方法。
3）超声测试及声速值计算
（1）超声测点应布置在回弹测试的同一测区内，每一测区布置3个测点。超声测试宜优先采用对测或角测，当被测构件不具备对测或角测条件时，可采用单面平测，具体如下。
① 超声波角测方法。
当结构或构件被测部位只有两个相邻表面可供检测时，可采用角测方法测量混凝土中的声速。每个测区布置3个测点，换能器布置如图3-4-2所示。

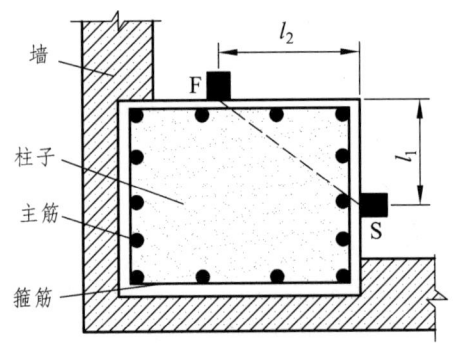

图 3-4-2 超声波角测示意图

a. 布置超声角测点时,换能器中心与构件边缘的距离 l_1、l_2 不宜小于 200 mm。

b. 角测时超声测距应按公式(3-4-16)计算:

$$l_i = \sqrt{l_{1i}^2 + l_{2i}^2} \tag{3-4-16}$$

式中　l_i——角测第 i 个测点换能器的超声测距,mm。

　　　l_{1i}、l_{2i}——角测第 i 个测点换能器与构件边缘的距离,mm。

c. 角测时,混凝土中声速代表值应按公式(3-4-17)计算:

$$v = \frac{1}{3}\sum_{i=1}^{3}\frac{l_i}{t_i - t_0} \tag{3-4-17}$$

式中　v——角测时混凝土中声速代表值,km/s;

　　　l_i——角测第 i 个测点的声时读数,μs;

　　　t_0——声时初读数,μs。

② 超声波平测方法。

a. 当结构或构件被测部位只有一个表面可供检测时,可采用平测方法测量混凝土中声速。每个测区布置 3 个测点。换能器布置如图 3-4-3 所示。

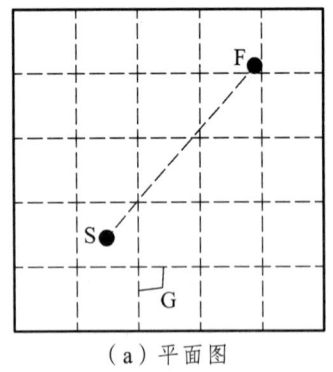
(a)平面图

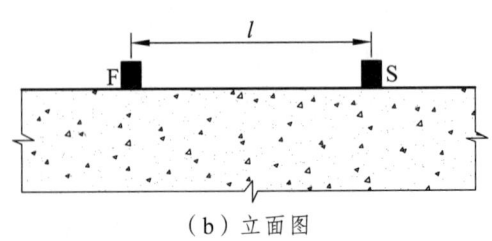
(b)立面图

图 3-4-3 超声波平测示意
F—发射换能器;S—接收换能器;G—钢筋轴线

b. 布置超声平测点时，宜使发射和接收换能器的连线与附近钢筋轴线成 40°~50°，超声测距 l 宜采用 350~450 mm。

c. 宜采用同一构件的对测声速 υ_d 与平测声速 υ_p 之比求得修正系数 $\lambda(\lambda=\upsilon_d/\upsilon_p)$，对平测声速进行修正。

d. 当被测结构或构件不具备对测与平测的对比条件时，宜选取有代表性的部位，以测距 l = 200 mm、250 mm、300 mm、350 mm、400 mm、450 mm、500 mm，逐点测读相应声值 t，用回归分析方法求出直线方程 $l=a+bt$。以回归系数 b 代替对测声速，再按对各平测声速进行修正。

e. 平测时，修正后的混凝土中声速代表值应按公式（3-4-18）计算：

$$v_a = \frac{\lambda}{3}\sum_{i=1}^{3}\frac{l_i}{t_i-t_0} \quad (3\text{-}4\text{-}18)$$

式中 v_a——修正后平测时混凝土中的声速代表值，km/s；

l_i——平测第 i 个测点的超声测距，mm；

t_i——平测第 i 个测点的声时读数，mm；

λ——平测声速修正系数。

f. 平测声速可采用直线方程 $l=a+bt$，根据混凝土浇筑的顶面或底面平测数据求得，修正后混凝土中声速代表值应按公式（3-4-19）计算：

$$v = \frac{\lambda\beta}{3}\sum_{i=1}^{3}\frac{l_i}{t_i-t_0} \quad (3\text{-}4\text{-}19)$$

式中 β——超声测试面的声速修正系数，顶面平测 β = 1.05，底面平测 β = 0.95。

（2）超声测试时，换能器发射面应通过耦合剂与混凝土测试面良好耦合。

（3）声时测量应精确至 0.1 μs，超声测距测量应精确至 1.0 mm，且测量误差不应超过 ±1%。声速计算应精确至 0.01 km/s。

（4）当在混凝土浇筑方向的测面对测时，测区混凝土中声速代表值应根据该测区中 3 个测点的混凝土声速值，按公式（3-4-20）计算：

$$v = \frac{1}{3}\sum_{i=1}^{3}\frac{l_i}{t_i t_0} \quad (3\text{-}4\text{-}20)$$

式中 v——测区混凝土中声速代表值，km/s；

l_i——第 i 个测点的超声测距，mm，角测时测距按公式（3-4-16）计算；

t_i——第 i 个测点的声时读数，μs；

t_0——声时初读数，μs。

（5）当在混凝土浇筑的顶面或底面测试时，测区声速代表值应按公式（3-4-21）修正：

$$v_a = \beta \cdot v \quad (3\text{-}4\text{-}21)$$

式中 v_a——修正后的测区混凝土中声速代表值，km/s。

β——超声测试面的声速修正系数,在混凝土浇筑的顶面和底面对测或斜测时,$\beta=1.034$,在混凝土浇筑的顶面或底面平测时,测区混凝土中声速代表值应按声速代表值计算相关规定进行修正。

4. 结构混凝土强度推定

(1)超声回弹法强度换算方法适用范围:

① 混凝土用水泥应符合现行国家标准《通用硅酸盐水泥》(GB 175—2007)。

② 混凝土用砂、石骨料应符合现行行业标准《普通混凝土用砂、石质量及检验方法标准》的要求。

③ 可掺或不掺矿物掺合料、外加剂、粉煤灰、泵送剂。

④ 人工或一般机械搅拌的混凝土或泵送混凝土。

⑤ 自然养护。

⑥ 龄期 7~2 000 d。

⑦ 混凝土强度 10~70 MPa。

(2)结构或构件中第 i 个测区的混凝土抗压强度换算值,可求得修正后的测区回弹代表值 R_{ai} 和声速代表值后,优先采用专用测强曲线或地区测强曲线换算而得。专用测强曲线或地区测强曲线应按《超声回弹综合法检测混凝土强度技术规程》(CECS 02:2005)的规定制定,并经工程质量监督主管部门组织审定和批准实施,专用或地区测强曲线的抗压强度相对误差 e_r,应符合下列规定:

$$e_r = \sqrt{\frac{\sum_{i=1}^{n}\left(\frac{f_{cu,i}^0}{f_{cu,i}^c}-1\right)^2}{n}} \times 100\% \tag{3-4-22}$$

式中 e_r——相对误差;

$f_{cu,i}^0$——第 i 个立体试件的抗压强度实测值,MPa;

$f_{cu,i}^c$——第 i 个立方体试件的抗压强度换算值,MPa。

其中专用测强曲线相对误差 $e_r \leq 12\%$,地区测强曲线相对误差 $e_r \leq 14\%$。

(3)当无专用和地区测强曲线时,按综合法测定混凝土强度曲线的验证方法[见《超声回弹综合法检测混凝土强度技术规程》(CECS 02:2005)相关内容]通过验证后,可按规程规定的全国统一测区混凝土抗压强度换算表换算。

(4)结构或构件混凝土强度推定值计算与回弹法测定混凝土强度相同。

二、混凝土中钢筋分布及保护层厚度的检测

(一)应用范围

混凝土中钢筋分布及保护层厚度的检测针对主要承重构件或承重构件的主要受力部位,或钢筋锈蚀电位测试结果表明钢筋可能锈蚀活化的部位,以及根据结构检算及其他检

测需要确定的部位。在下列情况下需对其检测：

（1）用于估测混凝土中钢筋的位置、深度和尺寸。

（2）在无资料或其他原因需要对结构进行调查的情况下。

（3）进行其他测试之前需要避开钢筋进行的测试。

（二）检测方法及原理

（1）检测方法：采用电磁法无损检测方法确定钢筋位置，辅以现场修正确定保护层厚度，估测钢筋直径，量测值精确至毫米。

（2）检测原理：仪器探头产生一个电磁场，当某条钢筋或其他金属物体位于这个电磁场内时，会引起这个电磁场磁力线的改变，造成局部电磁场强度的变化。电磁场强度的变化和金属物大小与探头距离存在一定的对应关系。如果把特定尺寸的钢筋和所要调查的材料进行适当标定，通过探头测量并由仪表显示出来这种对应关系，即可估测混凝土中钢筋位置、深度和尺寸。

（三）仪器技术要求

1. 检测仪器的技术要求

检测仪器一般包含探头、仪表和连接导线，仪表可进行模拟或数字的指示输出，较先进的仪表还具有图形显示功能，仪器可用电池或外接电源供电。

2. 钢筋保护层测试仪的技术要求

（1）钢筋保护层测试仪应通过技术鉴定，必须具有产品合格证。

（2）仪器的保护层测量范围应大于 120 mm。

（3）仪器的准确度应满足：

① 0～60 mm，±1 mm。

② 60～120 mm，±3 mm。

③ >120 mm，±10%。

（4）适用的钢筋直径范围应为 $\phi 6 \sim \phi 50$，并不少于符合有关钢筋直径系列规定的 12 个档次。

（5）仪器应具有在未知保护层厚度的情况下，测量钢筋直径的功能。

（6）仪器应能适用于温度 0～40 ℃、相对湿度≤85%、无强磁场干扰的环境条件。

（7）仪器工作时应为直流供电，连续正常工作时间不小于 6 h。

（四）仪器的标定

（1）钢筋保护层测试仪使用期间的标定校准应使用专用的标定块。当测量标定块所给定的保护层厚度时，测读值应在仪器说明书所给定的准确度范围之内。

（2）标定块由一根 $\phi 16$ 的普通碳素钢筋垂直浇铸在长方体无磁性的塑料块内，使钢筋距四个侧面分别为 15 mm、30 mm、60 mm、90 mm，如图 3-4-4 所示。

（3）标定应在无外界磁场干扰的环境中进行。

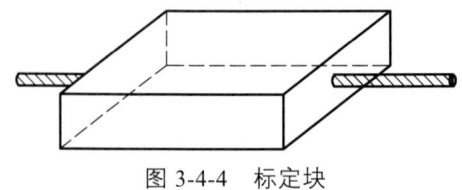

图 3-4-4 标定块

（4）每次试验检测前均应对仪器进行标定，若达不到应有的准确度，应送专业机构维修检验。

（五）操作程序

1. 混凝土结构钢筋分布状况调查的范围

其范围应为主要承重构件或承重构件的主要受力部位，或钢筋锈蚀电位测试结果表明钢筋可能锈蚀活化的部位，以及根据结构检算及其他检测需要确定的部位。

2. 测区布置原则

（1）按单个构件检测时，应根据尺寸大小，在构件上均匀布置测区，每个构件上的测区数不应少于 3 个。

（2）对于最大尺寸大于 5 m 的构件，应适当增加测区数量。

（3）测区应均匀分布，相邻两测区的间距不宜小于 2 m。

（4）测区表面应清洁、平整，避开接缝、蜂窝、麻面、预埋件等部位。

（5）测区应注明编号，并记录测区位置和外观情况。

（6）测点数量及要求：

① 对构件上每一测区应检测不少于 10 个测点。

② 测点间距应小于保护层测试仪传感器长度。

（7）对某一类构件的检测，可采取抽样的方法，抽样数不少于同类构件数的 30%，且不少于 3 件，每个构件测区布置按单个构件要求进行。

（8）对结构整体的检测，可先按构件类型分类，再按类型进行检测。

3. 测量步骤

（1）测试前应了解有关图纸资料，以确定钢筋的种类和直径。

（2）进行保护层厚度测读前，应先在测区内确定钢筋的位置与走向，做法如下：

① 将保护层测试仪传感器在构件表面平行移动，当仪器显示值最小时，传感器正下方即是所测钢筋的位置。

② 找到钢筋位置后，将传感器在原处左右转动一定角度，仪器显示最小值时传感器长轴线的方向即为钢筋的走向。

③ 在构件测区表面画出钢筋位置与走向。

（3）保护层厚度的测读。

① 将传感器置于钢筋所在位置正上方，并左右稍稍移动，读取仪显示最小值即为该处保护层厚度。

② 每一测点值宜读取 2～3 次稳定读数，取其平均值，精确至 1 mm。
③ 应避免在钢筋交叉位置进行测量。
（4）对于缺少资料、无法确定钢筋直径的构件，应首先测量钢筋直径。对钢筋直径的测量宜采用 5～10 次测读，剔除异常数据，求其平均值的测量方法。

（六）影响测量准确度的因素

（1）外加磁场的影响，应予避免。
（2）混凝土若具有磁性，测量值需加以修正。
（3）钢筋品种对测量值有一定影响，主要是高强钢筋需加以修正。
（4）不同的布筋状况，钢筋间距影响测量值，当 $D/S<3$ 时需修正测量值。其中，D 为钢筋净间距（mm），即钢筋边缘至边缘的间距；S 为保护层厚度，即钢筋边缘至保护层表面的最小距离。

三、结构混凝土内部缺陷与表层损伤的超声法检测

涉及的检测内容主要包括：混凝土内部空洞和不密实区的位置与范围、裂缝深度、表层损伤厚度，以及不同时间浇筑的混凝土结合面的质量和钢管混凝土中的缺陷检测等。

（一）超声法检测混凝土缺陷的基本依据与方法

1. 超声法检测混凝土缺陷判别的基本依据

（1）根据超声波在混凝土中传播时遇到缺陷的绕射现象，按声时和声程的变化来判别和计算缺陷的大小。
（2）依据超声波在缺陷界面上的反射，抵达接收探头时能量显著衰减的现象，来判别缺陷的存在和大小。
（3）依据超声波脉冲各频率成分在遇到缺陷时衰减的程度不同。从而造成接收频率明显降低，或接收波频谱与反射波频谱产生差异，来判别内部缺陷。
（4）根据超声波在缺陷处的波形转换和叠加，造成波形畸变的现象来判别缺陷。

2. 超声法检测混凝土内部缺陷与表层损伤的方法

用超声法检测混凝土缺陷时，发射和接收换能器与测试面之间应具备良好的耦合状态，发射和接收换能器的连线必须离开钢筋一定距离或与钢筋轴线形成一定夹角，并力求混凝土处于自然干燥状态。

超声法检测混凝土内部缺陷与表层损伤的方法总体上可分为两类：第一类为用厚度振动式换能器进行平面测试，第二类为采用径向振动式换能器进行钻孔测试。

1）第一类平面测试方法
① 对测法：一对发射和接收换能器，分别置于被测结构相互平行的两个表面。且两个换能器的轴线位于同一直线上。
② 斜测法：一对发射和接收换能器分别置于被测结构的两个表面，但两个换能器的

轴线不在同一直线上。

③ 单面平测法：一对发射和接收换能器置于被测结构物同一个表面上进行测试。

2）第二类钻孔测试方法

① 孔中对测：一对换能器分别置于两个对应钻孔中，位于同一高度进行测试。

② 孔中斜测：一对换能器分别置于两个对应的钻孔，但不在同一高度，而是在保持一定高程差的条件下进行测试。

③ 孔中平测：一对换能器进于同一钻孔中，以一定高程差同步移动进行测试。

（二）声学参数测量

1. 一般规定

（1）检测前应取得有关资料：工程名称、检测目的与要求、混凝土原材料品种和规格、混凝土浇筑和养护情况、构件尺寸和配筋施工图或钢筋隐蔽图，以及构件外观质量及存在的问题。

（2）依据检测要求和测试操作条件，确定缺陷测试的部位（简称测位）。测位混凝土表面应清洁、平整，必要时可用砂轮磨平或用高强度的快凝砂浆抹平，抹平砂浆必须与混凝土黏结良好。

（3）在满足首波幅度测读精度的条件下，应选用较高频率的换能器。换能器应通过耦合剂与混凝土测试表面保持紧密结合，耦合层不得夹杂泥沙或空气。

（4）检测时应避免超声传播路径与附近钢筋轴线平行，如无法避免，应使两个换能器连线与该钢筋的最短距离不小于超声测距的1/6。

（5）检测中出现可疑数据时，应及时查找原因，必要时进行复测校核或加密测点补测。

2. 声学参数测量

1）模拟式超声检测仪测量

① 检测之前应根据测距大小将仪器的发射电压调在某一档，并以扫描基线不产生明显噪声干扰为前提，将仪器"增益"调至较大位置保持不动。

② 声时测量。应将发射换能器（简称T换能器）和接受换能器（简称R换能器）分别耦合在测位中的对应测点上。当首波幅度过低时，可用"衰减器"调节至便于测读，再调节游标脉冲成扫描延时，使首波前沿基线弯曲的起始点对准游标脉冲前沿，读取声时值 t_1（精确至 0.1 μs）。

③ 波幅测量。应保持换能器良好耦合状态下采用下列两种方法之一进行读取。

a. 刻度法：将衰减器固定在某一衰减位置，在仪器荧光屏上读取首波幅度的格数。

b. 衰减值法：采用衰减器将首波调至一定高度，读取衰减器上的dB值。

④ 主频测量。应先将游标脉冲调至首波前半个周期的波谷（或波峰），读取声时值 t_1（μs），再将游标脉冲调至相邻的波谷（或波峰），读取声时值 t_2（μs），按式（3-4-23）计算出该点（第 i 点）第一个周期波的主频 f_i（精确至 0.1 kHz）。

$$f_i = 1\,000/(t_1 - t_2) \tag{3-4-23}$$

⑤ 在进行声学参数测量的同时，应注意观察接收信号的波形或包络线的形状，必要时进行描绘或拍照。

2) 数字式超声检测仪测量

① 检测之前根据测距大小和混凝土外观质量情况，将仪器的发射电压、采样频率等参数设置在某一挡并保持不变。换能器与混凝土测试表面应始终保持良好的耦合状态。

② 声学参数自动测读：停止采样后即可自动读取声时、波幅、主频值。当声时自动测读光标所对应的位置与首波前沿基线弯曲的起始点有差异或者波幅自动测读光标所对应的位置与首波峰顶（或谷底）有差异时，应重新采样或改为手动游标读数。

③ 声学参数手动测量：先将仪器设置为手动判读状态，停止采样后调节手动声时游标至首波前沿基线弯曲的起始位置，同时调节幅度游标使其与首波峰顶（或谷底）相切，读取声时和波幅值；再将声时光标分别调至首波及其相邻的波谷（或波峰），读取声时差值 Δt（μs），取 $1\,000/\Delta t$ 即为首波的主频（kHz）。

④ 波形记录：对于有分析价值的波形，应予以储存。

3) 混凝土声时值计算

$$t_{ci} = t_i - t_0 \text{ 或 } t_{ci} = t_i - t_{00} \tag{3-4-24}$$

式中 t_{ci}——第 i 点混凝土声时值，μs；

t_i——第 i 点测读声时值，μs；

t_0、t_{00}——声时初读数，μs。

当采用厚度振动式换能器时，t_0 应参照仪器使用说明书的方法测得；当采用径向振动式换能器时，t_0 可按下述的"时-距"法测得，将两个径向振动式换能器保持其轴线相互平行，置于清水中同一水平高度，两个换能器内边缘间距先后调节在 l_1（如 200 mm）、l_2（如 100 mm），分别读取相应声时值 t_1、t_2。由仪器、换能器及其高频电缆所产生的声时初读数 t_0 应按下式计算：

$$t_0 = (l_1 \times t_1 - l_2 \times t_2)/(t_1 - t_2) \tag{3-4-25}$$

用径向振动式换能器在钻孔中进行对测时，声时初读数应按下式计算：

$$t_{00} = t_0 + (d_2 - d)/v_w \tag{3-4-26}$$

当用径向振动式换能器在预埋声测管中检测时，声时初读数应按下式计算：

$$t_{00} = t_0 + (d_2 - d)/v_g + (d_1 - d)v_w \tag{3-4-27}$$

式中 t_{00}——钻孔或声测管中测试的声时初读数，μs；

t_0——仪器设备的声时初读数，μs；

d——径向振动式换能器直径，mm；

d_1——声测孔直径或预埋声测管的内径，mm；

d_2——声测管的外径，mm；

v_w——水的声速 km/s，均按表 3-4-3 取值；

v_g——预埋声测管所用材料的声速，km/s，用钢管时，$v_g = 5.80$，用 PVC 管时，$v_g = 2.35$；

l_1——第一次调节换能器内边缘间距；

l_2——第二次调节换能器内边缘间距。

表 3-4-3 水声速取位

水温度（℃）	5	10	15	20	25	30
水声速（km/s）	1.45	1.46	1.47	1.48	1.49	1.50

当采用一只厚度振动式换能器和一只径向振动式换能器进行检测时，声时初读数可取该两对换能器初读数之和的一半。

4）超声传播距离（简称测距）的测量

当采用厚度振动式换能器对测时，宜用钢卷尺测量 T、R 换能器辐射面之间的距离；当采用厚度振动式换能器平测时，宜用钢卷尺测量 T、R 换能器内边缘之间的距离；当采用径向振动式换能器在钻孔或预埋管中检测时，宜用钢卷尺测量放置 T、R 换能器的钻孔或预埋管内边缘之间的距离；测距的测量误差应不大于 ±1%。

（三）混凝土不密实区和空洞的检测

混凝土结构在施工过程中，因漏振、漏浆或石子架空在钢筋骨架上，会导致混凝土内部形成蜂窝状不密实或空洞等隐蔽缺陷。检测时，宜先根据现场施工记录和外观质量情况，或者在结构的使用过程中出现了质量问题后，初步判定混凝土内部缺陷的大致位置，或采用大范围的粗测定位方法（大面积扫测）确定隐蔽缺陷的大致位置，然后再根据粗测情况对可疑区域进行细测。检测不密实区和空洞时，构件的被测部位应具有一对或两对相互平行的测试面，测试范围原则上应大于有怀疑的区域，同时应在同条件的正常混凝土区域进行对比测试。一般地，对比测点数不宜少于 20 个。

采用平面测试法和钻孔或预埋管测法时，需注意以下内容。

（1）当结构被测部位具有两对平行表面时，可采用一对换能器，分别在两对互相平等的表面上进行对测。如图 3-4-5 所示，先在测区的两对平行表面上分别画出间距为 200～

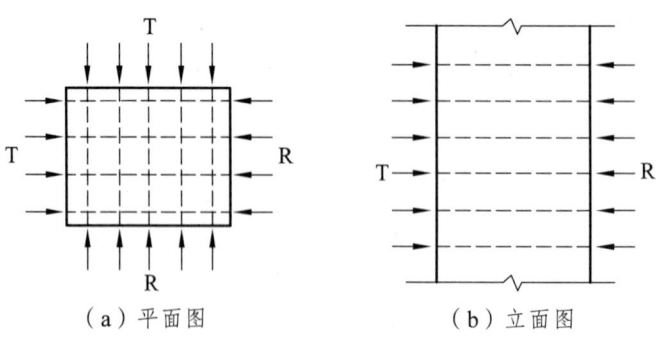

（a）平面图　　（b）立面图

图 3-4-5 对测法换能器布置

300 mm 的网格,并逐点编号,定出对应测点的位置,然后将 T、R 换能器经耦合剂分别置于对应测点上,逐点读取相应的声时 t_i、波幅 A_i 和频率 f_i,并量取测试距离 l_i。

(2)当结构物的被测部位只有一对平行表面可供测试,或被测部位处于结构的特殊位置,可采用对测和斜测相结合的方法,换能器在对测的基础上进行交叉斜测,测点布置如图 3-4-6 所示。

(3)对于大体积混凝土结构,由于其断面尺寸较大,如直接进行平面对测,接收到的脉冲信号偏弱,甚至无法识别首波的起始位置,不利于声学参数的读取和分析。为了缩短测试距离,提高检测灵敏度,可采用钻孔或预埋管测法。如图 3-4-7 所示,在测位预埋声测管或钻出竖向测试孔,预埋管内径或钻孔直径宜比换能器直径大 5~10 mm,预埋管或钻孔间距宜为 2~3 m,其深度可根据

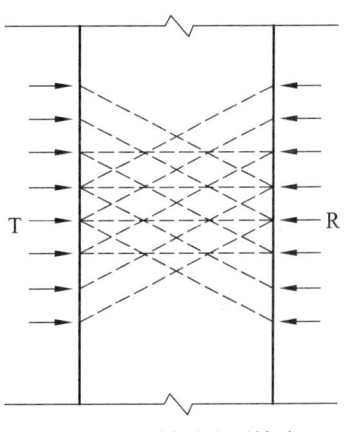

图 3-4-6 斜测法测缺陷

测试需要确定。检测时可用两个径向振动式换能器分别置于两测孔中进行测试,或用一个径向振动式与一个厚度振动式换能器,分别置于测孔中和平行于测孔的侧面进行测试。根据需要,可以将两个换能器置于同一高度,也可以将二者保持一定的高度差,同步上下移动,逐点读取声时、波幅和频率值,并记下孔中换能器的位置。

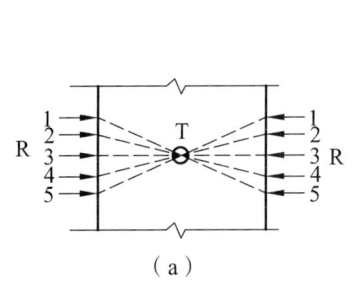 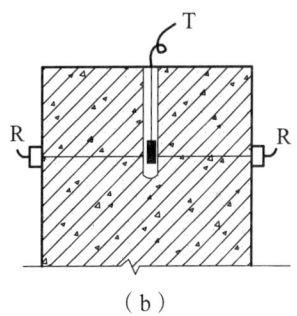

(a)　　　　　　　　　　(b)

图 3-4-7 钻孔或预埋管测法换能器布置图

(4)每一测点的声时、波幅、主频和测距,应按前述方法进行测量。

(5)由于混凝土本身的不均匀性,以及混凝土的原材料品种、用量及混凝土的湿度和测距等因素对声学参数值的影响,一般宜采用统计方法进行不密实区和空洞的测定。

(6)测位混凝土声时(或声速)、波幅及频率等声学参数的平均值 m_x 和标准差 S_x 可按下列公式计算:

$$m_x = \frac{1}{n}\sum_{i=1}^{n} x_i \quad (3\text{-}4\text{-}28a)$$

$$S_x = \sqrt{\frac{\left(\sum_{i=1}^{n} x_i^2 - n \cdot m_x^2\right)}{n-1}} \quad (3\text{-}4\text{-}28b)$$

式中 x_i——第 i 点某一声学参数的测量值；
n——参与统计的测点数。

（7）声学参数观测值中异常值的判别。

当测位混凝土中某些测点的声学系数被判为异常值时，可结合异常测点的分布及波形状况，确定混凝土内部不密实区和空洞的位置和范围。

（四）混凝土结合面质量的检测

用超声法检测两次浇筑的混凝土结合面的质量时，应先查明结合面的位置及走向，明确被测部位及范围。若构件的被测部位具有声波垂直或斜穿结合面的测试条件，可采用对测法与斜测法进行检测。换能器的具体布置方法如图 3-4-8 所示。

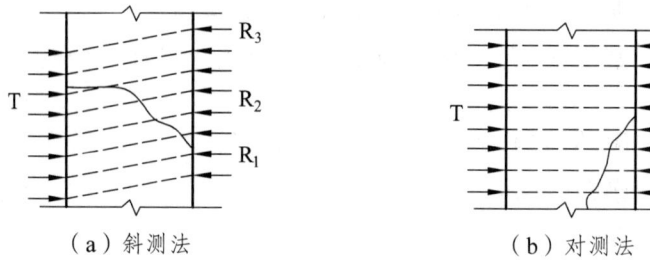

图 3-4-8 混合面结合面质量检测示意图

1. 测点布置

（1）使测试范围覆盖全部结合面或有怀疑的部位。

（2）各对 T-R_1（声波传播不经过结合面）和 T-R_2（声波传播经过结合面）换能器连线的倾斜角测距应相等。

（3）测点间距应根据被测结构尺寸结合面的外观质量情况确定，一般为 100～300 mm，间距过大易造成缺陷漏检。

2. 声时、波幅和主频率测量

按布置好的测点分别测出各点的声时、波幅和主频率。

3. 数据处理及判定

（1）将同一测位各点声速、波幅和主频道分别进行统计计算。

（2）当测点数无法满足统计法判断时，可将 T-R_2 的声速、波幅等声学参数与 T-R_1 进行比较，若 T-R_2 声学参数比 T-R_1 显著低时，则该点可判为异常测点。

（3）当通过结合面的某些测点的数据被列为异常，并查明无其他因素影响时，可判定混凝土结合面在该部位结合不良。

（五）混凝土表面损伤层的检测

冻害、高温或化学腐蚀会引起混凝土表面层损伤。检测表面损伤层厚度时，被测部位和测点的确定应满足下列要求：

(1)根据构件的损伤情况和外观质量选取有代表性的部位布置测位。
(2)构件被测部位表面应平整并处于自然干燥状态,且无接缝和饰面层。
(3)检测时,为保证检测结果的可靠性,宜做局部破损验证。

1. 测试方法

(1)用超声法检测混凝土表面损伤层厚度的方法大致有两种:一是单面平测法,二是逐层穿透法。

(2)单面平测法。此法可应用于仅有一个可测表面的结构,也可应用于损伤层位于两个对应面上的结构或构件。将发射换能器 T 置于测试面某一点保持不动,再将接收换能器 R 以测距 l_i =30 mm、60 mm、90 mm⋯依次置于各点,读取相应的声时值 t_i。每一测位的测点数不得少于 6 个,当损伤厚度较厚时,应适当增加测点数,当构件的损伤层厚度不均匀时,应适当增加测位数量。

(3)逐层穿透法。在损伤结构的一对平行表面上,分别钻出一对不同深度的测试孔,孔径为 50 mm 左右,然后用直径小于 50 mm 的平面式换能器,分别在不同深度的一对测孔中进行测试,读取声时值和测试距离,并计算其声速值,或者在结构同一位置先测一次声速,然后凿开一定深度的测孔,在孔中测一次声速,再将测孔增加一定深度,再测声速,直至两次测得的声速之差小于 2%或接近于最大值时为止。

(4)表层损伤层评测法检测时,宜选用 30～50 kHz 的低频厚度振动式换能器。

2. 数据处理及判断

(1)当采用单面平测时,将各测点的声时测值 t_i 和相应的测距值 l_i 绘制"时-距"坐标图。如图 3-4-9 所示,由图可求得声速改变所形成的转折点,该点前、后分别表示损伤和未损伤混凝土的 l 与 t 相关直线用回归分析方法分别求出损伤、未损伤混凝土 l 与 t 的回归直线方程:

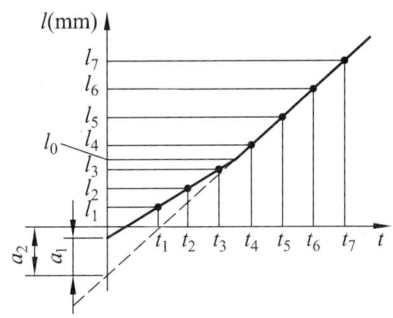

图 3-4-9 采用平测法检测损伤层厚度示意图

损伤混凝土:

$$l_f = a_1 + b_1 t_f \quad (3\text{-}4\text{-}29)$$

$$l_a = a_2 + b_2 t_a \qquad (3\text{-}4\text{-}30)$$

式中 l_f——损伤前各测点的测距（mm），对应于图 3-4-9 中的 l_1、l_2 和 l_3；

t_f——对应于图 3-4-9 中 l_1、l_2 和 l_3 的声时 t_1、t_2 和 t_3，μs；

l_a——损伤后各测点的测距（mm），对应于图 3-4-9 中的 l_4、l_5、l_6 和 l_7；

t_a——对应于测距 l_4、l_5、l_6 和 l_7 的声 t_4、t_5、t_6 和 t_7；

a_1、a_2、b_1、b_2——直线的回归系数，分别为图 3-4-9 中损伤和未损伤混凝土直线的截距和斜率。

（2）采用单面平测法检测的损伤层厚度 h_f（mm）可按下列公式进行计算：

$$L_0 = (a_1 b_2 - a_2 b_1)/(b_2 - b_1) \qquad (3\text{-}4\text{-}31)$$

$$h_f = l_0/2(b_2 - b_1)/(b_2 + b_1) \qquad (3\text{-}4\text{-}32)$$

（3）当采用逐层穿透法检测时，可将每次测量的声速值（v_i）和测孔深度值（h_i）绘制 "v–h" 曲线，如图 3-4-10 所示，当声速趋于基本稳定的测孔深度，便是混凝土损伤层的厚度 h_f。

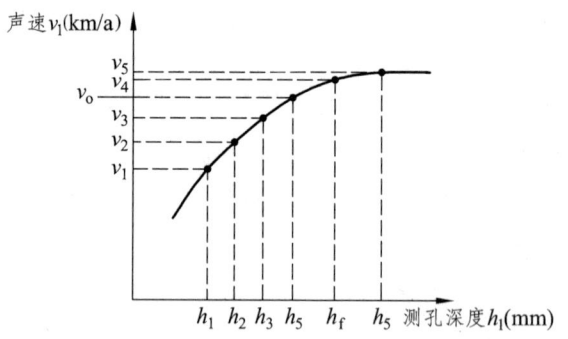

图 3-4-10 采用逐层穿透法检测损伤厚度 v-h 曲线

（六）混凝土裂缝深度的检测

超声法可用于检测混凝土裂缝的深度。检测时，裂缝中应没有积水和其他能够传声的夹杂物，且裂缝附近混凝土相当匀质。

开口垂直裂缝检测分为如下两种情况。

1. 构件断面不大且可对测情况

（1）在两个测面上等距布置测点，用对测法逐点测出声时值，见图 3-4-11（a）。

（2）绘制测点声时与距离的关系曲线，见图 3-4-11（b）。曲线 A 段的末端与 B 段的首端之距即为裂缝深度所在区域，对这一区域再采用加密测点的方法即可准确地确定裂缝深度 H_L。

（3）当两探头连线与裂缝平面相交时，随探头的移动，声时逐渐由长变短，未相交时声时不变。实际测量时只要有三个不变声时点，即认为产时稳定。

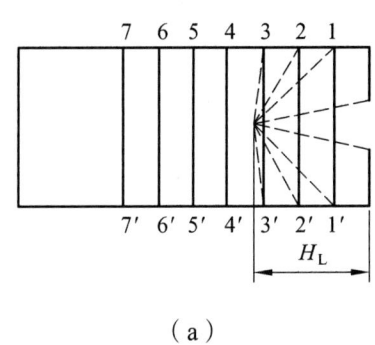
(a)

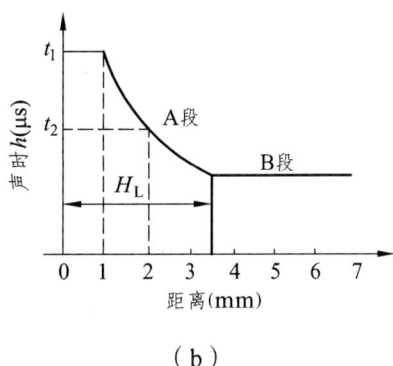
(b)

图 3-4-11 开口垂直裂缝的穿透法探测

2. 构件断面很大且不可对测情况

只有一个可测面，无法在测面用对测法检测时，可用平测法检测裂缝的深度。

（1）当估计裂缝深度不大于 500 mm 时，宜采用单面平测法进行检测。检测时应在裂缝的被测部位以不同的测距，按跨缝和不跨缝布置测点。测点布置应避开钢筋的影响。

① 进行不跨缝的声时测量：将发射换能器 T 和接收换能器 R 置于裂缝附近同一侧，并将 T 耦合好保持不动，以 T、R 两个换能器内边缘间距 l'_i 为 100 mm、150 mm、200 mm 等，依次移动 R 并读取相应的声时值 t_i。以 l' 为纵轴、t 为横轴绘制"时-距"坐标图，或用回归分析的方法求声时与测距之间的回归直线方程：

$$l_i = a + b \cdot t_i \qquad (3-4-33)$$

每一个测点的超声实际传播距离 l_i 为：

$$l_i = l'_i + |a| \qquad (3-4-34)$$

式中 l_i——第 i 点的超声波实际传播距离，mm；

l'_i——第 i 点的 R、T 换能器边缘距，mm；

a——"时-距"图（图 3-4-12）中 l' 轴的截距或回归直线方程的常数项，mm。

不跨裂缝平测的混凝土声速值 v 为：

$$v = (l'_n - l'_1)/(t_n - t_1) \qquad (3-4-35)$$

或

$$v = b \qquad (3-4-36)$$

式中 l'_n、l'_1——第 n 点和第 1 点的测距，mm；

t_n、t_1——第 n 点和第 1 点读取的声时值，μs；

b——"时-距"直线的斜率。

② 进行跨缝的声时测量：如图 3-4-13 所示，将 T、R 换能器分别置于以裂缝为对称轴的两侧，l'_1 取 100 mm、150 mm、200 mm 等，分别读取声时值 t_a，同时观察首波相位的变化。

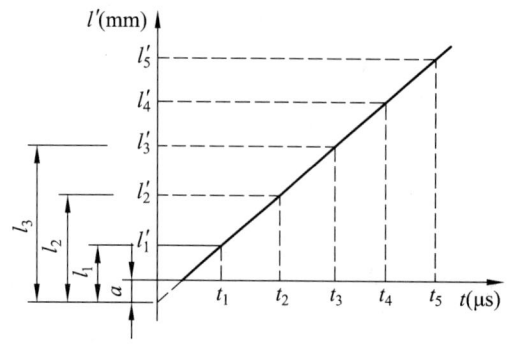

图 3-4-12 平测"时-距"图

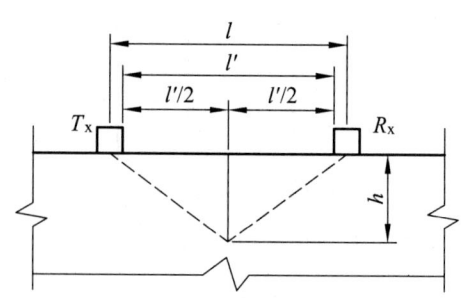

图 3-4-13 单面平测浅裂缝（深度不大于 500 mm）示意图

③ 裂缝深度按下列公式计算：

$$h_i = \frac{l_i}{2}\sqrt{(t_{ci}v/l_i)^2 - 1} \tag{3-4-37}$$

$$h_m = \frac{1}{n}\sum_{i=1}^{n} h_i \tag{3-4-38}$$

式中 l_i——不跨缝平测时第 i 点的超声波实际传播距离，mm；

h_i——以第 i 点计算的裂缝深度，mm；

t_{ci}——第 i 点跨缝平测时的声时值，μs；

h_m——各测点计算裂缝深度的平均值，mm；

n——测点数。

④ 裂缝深度的确定方法：

a. 跨缝测量中，当在某测距发现首波反相时，可用该测距及两个相邻测距的测量值按式（3-4-37）计算 h_i 值，取此三点 h_i 的平均值作为该裂缝的深度值 h。

b. 跨缝测量中，如难于发现首波反相，则以不同测距计算 h_i 及其平均值 h_{m0}。将各测距 l'_i 与 h_m 作比较，剔除测距 l'_i 小于 h_m 和大于 $3h_m$ 的数据组，然后取余下 h_i 的平均值，作为该裂缝的深度值 h。

（2）对于裂缝深度超过 500 mm，在被检测混凝土允许在裂缝两侧钻测试孔的情形下，可采用钻孔对测法检测裂缝深度，如图 3-4-14 所示。

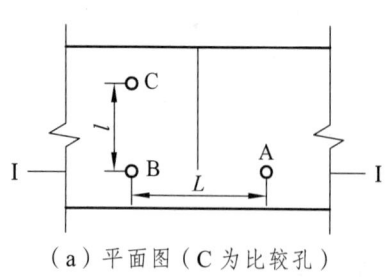

（a）平面图（C 为比较孔）

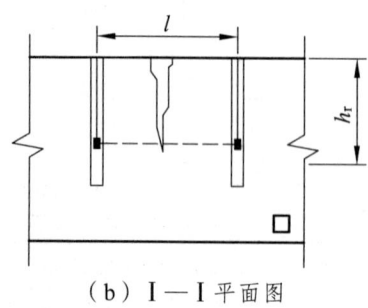

（b）I—I 平面图

图 3-4-14 钻孔测裂缝深度示意图

所钻测试孔应满足下列技术要求：
① 孔径应比所用换能器的直径大 5~10 mm。
② 孔深应比被测裂缝的预计深度深 70 mm，经测试，如浅于裂缝深度，则应加深钻孔。
③ 对应的两个测孔应始终位于裂缝两侧，且其轴线保持平行。
④ 两个对应测试孔的间距宜为 2 m，同一检测对象各对应测孔间距应保持相同。
⑤ 孔中的粉尘碎屑应清理干净。
⑥ 如图 3-4-14（a）所示，宜在裂缝一侧多钻一个孔距相同但较浅的孔（C），通过 B、C 两孔测试无裂缝混凝土的声学参数。
⑦ 横向测孔的轴线应具有一定倾斜角。

裂缝深度检测应选用频率为 20~60 kHz 的径向振动式换能器。

测试前首先向测孔注满清水，并检查是否有漏水现象，如果漏水较快，说明该测孔与裂缝相交，此孔不能用于测试。经检查测孔不漏水，可将 T、R 换能器分别置于裂缝同侧的 B、C 孔中，以相同高度等间距地同步向下移动，并读取相应的声时和波幅值。再将两个换能器分别置于裂缝两侧对应的 A、B 测孔中，以同样方法同步移动两个换能器，逐点读取声时、波幅和换能器所处的深度。换能器每次移动的间距一般为 100~300 mm，当初步查明裂缝的大致深度时，为便于准确判定裂缝深度，当换能器位于裂缝末端附近，移动的间距应减小，详见图 3-4-14（b）。

若需确定裂缝末端的具体位置，可按图 3-4-15 所示的方法，将 T、R 换能器相差一个固定高度，然后上下同步移动，在保持每一个测点的测距相等、测线倾角一致的条件下，读取相应声时的波幅值及两个换能器的位置。

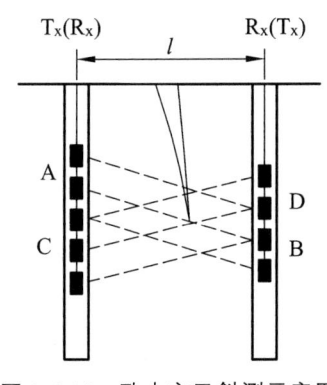 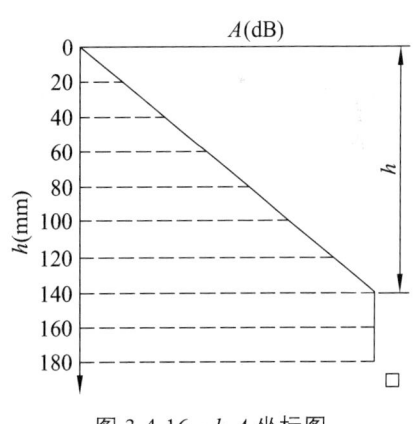

图 3-4-15 孔中交叉斜测示意图　　　图 3-4-16　h-A 坐标图

裂缝深度及末端位置判定：
① 裂缝深度判定主要以波幅测值作为依据。具体对测孔所测得的波幅值和相应的孔深，用图 3-4-16 进行判别。其方法如下：换能器所处深度 h 为纵坐标，对应的波幅值 A 为横坐标，绘制 h-A 坐标图。随着换能器位置的下移，波幅逐渐增大，当换能器下移至某一位置后，波幅达到最大并基本保持稳定，该位置对应的深度，便是该裂缝的深度值 h。

②裂缝末端位置判定。当两个换能器的连线（测线）超过裂缝末端后，波幅测值将保持最大值，根据这种情况可以确定达到裂缝末端的两条测线 AB 和 CD 的位置，该两测线的交点便是裂缝末端的位置。

采用钻孔对测值时，应注意混凝土不均匀性的影响、温度和外力的影响、钢筋的影响。

（七）混凝土匀质性检验

结构混凝土的均匀性一般宜采用平面式换能器进行穿透又对测法检测。

检测时，要求被测结构应具备一对相互平行的测试表面，并保持平整、干净。先在两个测试面上分别画出等间距的网格，并编上对应的测点序号，网格的间距大小取决于结构的种类和测试要求，一般为 200～300 mm。对于测距较小、质量要求较高的结构，测点间距宜小些，而对于大体积结构，测点间距可适当取大些。

其次，应使 T、R 换能器在对应的一对测点上保持良好的耦合状态，逐点读取声时值 t_i。超声测距的测量方法可根据构件的实际情况确定，如果各测点的测距完全一致，便可在构件的不同部位抽测几次，取其平均值作为该构件的超声测距 l。当各测点得测距不尽相同（相差≥1%）时，应分别进行测量，有条件最好采用专用工具逐点测量 l_i 值。

最后，根据被测结构混凝土的"声速 v-强度 R"关系曲线，先计算出被测构件测位处测点换算强度值 R_i，然后，再按下述方法计算出测位处测点换算强度的平均值 m_R、标准差 S_R 和离差系数（变异系数）C_R。

课题五　桥梁荷载试验与承载力评定

第一部分　桥梁静载试验

一、概　述

（一）荷载试验的目的及对象

1. 目　的

（1）检验桥梁结构的设计理论和计算方法是否合理。
（2）检验桥梁结构的设计与施工质量。
（3）判断桥梁结构实际的承载等级。

2. 对　象

（1）新建的大跨度桥梁，尤其采用新结构、新材料和新工艺的桥跨结构。
（2）通过特种车辆的新、旧桥梁。
（3）修复的、改建的或加固的旧桥。

（二）荷载试验的分类

（1）按所加荷载性质分：静载试验、动载试验。
（2）按加载数量与标准设计荷载的比值分：
① 基本荷载试验：最大试验荷载为设计标准规定的荷载。
② 重荷载试验：最大试验荷载大于基本荷载。
③ 轻荷载试验：最大试验荷载小于基本荷载，且不小于基本荷载的0.5倍。

二、静载试验

（一）荷载试验前的调查

1. 搜集设计与施工资料

（1）桥跨结构的总体与各截面几何尺寸、标高，设计荷载等级、行车道标准，支座和墩台位置标高及布置，材料的物理力学性能等。
（2）控制截面的计算内力、计算挠度、影响线和自振特性等。
（3）施工方法，实际结构尺寸、标高，施工时材料试验数据，尤其是混凝土的强度增长数据、弹性模量数据、荷载试验时混凝土龄期。

2. 实桥调查

（1）查明所搜集结构物资料的实际技术状况。
（2）查明上下部位结构物的裂缝、缺陷、损坏和钢筋锈蚀状况。

3. 桥址调查

调查内容包括桥上和两端线路技术情况、线路容许车速、桥下净空、水深和通航情况、线路交通量、供电情况，可能选择的加载方式，有无标准荷载车辆等；桥跨结构所处地气象条件，以便选择最好、气温稳定的试验时间。

（二）加载方案的确定

1. 内力控制截面

静载试验一般有 1~2 个主要内力控制截面，此外根据桥梁具体情况可设置几个附加内力控制截面，见表 3-5-1。

表 3-5-1　静载加载内力控制截面

桥 型	主要内力控制截面	附加内力控制截面
简支梁	跨中挠度和截面应力（或应变），支点沉降	跨径四分点的挠度、支点斜截面应力
连续梁	跨中挠度、跨中和支点截面应力（或应变），支点截面转角和支点沉降	跨径 1/4 处的挠度和截面应力（或应变），支点斜截面应力
悬臂梁	悬臂端的挠度，固端根部或支点截面的应力和转角，墩顶的变位（水平与垂直位移、转角），T 形刚构墩身控制截面的应力	悬臂跨中挠度，牛腿部分局部应力
拱桥	跨中、跨径 1/4 和 3/8 截面的挠度和应力，拱脚截面的应力，墩台顶的变位和转角	跨径 1/8 截面的挠度和应力，拱上建筑控制截面的变位和应力
刚架桥	跨中截面的挠度和应力，结点附近截面的应力、变位和转角，墩台顶的变位和转角	柱脚截面的应力、变位和转角
悬索结构	加劲梁的最大挠度、偏载扭转变位的控制截面应力、索塔顶部和水平位移和扭转变位，塔柱底截面的应力，钢索（斜拉索、吊杆、主缆）拉力，锚锭的上拔位移	钢索与梁连接部位的挠度

2. 试验计算

1）试验控制荷载的确定

试验控制荷载根据与设计作用（或荷载）等级相应的活载效应控制值或有特殊要求的荷载效应值确定，以使控制截面产生最不利荷载效应（内力或变形）较大的荷载作为试验控制荷载。

具体计算时，还应选择理论计算活载作用下能够产生最大截面应力和变形的控制位置或截面，某些特殊桥梁还需要考虑其关键构件的加载。

2）试验荷载确定

综合试验荷载效率 η、与设计荷载的等效性、车辆的机动性等选择加载车辆类型。

静载试验效率 η 的计算公式为：

$$\eta = \frac{S_t}{S(1+\mu)} \quad (3\text{-}5\text{-}1)$$

式中　S——设计控制活载作用下，加载控制截面内力（应力）的最不利效应值；
　　　S_t——静力试验荷载作用下，加载控制截面内力（应力）的计算效应值；
　　　μ——按规范取用的冲击系数值。

静载试验荷载效率系数应满足 $0.95 < \eta \leqslant 1.05$。

3. 加载时截面内力的控制

（1）种类。

① 汽车和人群（标准荷载）。

② 平板挂车或履带车（标准荷载）。

③ 需通行的重型车辆。

（2）确定方法。

① 用产生最不利内力较大的荷载作为静载试验的控制荷载。

② 按结构计算或检测的控制截面的最不利工作条件布置荷载。

4. 加载设备的选择

（1）可行式车辆：如汽车、平板车，或施工机械车辆。装载的重物应置放稳妥，以避免车辆行驶时因摇晃而改变重物和位置。

（2）重物直接加载：按控制荷载的着地轮迹先搭设承载架，再在承载架上堆放重物或设置水箱进行加载。承载架的设置和加载物的堆放应安全、合理，能按要求分布加载重力。

5. 加载轮位的确定

（1）铁路桥梁：分单线加载、双线加载、双线两侧加载三种。

（2）公路桥梁：纵向加载轮位要考虑桥跨的最大弯矩、挠度、剪力控制部位，横向加载轮位分为对称和偏心两种。

6. 静载加载分级与控制

1）分级控制的原则

① 当加载分级较为方便时，按最大控制截面分为 4~5 级。

② 当使用载重车加载，车辆称重有困难时也可分为 3 级加载。

③ 当桥梁的调查和验算不充分或桥况较差，应尽量增多加载分级。

④ 在安排加载分级时，应注意加载过程中其他截面内力亦应逐渐增加，且最大内力不应超过控制荷载作用下的最不利内力。

⑤ 根据具体条件决定分级加载的方法，最好每级加载后卸载，也可逐级加载达到最大荷载后逐级卸载。

2）加载分级的方法

① 逐渐增加加载车数量。

② 先上轻车后上重车。

③ 加载车位于内力影响线的不同部位。

④ 加载车分次装卸重物。

3）加卸载的时间选择

① 晚 10 时至次日晨 6 时近乎恒温的条件下进行。

② 晴天或多云的白天时，注意每一加卸载周期所花费的时间不宜超过 20 min。

（三）测点布置

1. 挠度测点的布设

（1）要求：能够测量结构的竖向挠度、侧向挠度和扭转变形，应能给出受检跨及相邻跨的挠曲线和最大挠度。

（2）布设：每跨一般布设 3~5 个测点。

2. 结构应变点的布设

（1）要求：能测出内力控制截面的竖向、横向应力分布状态；对组合构件应测出组合构件的结合面上下缘应变。

（2）布设：

① 组合构件：每个截面的竖向测点沿截面高度不少于 5 个测点，包括上、下缘和截面突变处。横向截面抗弯应变测点应布设在截面横桥向应力可能分布较大的部位，沿截面的上下缘布设以控制截面最大应力的分布，宽翼缘构件应能给出剪滞效应的大小。

② 箱形断面：顶板和底板测点应布设"十"字应变花，而腹板测点应布设 45°应变花，T 形断面下翼缘可用单向应变片。

③ 公路钢桥：如是钢板梁结构则应全断面布置测点，测点数量以能测出应力分布为原则；钢桁梁应给出杆件轴向力和次应力。

3. 混凝土结构应力测点的布设

（1）预应力混凝土结构：应变测点可用长标距应变花贴在混凝土表面。

（2）部分预应力或钢筋混凝土结构：受拉区测受拉钢筋的拉应变。

利用测定混凝土表面应变的方法，可用测定与钢筋同高度的混凝土表面上一定间距的两点间的平均应变，来确定钢筋的拉应力。选择这两点的位置时，应使其标距大致等于裂缝的间距或裂缝间距的倍数。

4. 剪切应变测点的布设

（1）一般采取设置应变花的方法进行观测。

（2）在截面中性轴处主应力方向设置单一应变测点来观测。

设置方法：

从桥梁支座中心起向跨中与水平线成 45°斜线，此斜线与截面中性轴高度线相交的支点即为桥梁的最大剪应力位置。可在这一点沿最大拉应力方向设置应变测点，距支座最近的加载点则应设置在 45°斜线与桥面的交点上。

5. 温度测点的布设

选择大多数测点较接近的部位设置 1～2 处气温观测点，此外可根据需要在桥梁主要测点部位设置一些构件表面温度观测点。

（四）测试仪器的选择

（1）量测应变：采用机械式应变仪，电阻应变仪，钢弦式应变仪。

（2）量测位移或挠度：连通管、百分表、挠度计、全站仪等。

（3）测量倾角：水准式倾角仪。

（4）测量裂缝：刻度放大镜。

（5）量测索力：加速度传感器、电荷放大器，智能信号采集处理和分析系统，并配笔记本电脑及采集程序等。

（五）加载及测试准备

1. 搭设观测脚手架及设置测点附属设施

（1）搭设观测脚手架：脚手架的设置要因地制宜、就地取材，方便观测仪表和保证安全，不影响仪表和测点的正常工作，不干扰测点附属设施。

（2）设置测点附属设施：在安装挠度、沉降、水平位移等测点的观测仪表时，一般需要设置木桩、木桩架或其他支架等测点附属设施。

2. 加载位置的放样和卸载位置的安排

（1）试验前在桥面上对加载位置进行放样。加载程序较少时，可在每程序加载前临时放样；加载程序较多时，则应预先放样，且用不同颜色的标志区别不同加载程序的荷载位置。

（2）卸载位置一般可将荷载安放在台后一定距离处。对于多孔桥，如有必要将荷载停放在桥孔上，一般应停放在试验孔较远以不影响试验观测为度。

3. 仪器检查与安装

（1）所有仪表应在测试前检查，并按仪表本身的要求进行标定和必要的误差修正，满足测试精度要求。

（2）仪表安装工作一般应在试验前完成，但亦不应安装过早，以免仪器受损和遗失。

4. 稳定观测

仪表安装完毕后，在加载试验之前应对各测点进行一段时间的温度稳定观测。中间可每隔 10 min 读数一次，观测时间应尽量选择与加载试验相同的气候条件对观测造成的误差影响范围。

5. 加载物的称重

加载车队或等效重物，需先准确称量，称量所用衡具应在鉴定有效期内，其称重误差最大不得超过 5%。

6. 其他准备工作

加载试验的安全设施、供电照明措施、通信联络设施、桥面交通管制等工作应根据荷载试验的需要进行准备。

（六）加载试验

1. 预加载

在正式试验之前，一般对结构进行 2~3 次预加载，通过预加载使结构进入正常工作状态，消除结构非弹性变形，尤其是混凝土桥跨结构。预荷载值不大于标准设计荷载和开裂荷载。一般分 2~3 级加至标准设计荷载或更小。

2. 加载前

加载前应对各仪表进行初读数。

3. 加　载

（1）严格按设计的加载程序进行加载，荷载大小、截面内力大小都由大到小逐渐增加。

（2）首先将第一级荷载的加载车辆行驶到桥上指定位置，车辆关闭发动机，等待变形稳定后，即可读一级荷载读数；然后进行下一级荷载加载。

（3）加载和卸载的持续时间一般以结构变形达到稳定为原则。

（4）当最后一级荷载加载完毕，荷载读数完成后，卸去桥梁上全部试验荷载，等待 30 min，再读一次数，作为残余变形值。

4. 仪表的测读与记录

（1）仪表的测读应准确、迅速，并进行记录，以便于资料的整理和计算。

（2）记录者应对所用测点量测值变化情况进行检查，看其变化是否符合规律，尤其应着重检查第一次加载时量测变化情况。

（3）当采用记录纸记录动应力、动挠度或振动时，应将记录的曲线调节至合适的幅度，使其既不超过记录纸的范围，又有适当的精度。

5. 加载过程的观察

加载过程中应指定人员随时观察结构各部位可能产生的新裂缝，注意观察构件薄弱部位是否有开裂、破损，组合构件的结合是否有开裂错位，支座附近混凝土是否开裂，横隔板的接头是否拉裂，结构是否产生不正常的响声，加载时墩台是否发生摇晃现象等。如发生这些情况应报告试验指挥人员，以便采取相应的措施。

6. 裂缝观测

加载试验中裂缝观测重点应放在结构承受拉力较大部位及原有裂缝较长、较宽的部位。加载过程中观测裂缝的长度及宽度的变化情况，可直接在混凝土表面进行描绘记录，也可采用专门表格记录。加载至最不利荷载及卸载后应对结构裂缝进行全面检查，尤其应仔细检查是否产生新的裂缝，并将最后检查情况填入裂缝观测记录表。

7. 终止加载控制条件

（1）控制测点应力值已达到或超过用弹性理论按规范安全条件反算的控制应力值。

（2）控制测点变位（或挠度）超过规范允许值时。

（3）由于加载，使结构裂缝的长度、缝宽急剧增加，新裂缝大量出现，缝宽超过允许值的裂缝大量增多，对结构使用寿命造成较大的影响时。

（4）拱桥加载时沿跨长方向的实测挠度曲线分布规律与计算值相差过大或实测挠度超过计算值过多时。

（5）发生其他损坏，影响桥梁承载能力或正常使用时。

（七）试验资料的整理

（1）试验资料的修正。

① 测值修正：根据各类仪表的标定结果进行测试数据的修正。当这类因素对测值的影响小于1%时可不予修正。

② 温度影响修正：由于温度影响修正比较困难，一般不进行这项工作，而采取缩短加载时间、选择温度稳定性好的时间进行试验等办法，以尽量减小温度对测试精度的影响。

③ 支点沉降影响的修正：当支点沉降量较大时，应修正其对挠度值的影响。

（2）各测点变位（挠度、位移、沉降）与应变的计算。

（3）主要测点的校验系数及相对残余变形的计算。

（4）实测桥跨结构控制截面的力或位移影响线。

（5）荷载横向分布系数。

（6）偏载系数。

（7）主要测点弹性变位（或应变）与相应的理论计算值的关系。

（8）裂缝发展状况。

（八）荷载试验成果分析与承载能力评定

经过荷载试验的桥梁，应根据整理的试验资料分析结构的工作状况，进一步评定桥梁承载能力，为新建桥验收做出鉴定结论，或作为旧桥承载力鉴定检算的依据，并纳入桥梁承载能力鉴定报告和桥梁承载能力鉴定表。一般进行下列分析评定工作。

（1）结构强度分析：结构控制断面实测最大应力（应变）可以成为评价结构强度的主要内容。

（2）地基与基础：当试验荷载作用下墩台沉降、水平位移及倾角较小，符合上部结构检算要求，卸载后变位基本回复时，认为地基与基础在检算荷载作用下能正常工作。

（3）结构的刚度要求：试验荷载作用下，主要测点挠度校验系数 η 应不大于1。各点的挠度不超过规定的允许值。

（4）裂缝：对于新建桥试验荷载作用下预应力结构不应出现裂缝，钢筋混凝土结构裂缝不超容许值。

第二部分 桥梁动载试验

一、概　述

1. 动力荷载试验目的

（1）研究桥梁结构的自振特性和车辆动力荷载与桥梁结构的联合振动特性。

（2）新建的桥梁，运营一定年限后的桥梁以及对其结构承载能力有疑问的桥梁均需进行动力荷载试验。

2. 试验项目

（1）桥梁结构动力反应的试验测定，主要是测定结构在动力荷载作用下的反应，即结构在动荷载作用下强迫振动的特性，包括位移、动应力、动力系数等。

（2）测定桥跨结构的自振特性，如自振频率、振型个阻尼特性等应在结构相互连接的各部分布置测点。

（3）测定动荷载本身的动力特性，主要测定引起桥梁振动的作用力或振源特性，如动力荷载的大小、频率及作用规律。

（4）疲劳性能试验：主要测定结构后构件的疲劳性能。

3. 试验的荷载

（1）检验桥梁受迫振动特性的试验荷载，通常采用接近运营条件的汽车、列车或单辆重车以不同的车速通过桥梁，要求每次试验时车辆在桥上的行驶速度保持不变，或在桥梁动力效应最大的检测位置进行刹车试验。

（2）桥梁在风力、流水撞击和地震力等动力荷载作用下的动力性能试验。

（3）测定桥梁自振特性可利用环境激振进行脉动测试。

（4）疲劳试验荷载室内试验可采用液压脉动装置，现场可采用起振机。

4. 动载试验的量测仪器

动载试验量测动应变可采用动态电阻应变仪并配以记录仪器，量测振动可选用低频拾震器并配低频测振放大器及记录仪器，量测动挠度可选用光电挠度仪或电阻应变位移计配动态电阻应变仪及记录仪器。

5. 试验效率

动载试验的效率为：

$$\eta_d = S_d / S \qquad (3\text{-}5\text{-}2)$$

式中　S_d——动荷载试验荷载作用下控制截面最大计算内力值；

S——标准汽车荷载作用下控制截面最大计算内力值(不计入汽车荷载冲击值)。

η_d值一般采用 1,动载试验的效率不仅取决于试验车型及车重,而且取决于实际跑车时的车间距,因此在动载试验跑车时应注意保持试验车辆之间的间距,并应实际测定跑车时的车间距以作为修正动载试验效率η_d的计算依据。

6. 试验方案的主要内容

(1)试验目的、试验项目、试验工况编号、仪器设备等。

(2)根据试验目的和要求,确定测试项目、数量、激振安排,设计测点布置,每一测点均应有编号,测点布置应有总图。

(3)根据试验项目和激振仪器设备绘制测试系统工作方框图,按照系统配置情况将测点号、传感器号、放大器号、记录器号、连接导线号等,一一对应列成表格,便于仪器安装和测试过程中的核对。

(4)制定试验日程,明确人员分工,使测试过程做到统一指挥,有序进行。

(5)为保证测试工作顺利和正常进行,应对联络方法、安全措施和有关注意事项等作出有关注意事项作出规定。

二、准备工作

(1)搜集与试验桥梁有关的设计资料和图纸,详细研究,慎重选择或确定试验荷载。

(2)现场调查桥上和桥两端线路状态、线路容许速度、车辆和列车实际过桥速度和其他激振措施状态。

(3)了解有关试验部位情况,以确定脚手架搭设位置、导线的布设方法及一起安放位置的确定。

(4)对拟定测试的项目和测试断面,应按实际荷载和截面尺寸预先算出应力、位移、结构自振频率等,以便及时与实测值进行比较。

三、测试工作

1. 跑 车

动载试验一般安排标准汽车车列在不同车速时的跑车试验,跑车速度一般定为 5、10、20、30、40、50、60(km/h)。

测试时需记录轴重、车速,并在时程曲线上标出首车进桥和尾车出桥的对应时间。动载测试一般应试验三组,在临界速度可增跑几趟,全面记录动应变和动位移。

2. 跳 车

在预定激振位置设置一块 15 cm 高直角三角木,斜边朝向汽车。一辆满载重车以不同速度行使,后轮越过三角木由直角边落下后,立即停车。

3. 刹 车

(1)测定车辆在桥上紧急制动时所产生的响应,用以测定桥梁承受活载水平力性能。

（2）以行进车辆突然停止作为激振源，可以不同车速停在预定位置。

（3）刹车可以顺桥向和横桥向。

（4）对记录的信号进行频谱分析，可以得到相应的强迫振动频率等一系列参数。

4. 脉动试验

（1）脉动测试需记录脉动位移或加速度，将记录的信号在高精度的信号分析仪上进行频谱分析，便得到频谱图。

（2）将频谱分析的数据再结合跑车、跳车、刹车等的测试数据，综合分析便可得到精确而真实的桥跨结构自振特性数据。

（3）脉动测试要求高灵敏度的传感器和放大器，同时要具备质量较高的信号分析设备及其相应软件。

（4）脉动法记录时间不宜少于 2 h，大跨径桥梁测试断面多，对其可分断面记录，但每次应保证有一个参考点不动。

四、动载测试中应特别注意的问题

（1）动态测试仪器，由于存在频响、阻抗匹配及相位等问题，应至少保证一年整机标定一次。

（2）每次动态测试前应进行现场的灵敏度比对和相位一致性试验。

（3）振动测量应尽量测定位移值和加速度值。

（4）振动测量应包括三维空间值，即桥轴水平向、横桥水平向和横桥垂直向。

五、动载试验资料的整理

（1）动力试验荷载效率。

（2）活载冲击系数。

（3）强迫振动的频率、振幅、加速度。

（4）系数与曲线：包括活载冲击系数与车速的关系曲线、动力系数与受迫振动频率的关系曲线、车速与受迫振动频率的关系曲线、卸载后的结构自振频率。

（5）振型曲线。

（6）结构的自振特性。

（7）结构的阻尼特性。

（8）结构的振动形式，表示沿桥跨各测点的振幅和振动相应的关系。

（9）结构各部分的振动速度和加速度的分布图。

（10）桥梁横向振动的资料。

六、动载试验结果的评定与分析

（1）车辆荷载作用下测定结构的动力系数：

$$(\delta_{\max}-1)\cdot\eta_d \leq (\delta-1) \qquad (3\text{-}5\text{-}3)$$

式中 $\delta_{\max}$——动力系数；

η_d——动力试验荷载效率；

δ——设计取用的动力系数。

根据动力系数与车速的关系曲线，确定动力系数达到最大值的临界车速。

（2）结构控制截面实测最大动应力和动挠度小于标准的容许值。

（3）结构的最低自振频率应大于有关标准限值，结构最大振幅应小于相应标准限值。

（4）评定桥梁受迫振动特性还必须掌握试验荷载本身的振动特性、桥面行车条件和路面局部不平整等的影响。

（5）根据结构振动图形，可分析出结构的冲击现象，共振现象和有无缺陷。

（6）桥梁本身的动力特性的全面资料，可作为评价结构物抗风力和抗地震力性能的计算参数。

（7）定期检验的桥梁，通过前后良策动力结果的比较，可检查结构工作的缺陷，如果结构的刚度降低及频率显著减小，应查明结构可能产生的损坏。

（8）如果结构动力试验结果不满足上述（1）项条件，应分析动力系数与车速的关系和车速与受迫振动频率的关系，采取适当的措施。

七、荷载试验报告的内容

（1）按照试验计划大纲的内容，简要介绍试验实施概况。

（2）试验前后和试验期间对桥梁进行外观检查所得到的结构状况（包括构件尺寸、裂缝和损坏等）。

（3）量测数据的计算结果和各种关系曲线。

（4）对试验成果的分析与评定，包括试验值与理论计算值或标准值的比较。

（5）关于结构适用性、耐久性和设计合理性的评定和桥梁安全运营条件的建议。

（6）试验和报告的日期，主持和参加单位及人员名称，主持者签名。

（7）附录：根据桥梁实际状况和按试验荷载进行校核计算的资料，试验数据的汇总图表，试验现场和结构检查的照片等。

附录一 工程质量检验评定用表

附表 1-1 分项工程质量检验评定表

分项工程名称：　　　　　　所属分部工程名称：　　　　　　所属建设项目：
工 程 部 位：　　　　　　施 工 单 位：　　　　　　监 理 单 位：
（桩号、墩台号、孔号）

基本要求																	
项次	检查项目	规定值或允许偏差	实测值或实测偏差值										质量评定				
			1	2	3	4	5	6	7	8	9	10	平均、代表值	合格率（%）	权值	得分
实测项目																	
	合　　计																
外 观 鉴 定				减分					监理意见								
质量保证资料				减分													
工程质量等级评定	评分：							质量等级：									

检验负责人：　　　检测：　　　记录：　　　复核：　　　年　月　日

注：机电工程的功能试验检查项目，规定值或允许偏差是指功能或试验要求；实测值或实测偏差是指检查结果，即"通过"或"不通过"。

附表 1-2 分部工程质量检验评定表

分部工程名称：　　　　　　　　　　所属单位工程：
所属建设项目：　　　　　　　　　　工　程　部　位：
　　　　　　　　　　　　　　　　　（桩号、墩台号、孔号）
施　工　单　位：　　　　　　　　　监　理　单　位：

施工单位	分　项　工　程					备注
	工程名称	质　量　评　定				
		实得分	权值	加权得分	等级	
	合　　　计					
质量等级				加权平均分		
评定意见						

检验负责人：　　　计算：　　　复核：　　　年　月　日

附表1-3 单位工程质量检验评定表

单位工程名称: 　　　　　　　　　　所属建设项目:
路 线 名 称: 　　　　　　　　　　工程地点、桩号:
施 工 单 位: 　　　　　　　　　　监 理 单 位:

施工单位	分 部 工 程					备注
	工程名称	质 量 评 定				
		实得分	权值	加权得分	等级	
	合　　　计					
质量等级				加权平均分		
评定意见						

检验负责人: 　　　计算: 　　　复核: 　　　年　月　日

附表1-4 建设项目（合同段）质量检验评定表

项目名称：　　　　　　　　　　　　　路线名称：
起讫桩号：　　　　　　　　　　　　　完工日期：

施工单位	单 位 工 程			备 注
	工 程 名 称	实得分	投 资 额	
质量等级		加权平均分		
评定意见				

检验负责人：　　　　计算：　　　复核：　　　年　　月　　日

附表 1-5 ＿＿＿＿＿＿＿＿＿＿工程汇总表

工　　程	实得分	权值	加权得分	等　级	备　　注
加权平均分				质量等级	

计算：　　　复核：　　　　　　　　　　年　　月　　日

附录二 《公路工程质量评定标准》节选

4 路基土石方工程

4.1 一般规定

4.1.1 土方路基和石方路基的实测项目技术指标的规定值或允许偏差按高速公路、一级公路和其他公路（指二级及以下公路）两档设定，其中土方路基压实度按高速公路和一级公路、二级公路、三四级公路三档设定。

4.1.2 本章规定的实测项目的检查频率，如果检查路段以延米计时，则为双车道公路每一检查段内的最低检查频率；多车道公路必须按车道数与双车道之比，相应增加检查数量。

4.1.3 路基压实度须分层检测，并符合附录B规定。路基其他检查项目均在路基顶面进行检查测定。

4.1.4 路肩工程可作为路面工程的一个分项工程进行检查评定。

4.1.5 服务区停车场、收费广场的土方工程压实标准可按土方路基要求进行监控。

4.2 土方路基

4.2.1 基本要求

4.2.1.1 在路基用地和取土坑范围内，应清除地表植被、杂物、积水、淤泥和表土，处理坑塘，并按规范和设计要求对基底进行压实。

4.2.1.2 路基填料应符合规范和设计的规定，经认真调查、试验后合理选用。

4.2.1.3 填方路基须分层填筑压实，每层表面平整，路拱合适，排水良好。

4.2.1.4 施工临时排水系统应与设计排水系统结合，避免冲刷边坡，勿使路基附近积水。

4.2.1.5 在设定取土区内合理取土，不得滥开滥挖。完工后应按要求对取土坑和弃土场进行修整，保持合理的几何外形。

4.2.2 实测项目 见表4.2.2

表4.2.2 土方路基实测项目

项次	检查项目			规定值或允许偏差			检查方法和频率	权值
				高速公路一级公路	其他公路			
					二级公路	三、四级公路		
1△	压实度（%）	零填及挖方（m）	0~0.30	—	—	94	密度法：每200 m每压实层测4处	3
			0~0.80	≥96	≥95	—		
		填方（m）	0~0.80	≥96	≥95	≥94		
			0.80~1.50	≥94	≥94	≥93		
			>1.50	≥93	≥92	≥90		
2△	弯沉（0.01 mm）			不大于设计要求值				3
3	纵断高程（mm）			+10, -15	+10, -20		水准仪：每200 m测4断面	2
4	中线偏位（mm）			50	100		经纬仪：每200 m测4点，弯道加HY、YH两点	2

续表 4.2.2

项次	检查项目	规定值或允许偏差			检查方法和频率	权值
		高速公路一级公路	其他公路			
			二级公路	三、四级公路		
5	宽度（mm）	符合设计要求			米尺：每 200 m 测 4 处	2
6	平整度（mm）	15	20		3 m 直尺：每 200 m 测 2 处×10 尺	2
7	横坡（%）	±0.3	±0.5		水准仪：每 200 m 测 4 个断面	1
8	边坡	符合设计要求			尺量：每 200 m 测 4 处	1

注：① 表列压实度以重型击实试验法为准，评定路段内的压实度平均值下置信界限不得小于规定标准，单个测定值不得小于极值（表列规定值减 5 个百分点）。小于表列规定值 2 个百分点的测点，按其数量占总检查点的百分率计算减分值。
② 采用核子仪检验压实度时应进行标定试验，确认其可靠性。
③ 特殊干旱、特殊潮湿地区或过湿土路基，可按交通部颁发的路基设计、施工规范所规定的压实度标准进行评定。
④ 三、四级公路铺筑沥青混凝土或水泥混凝土路面时，其路基压实度应采用二级公路标准。

4.2.3 外观鉴定

4.2.3.1 路基表面平整，边线直顺，曲线圆滑。不符合要求时，单向累计长度每 50 m 减 1~2 分。

4.2.3.2 路基边坡坡面平顺，稳定，不得亏坡，曲线圆滑。不符合要求时，单向累计长度每 50 m 减 1~2 分。

4.2.3.3 取土坑、弃土堆、护坡道、碎落台的位置适当，外形整齐、美观，防止水土流失。不符合要求时，每处减 1~2 分。

4.3 石方路基

4.3.1 基本要求

4.3.1.1 石方路堑的开挖宜采用光面爆破法。爆破后应及时清理险石、松石，确保边坡安全、稳定。

4.3.1.2 修筑填石路堤时应进行地表清理，逐层水平填筑石块，摆放平稳，码砌边部。填筑层厚度及石块尺寸应符合设计和施工规范规定，填石空隙用石碴、石屑嵌压稳定。上、下路床填料和石料最大尺寸应符合规范规定。采用振动压路机分层碾压，压至填筑层顶面石块稳定，20 t 以上压路机振压两遍无明显标高差异。

4.3.1.3 路基表面应整修平整。

4.3.2 实测项目（见表 4.3.2）

表 4.3.2 石方路基实测项目

项次	检查项目		规定值或允许偏差		检查方法和频率	权值
			高速公路 一级公路	其他公路		
1	压实		层厚和碾压遍数符合要求		查施工记录	3
2	纵断高程（mm）		+10，-20	+10，-30	水准仪：每 200 m 测 4 断面	2
3	中线偏位（mm）		50	100	经纬仪：每 200 m 测 4 点，弯道加 HY、YH 两点	2
4	宽度（mm）		符合设计要求		米尺：每 200 m 测 4 处	2
5	平整度（mm）		20	30	3 m 直尺：每 200 m 测 2 处×10 尺	2
6	横坡（%）		±0.3	±0.5	水准仪：每 200 m 测 4 断面	1
7	边坡	坡度	符合设计要求		每 200 m 抽查 4 处	1
		平顺度	符合设计要求			

注：土石混填路基压实度或固体体积率可根据实际可能进行检验，其他检测项目与石方路基相同。

4.3.3 外观鉴定

4.3.3.1 上边坡不得有松石。不符合要求时，每处减 1~2 分。

4.3.3.2 路基边线直顺，曲线圆滑。不符合要求时，单向累计长度每 50 m 减 1~2 分。

7 路面工程

7.1 一般规定

7.1.1 路面工程的实测项目规定值或允许偏差按高速公路、一级公路和其他公路（指二级及以下公路）两档设定。对于在设计和合同文件中提高了技术要求的二级公路，其工程质量检验评定按设计和合同文件的要求进行，但不应高于高速公路、一级公路的检验评定标准。

7.1.2 路面工程实测项目规定的检查频率为双车道公路每一检查段内的检查频率（按 m^2 或 m^3 或工作班设定的检查频率除外），多车道公路的路面各结构层均须按其车道数与双车道之比，相应增加检查数量。

7.1.3 各类基层和底基层压实度代表值（平均值的下置信界限）不得小于规定代表值，单点不得小于规定极值。小于规定代表值 2 个百分点的测点，应按其占总检查点数的百分率计算合格率。

7.1.4 垫层的质量要求同相同材料的其他公路的底基层；联结层的质量要求同相应的基层或面层；中级路面的质量要求同相同材料的其他公路的基层。

7.1.5 路面表层平整度检查测定以自动或半自动的平整度仪为主，全线每车道连续测定按每 100 m 输出结果计算合格率。采用 3 m 直尺测定路面各结构层平整度时，以最大间隙作为指标，按尺数计算合格率。

7.1.6 路面表层渗水系数宜在路面成型后立即测定。

7.1.7 路面各结构层厚度按代表值和单点合格值设定允许偏差。当代表值偏差超过规定值时，该分项工程评为不合格；当代表值偏差满足要求时，按单个检查值的偏差不超过单点合格值的测点数计算合格率。

7.1.8 材料要求和配比控制列入各节基本要求，可通过检查施工单位、工程监理单位的资料进行评定。

7.1.9 水泥混凝土上加铺沥青面层的复合式路面，两种结构均需进行检查评定。其中，水泥混凝土路面结构不检查抗滑构造，平整度可按相应等级公路的标准；沥青面层不检查弯沉。

7.1.10 路面基层完工后应按时浇洒透层油或铺筑下封层，透层油透入深度不小于 5 mm，不得使用透入能力差的材料作透层油。对封层、粘层和透层油的浇洒要求同 7.5.1 沥青表面处置层中基本规定。

7.2 水泥混凝土面层

7.2.1 基本要求

7.2.1.1 基层质量必须符合规定要求，并应进行弯沉测定，验算的基层整体模量应满足设计要求。

7.2.1.2 水泥强度、物理性能和化学成分应符合国家标准及有关规范的规定。

7.2.1.3 粗细集料、水、外掺剂及接缝填缝料应符合设计和施工规范要求。

7.2.1.4 施工配合比应根据现场测定水泥的实际强度进行计算，并经试验，选择采用最佳配合比。

7.2.1.5 接缝的位置、规格、尺寸及传力杆、拉力杆的设置应符合设计要求。

7.2.1.6 路面拉毛或机具压槽等抗滑措施，其构造深度应符合施工规范要求。

7.2.1.7 面层与其他构造物相接应平顺，检查井井盖顶面高程应高于周边路面 1~3 mm。雨水口标高按设计比路面低 5~8 mm，路面边缘无积水现象。

7.2.1.8 混凝土路面铺筑后按施工规范要求养生。

7.2.2 实测项目 见表 7.2.2。

表 7.2.2 水泥混凝土面层实测项目

项次	检查项目		规定值或允许偏差		检查方法和频率	权值
			高速公路 一级公路	其他公路		
1△	弯拉强度（MPa）		在合格标准之内			3
2△	板厚度（mm）	代表值	−5		每200 m每车道2处	3
		合格值	−10			
3	平整度	σ（mm）	1.2	2.0	平整度仪：全线每车道连续检测，每100 m计算σ、IRI	2
		IRI（m/km）	2.0	3.2		
		最大间隙 h（mm）	—	5	3 m直尺：半幅车道板带每200 m测2处×10尺	

续表 7.2.2

项次	检查项目	规定值或允许偏差		检查方法和频率	权值
		高速公路一级公路	其他公路		
4	抗滑构造深度（mm）	一般路段不小于0.7且不大于1.1；特殊路段不小于0.8且不大于1.2	一般路段不小于0.5且不大于1.0；特殊路段不小于0.6且不大于1.1	铺砂法：每200 m测1处	2
5	相邻板高差（mm）	2	3	抽量：每条胀缝2点；每200 m抽纵、横缝各2条，每条2点	2
6	纵、横缝顺直度（mm）	10		纵缝20 m拉线，每200 m 4处；横缝沿板宽拉线，每200 m 4条	1
7	中线平面偏位（mm）	20		经纬仪：每200 m测4点	1
8	路面宽度（mm）	±20		抽量：每200 m测4处	1
9	纵断高程（mm）	±10	±15	水准仪：每200 m测4断面	1
10	横坡（%）	±0.15	±0.25	水准仪：每200 m测4断面	1

注：表中 σ 为平整度仪测定的标准差；IRI 为国际平整度指数；h 为3 m直尺与面层的最大间隙。

7.2.3 外观鉴定

7.2.3.1 混凝土板的断裂块数，高速公路和一级公路不得超过评定路段混凝土板总块数的0.2%，其他公路不得超过0.4%。不符合要求时每超过0.1%减2分。对于断裂板应采取适当措施予以处理。

7.2.3.2 混凝土板表面的脱皮、印痕、裂纹和缺边掉角等病害现象，对于高速公路和一级公路，有上述缺陷的面积不得超过受检面积的0.2%，其他公路不得超过0.3%。不符合要求时每超过0.1%减2分。

对于连续配筋的混凝土路面和钢筋混凝土路面，因干缩、温缩产生的裂缝，可不减分。

7.2.3.3 路面侧石直顺、曲线圆滑，越位20 mm以上者，每处减1~2分。

7.2.3.4 接缝填筑饱满密实，不污染路面。不符合要求时，累计长度每100 m减2分。

7.2.3.5 胀缝有明显缺陷时，每条减1~2分。

7.3 沥青混凝土面层和沥青碎（砾）石面层

7.3.1 基本要求

7.3.1.1 沥青混合料的矿料质量及矿料级配应符合设计要求和施工规范的规定。

7.3.1.2 严格控制各种矿料和沥青用量及各种材料和沥青混合料的加热温度，沥青材料及混合料的各项指标应符合设计和施工规范要求。沥青混合料的生产，每日应做抽提试验、马歇尔稳定度试验。矿料级配、沥青含量、马歇尔稳定度等结果的合格率应不小于90%。

7.3.1.3 拌和后的沥青混合料应均匀一致，无花白，无粗细料分离和结团成块现象。

7.3.1.4 基层必须碾压密实，表面干燥、清洁、无浮土，其平整度和路拱度应符合要求。

7.3.1.5 摊铺时应严格控制摊铺厚度和平整度，避免离析，注意控制摊铺和碾压温度，碾压至要求的密实度。

7.3.2 实测项目（见表7.3.2）

表7.3.2 沥青混凝土面层和沥青碎（砾）石面层实测项目

项次	检查项目		规定值或允许偏差		检查方法和频率	权值
			高速公路一级公路	其他公路		
1	压实度（%）		试验室标准密度的96%（*98%） 最大理论密度的92%（*94%） 试验段密度的98%（*99%）		每200 m测1处	3
2	平整度	σ（mm）	1.2	2.5	平整度仪：全线每车道连续按每100 m计算IRI或σ	2
		IRI（m/km）	2.0	4.2		
		最大间隙 h（mm）	—	5	3 m直尺：每200 m测2处×10尺	
3	弯沉值（0.01 mm）		符合设计要求			2
4	渗水系数		SMA路面 200 mL/min 其他沥青混凝土路面 300 mL/min	—	渗水试验仪：每200 m测1处	2
5	抗滑	摩擦系数	符合设计要求	—	摆式仪：每200 m测1处 横向力系数测定车：全线连续，按附录K评定	2
		构造深度			铺砂法：每200 m测1处	
6△	厚度（mm）	代表值	总厚度：设计值的−5% 上面层：设计值的−10%	−8%H	双车道每200 m测1处	3
		合格值	总厚度：设计值的−10% 上面层：设计值的−20%	−15%H		
7	中线平面偏位(mm)		20	30	经纬仪：每200 m测4点	1
8	纵断高程（mm）		±15	±20	水准仪：每200 m测4断面	1
9	宽度（mm）	有侧石	±20	±30	尺量：每200 m测4断面	1
		无侧石	不小于设计			
10	横坡（%）		±0.3	±0.5	水准仪：每200 m测4处	1

注：① 表内压实度可选用其中的1个或2个标准评定，选用两个标准时，以合格率低的作为评定结果。带*号者是指SMA路面，其他为普通沥青混凝土路面。

② 表列厚度仅规定负允许偏差。其他公路的厚度代表值和合格值允许偏差按总厚度计，当总厚度≤60 mm时，允许偏差分别为−5 mm和−10 mm；总厚度>60 mm时，允许偏差分别为−8%和−15%的总厚度，H为总厚度（mm）。

7.3.3 外观鉴定

7.3.3.1 表面应平整密实，不应有泛油、松散、裂缝和明显离析等现象，对于高速公路和一级公路，有上述缺陷的面积（凡属单条的裂缝，则按其实际长度乘以 0.2 m 宽度，折算成面积）之和不得超过受检面积的 0.03%，其他公路不得超过 0.05%。不符合要求时每超过 0.03%或 0.05%减 2 分。

半刚性基层的反射裂缝可不计作施工缺陷，但应及时进行灌缝处理。

7.3.3.2 搭接处应紧密、平顺，烫缝不应枯焦。不符合要求时，累计每 10 m 长减 1 分。

7.3.3.3 面层与路缘石及其他构筑物应密贴接顺，不得有积水或漏水现象。不符合要求时，每一处减 1~2 分。

7.4 沥青贯入式面层（或上拌下贯式面层）

7.4.1 基本要求

7.4.1.1 沥青材料的各项指标应符合设计要求和施工规范。

7.4.1.2 各种材料的规格和用量应符合设计要求和施工规范，上拌沥青混凝土混合料每日应做抽提试验和马歇尔稳定度试验。

7.4.1.3 碎石层必须平整坚实，嵌挤稳定，沥青贯入应深透，浇洒应均匀，不得污染其他构筑物。

7.4.1.4 嵌缝料必须趁热撒铺，扫料均匀，不应有重叠现象。

7.4.1.5 上层采用拌合料时，混合料应均匀一致，无花白和粗细分离现象，摊铺平整，接茬平顺，及时碾压密实。

7.4.1.6 沥青贯入式面层施工前，应先做好路面结构层与路肩的排水。

7.4.2 实测项目（见表 7.4.2）

表 7.4.2 沥青贯入式面层（或上拌下贯式面层）实测项目

项次	检查项目		规定值或允许偏差	检查方法和频率	权值
1	平整度	σ（mm）	3.5	平整度仪：全线每车道连续按每 100 m 计算 IRI 或 σ	3
		IRI（m/km）	5.8		
		最大间隙 h（mm）	8	3 m 直尺：每 200 m 测 2 处×10 尺	
2	弯沉值（0.01 mm）		符合设计要求		2
3△	厚度（mm）	代表值	-8%H 或 -5 mm	每 200 m 每车道 1 点	3
		合格值	-15%H 或 -10 mm		
4	沥青用量（kg/m²）		±0.5%	每工作日每层洒布查 1 次	3
5	中线平面偏位（mm）		30	经纬仪：每 200 m 测 4 点	1
6	纵断高程（mm）		±20	水准仪：每 200 m 测 4 断面	2
7	宽度（mm）	有侧石	±30	尺量：每 200 m 测 4 处	2
		无侧石	不小于设计		
8	横坡（%）		±0.5	水准仪：每 200 m 测 4 断面	2

注：① 当设计厚度≥60 mm 时，按厚度百分率控制；当设计厚度<60 mm 时，按厚度不足的毫米数控制。H 为厚度（mm）。
② 沥青总用量按《公路路基路面现场测试规程》（T 0892）方法，每工作日每层洒布沥青检查一次，并计算同一路段的单位面积的总沥青用量。

7.4.3 外观鉴定

7.4.3.1 表面应平整密实，不应有松散、裂缝、油包、油丁、波浪、泛油等现象，有上述缺陷的面积之和不超过受检面积的0.2%。不符合要求时每超过0.2%减2分。

7.4.3.2 表面无明显碾压轮迹。不符合要求时，每处减1~2分。

7.4.3.3 面层与路缘石及其他构筑物应密贴接顺，无积水现象。不符合要求时，每一处减1~2分。

7.5 沥青表面处治面层

7.5.1 基本要求

7.5.1.1 在新建或旧路的表层进行表面处治时，应将表面的泥沙及一切杂物清除干净，底层必须坚实、稳定、平整，保持干燥后才可施工。

7.5.1.2 沥青材料的各项指标和石料的质量、规格、用量应符合设计要求和施工规范的规定。

7.5.1.3 沥青浇洒应均匀，无露白，不得污染其他构筑物。

7.5.1.4 嵌缝料必须趁热撒铺，扫布均匀，不得有重叠现象，压实平整。

7.5.2 实测项目（见表7.5.2）

表7.5.2 沥青表面处治面层实测项目

项次	检查项目		规定值或允许偏差	检查方法和频率	权值
1	平整度	σ（mm）	4.5	平整度仪：全线每车道连续按每100 m计算IRI或σ	2
		IRI（m/km）	7.5		
		最大间隙h（mm）	10	3 m直尺：每200 m测2处×10尺	
2	弯沉值（0.01 mm）		符合设计要求		2
3△	厚度（mm）	代表值	-5	每200 m每车道1点	3
		合格值	-10		
4	沥青总用量（kg/m²）		±0.5%	每工作日每层洒布查1次	2
5	中线平面偏位（mm）		30	经纬仪：每200 m测4点	1
6	纵断高程（mm）		±20	水准仪：每200 m测4断面	1
7	宽度（mm）	有侧石	±30	尺量：每200 m测4处	2
		无侧石	不小于设计		
8	横坡（%）		±0.5	水准仪：每200 m测4断面	1

注：沥青总用量按《公路路基路面现场测试规程》（T 0892）方法，每工作日每层洒布沥青检查一次，并计算同一路段的单位面积的总沥青用量。

7.5.3 外观鉴定

7.5.3.1 表面平整密实，不应有松散、油包、油丁、波浪、泛油、封面料明显散失等现象，有上述缺陷的面积之和不超过受检面积的0.2%。不符合要求时每超过0.2%减2分。

7.5.3.2 无明显碾压轮迹。不符合要求时，每处减1~2分。

7.5.3.3 面层与路缘石及其他构筑物应密贴接顺,不得有积水现象。不符合要求时,每处减 1~2 分。

7.6 水泥土基层和底基层

7.6.1 基本要求

7.6.1.1 土质应符合设计要求,土块要经粉碎。

7.6.1.2 水泥用量按设计要求控制准确。

7.6.1.3 路拌深度要达到层底。

7.6.1.4 混合料处于最佳含水量状况下,用重型压路机碾压至要求的压实度。从加水拌和到碾压终了的时间不应超过 3~4 h,并应短于水泥的终凝时间。

7.6.1.5 碾压检查合格后立即覆盖或洒水养生,养生期要符合规范要求。

7.6.2 实测项目(见表 7.6.2)

表 7.6.2 水泥土基层和底基层实测项目

项次	检查项目		规定值或允许偏差				检查方法和频率	权值
			基 层		底基层			
			高速公路一级公路	其他公路	高速公路一级公路	其他公路		
1△	压实度(%)	代表值	—	95	95	93	每 200 m 每车道 2 处	3
		极值	—	91	91	89		
2	平整度(mm)		—	12	12	15	3 m 直尺:每 200 m 测 2 处 ×10 尺	2
3	纵断高程(mm)		—	+5,−15	+5,−15	+5,−20	水准仪:每 200 m 测 4 个断面	1
4	宽度(mm)		—	符合设计要求	符合设计要求		尺量:每 200 m 测 4 个断面	1
5△	厚度(mm)	代表值	—	−10	−10	−12	每 200 m 每车道 1 点	2
		合格值	—	-20	−25	−30		
6	横坡(%)		—	±0.5	±0.3	±0.5	水准仪:每 200 m 测 4 个断面	1
7△	强度(MPa)		符合设计要求		符合设计要求			3

7.6.3 外观鉴定

7.6.3.1 表面平整密实、无坑洼。不符合要求时,每处减 1~2 分。

7.6.3.2 施工接茬平整、稳定。不符合要求时,每处减 1~2 分。

7.7 水泥稳定粒料(碎石、砂砾或矿渣等)基层和底基层

7.7.1 基本要求

7.7.1.1 粒料应符合设计和施工规范要求,并应根据当地料源选择质坚干净的粒料,矿渣应分解稳定,未分解渣块应予剔除。

7.7.1.2 水泥用量和矿料级配按设计控制准确。

7.7.1.3 路拌深度要达到层底。

7.7.1.4 摊铺时要注意消除离析现象。

7.7.1.5 混合料处于最佳含水量状况下，用重型压路机碾压至要求的压实度。从加水拌和到碾压终了的时间不应超过 3～4 h，并应短于水泥的终凝时间。

7.7.1.6 碾压检查合格后立即覆盖或洒水养生，养生期要符合规范要求。

7.7.2 实测项目（见表 7.7.2）

表 7.7.2 水泥稳定粒料基层和底基层实测项目

项次	检查项目		规定值或允许偏差				检查方法和频率	权值
			基层		底基层			
			高速公路一级公路	其他公路	高速公路一级公路	其他公路		
1△	压实度（%）	代表值	98	97	96	95	每200 m每车道2处	3
		极值	94	93	92	91		
2	平整度（mm）		8	12	12	15	3 m直尺：每200 m测2处×10尺	2
3	纵断高程（mm）		+5，-10	+5，-15	+5，-15	+5，-20	水准仪：每200 m测4断面	1
4	宽度（mm）		符合设计要求		符合设计要求		尺量：每200 m测4处	1
5△	厚度（mm）	代表值	-8	-10	-10	-12	每200 m每车道1点	3
		合格值	-15	-20	-25	-30		
6	横坡（%）		±0.3	±0.5	±0.3	±0.5	水准仪：每200 m测4断面	1
7△	强度（MPa）		符合设计要求		符合设计要求			3

7.7.3 外观鉴定

7.7.3.1 表面平整密实、无坑洼、无明显离析。不符合要求时，每处减 1～2 分。

7.7.3.2 施工接茬平整、稳定。不符合要求时，每处减 1～2 分。

7.8 石灰土基层和底基层

7.8.1 基本要求

7.8.1.1 土质应符合设计要求，土块要经粉碎。

7.8.1.2 石灰质量应符合设计要求，块灰须经充分消解才能使用。

7.8.1.3 石灰和土的用量按设计要求控制准确，未消解生石灰块必须剔除。

7.8.1.4 路拌深度要达到层底。

7.8.1.5 混合料处于最佳含水量状况下，用重型压路机碾压至要求的压实度。

7.8.1.6 保湿养生，养生期要符合规范要求。

7.8.2 实测项目（见表 7.8.2）

表 7.8.2 石灰土基层和底基层实测项目

项次	检查项目		规定值或允许偏差				检查方法和频率	权值
			基层		底基层			
			高速公路一级公路	其他公路	高速公路一级公路	其他公路		
1△	压实度（%）	代表值	—	95	95	93	每200m每车道2处	3
		极值	—	91	91	89		
2	平整度（mm）		—	12	12	15	3m直尺：每200m测2处×10尺	2
3	纵断高程（mm）		—	+5，-15	+5，-15	+5，-20	水准仪：每200m测4断面	1
4	宽度（mm）		符合设计要求		符合设计要求		尺量：每200m测4处	1
5△	厚度（mm）	代表值	—	-10	-10	-12	每200m每车道1点	2
		合格值	—	-20	-25	-30		
6	横坡（%）		—	±0.5	±0.3	±0.5	水准仪：每200m测4断面	1
7△	强度（MPa）		符合设计要求		符合设计要求			3

7.8.3 外观鉴定

7.8.3.1 表面平整密实、无坑洼。不符合要求时，每处减1~2分。

7.8.3.2 施工接茬平整、稳定。不符合要求时，每处减1~2分。

7.9 石灰稳定粒料（碎石、砂砾或矿渣等）基层和底基层

7.9.1 基本要求

7.9.1.1 粒料应符合设计和施工规范要求，矿渣应分解稳定后才能使用。

7.9.1.2 石灰质量应符合设计要求，块灰须经充分消解才能使用。

7.9.1.3 石灰的用量按设计要求控制准确，未消解生石灰块必须剔除。

7.9.1.4 路拌深度要达到层底。

7.9.1.5 混合料处于最佳含水量状况下，用重型压路机碾压至要求的压实度。

7.9.1.6 保湿养生，养生期要符合规范要求。

7.9.2 实测项目（见表7.9.2）

表 7.9.2 石灰稳定粒料基层和底基层实测项目

项次	检查项目		规定值或允许偏差				检查方法和频率	权值
			基层		底基层			
			高速公路一级公路	其他公路	高速公路一级公路	其他公路		
1△	压实度（%）	代表值	—	97	96	95	每200m每车道2处	3
		极值	—	93	92	91		

续表 7.9.2

项次	检查项目		规定值或允许偏差				检查方法和频率	权值
			基 层		底基层			
			高速公路一级公路	其他公路	高速公路一级公路	其他公路		
2	平整度（mm）		—	12	12	15	3 m 直尺：每200 m 测2处×10尺	2
3	纵断高程（mm）		—	+5，-15	+5，-15	+5，-20	水准仪：每200 m 测4断面	1
4	宽度（mm）		符合设计要求		符合设计要求		尺量：每200 m 测4处	1
5△	厚度（mm）	代表值	—	-10	-10	-12	每200 m 每车道1点	2
		合格值	—	-20	-25	-30		
6	横坡（%）		—	±0.5	±0.3	±0.5	水准仪：每200 m 测4断面	1
7△	强度（MPa）		符合设计要求		符合设计要求			3

7.9.3 外观鉴定

7.9.3.1 表面平整密实、无坑洼。不符合要求时，每处减 1~2 分。

7.9.3.2 施工接茬平整、稳定。不符合要求时，每处减 1~2 分。

7.10 石灰、粉煤灰土基层和底基层

7.10.1 基本要求

7.10.1.1 土质应符合设计要求，土块要经粉碎。

7.10.1.2 石灰和粉煤灰质量应符合设计要求，石灰须经充分消解才能使用。

7.10.1.3 混合料配合比应准确，不得含有灰团和生石灰块。

7.10.1.4 碾压时应先用轻型压路机稳压，后用重型压路机碾压至要求的压实度。

7.10.1.5 保湿养生，养生期要符合规范要求。

7.10.2 实测项目（见表 7.10.2）

表 7.10.2 石灰、粉煤灰土基层和底基层实测项目

项次	检查项目		规定值或允许偏差				检查方法和频率	权值
			基 层		底基层			
			高速公路一级公路	其他公路	高速公路一级公路	其他公路		
1△	压实度（%）	代表值	—	95	95	93	每200 m 每车道2处	3
		极 值	—	91	91	89		
2	平整度（mm）		—	12	12	15	3 m 直尺：每200 m 测2处×10尺	2
3	纵断高程（mm）		—	+5，-15	+5，-15	+5，-20	水准仪：每200 m 测4断面	1

续表7.10.2

项次	检查项目		规定值或允许偏差				检查方法和频率	权值
			基层		底基层			
			高速公路一级公路	其他公路	高速公路一级公路	其他公路		
4	宽度（mm）		符合设计要求		符合设计要求		尺量：每200 m测4处	1
5△	厚度（mm）	代表值	—	-10	-10	-12	每200 m每车道1点	2
		合格值	—	-20	-25	-30		
6	横坡（%）		±0.5	±0.3	±0.5		水准仪：每200 m测4断面	1
7△	强度（MPa）		符合设计要求		符合设计要求			3

7.10.3 外观鉴定

7.10.3.1 表面平整密实、无坑洼。不符合要求时，每处减1~2分。

7.10.3.2 施工接茬平整、稳定。不符合要求时，每处减1~2分。

7.11 石灰、粉煤灰稳定粒料（碎石、砂砾或矿渣等）基层和底基层

7.11.1 基本要求

7.11.1.1 粒料应符合设计和施工规范要求，并应根据当地料源选择质坚干净的粒料。矿渣应分解稳定，未分解渣块应予剔除。

7.11.1.2 石灰和粉煤灰质量应符合设计要求，石灰须经充分消解才能使用。

7.11.1.3 混合料配合比应准确，不得含有灰团和生石灰块。

7.11.1.4 摊铺时要注意消除离析现象。

7.11.1.5 碾压时应先用轻型压路机稳压，后用重型压路机碾压至要求的压实度。

7.11.1.6 保湿养生，养生期要符合规范要求。

7.11.2 实测项目（见表7.11.2）

表7.11.2 石灰、粉煤灰稳定粒料基层和底基层实测项目

项次	检查项目		规定值或允许偏差				检查方法和频率	权值
			基层		底基层			
			高速公路一级公路	其他公路	高速公路一级公路	其他公路		
1△	压实度（%）	代表值	98	97	96	95	每200 m每车道2处	3
		极值	94	93	92	91		
2	平整度（mm）		8	12	12	15	3 m直尺：每200 m测2处×10尺	2
3	纵断高程（mm）		+5,-10	+5,-15	+5,-15	+5,-20	水准仪：每200 m测4断面	1
4	宽度（mm）		符合设计要求		符合设计要求		尺量：每200 m测4处	1

续表 7.11.2

项次	检查项目		规定值或允许偏差				检查方法和频率	权值
			基层		底基层			
			高速公路一级公路	其他公路	高速公路一级公路	其他公路		
5△	厚度(mm)	代表值	-8	-10	-10	-12	每200 m每车道1点	2
		合格值	-15	-20	-25	-30		
6	横坡(%)		±0.3	±0.5	±0.3	±0.5	水准仪：每200 m测4断面	1
7△	强度(MPa)		符合设计要求		符合设计要求			3

7.11.3 外观鉴定

7.11.3.1 表面平整密实、无坑洼、无明显离析。不符合要求时，每处减1～2分。

7.11.3.2 施工接茬平整、稳定。不符合要求时，每处减1～2分。

7.12 级配碎（砾）石基层和底基层

7.12.1 基本要求

7.12.1.1 选用质地坚韧、无杂质碎石、砂砾、石屑或砂，级配应符合要求。

7.12.1.2 配料必须准确，塑性指数必须符合规定。

7.12.1.3 混合料拌和均匀，无明显离析现象。

7.12.1.4 碾压应遵循先轻后重的原则，洒水碾压至要求的密实度。

7.12.2 实测项目（见表7.12.2）

表 7.12.2 级配碎（砾）石基层和底基层实测项目

项次	检查项目		规定值或允许偏差				检查方法和频率	权值
			基层		底基层			
			高速公路一级公路	其他公路	高速公路一级公路	其他公路		
1△	压实度(%)	代表值	98	98	96	96	每200 m每车道2处	3
		极值	94	94	92	92		
2	弯沉值(0.01 mm)		符合设计要求		符合设计要求			3
3	平整度(mm)		8	12	12	15	3 m直尺：每200 m测2处×10尺	2
4	纵断高程(mm)		+5,-10	+5,-15	+5,-15	+5,-20	水准仪：每200 m测4断面	1
5	宽度(mm)		符合设计要求		符合设计要求		尺量：每200 m测4处	1
6△	厚度(mm)	代表值	-8	-10	-10	-12	每200 m每车道1点	2
		合格值	-15	-20	-25	-30		
7	横坡(%)		±0.3	±0.5	±0.3	±0.5	水准仪：每200 m测4断面	1

7.12.3 外观鉴定

表面平整密实,边线整齐,无松散。不符合要求时,每处减 1~2 分。

7.13 填隙碎石(矿渣)基层和底基层

7.13.1 基本要求

7.13.1.1 粗粒料应为质坚、无杂质的轧制石料或分解稳定的轧制矿渣,填缝料为 5 mm 以下的轧制细料或粗砂。

7.13.1.2 应用振动压路机碾压,使填缝料填满粗粒料空隙。

7.13.2 实测项目(见表 7.13.2)

表 7.13.2 填隙碎石(矿渣)基层和底基层实测项目

项次	检查项目		规定值或允许偏差				检查方法和频率	权值
			基层		底基层			
			高速公路一级公路	其他公路	高速公路一级公路	其他公路		
1△	固体体积率(%)	代表值	—	85	85	83	灌砂法:每 200 m 每车道 2 处	3
		极值	—	82	82	80		
2	弯沉值(0.01 mm)		符合设计要求		符合设计要求			2
3	平整度(mm)		—	12	12	15	3 m 直尺:每 200 m 测 2 处×10 尺	2
4	纵断高程(mm)		—	+5,-15	+5,-15	+5,-20	水准仪:每 200 m 测 4 断面	1
5	宽度(mm)		符合设计要求		符合设计要求		尺量:每 200 m 测 4 处	1
6△	厚度(mm)	代表值	—	-10	-10	-12	每 200 m 每车道 1 点	2
		合格值	—	-20	-25	-30		
7	横坡(%)		—	±0.5	±0.3	±0.5	水准仪:每 200 m 测 4 断面	1

7.13.3 外观鉴定

表面平整密实,边线整齐,无松散现象。不符合要求时,每处减 1~2 分。

7.14 路缘石铺设

7.14.1 基本要求

7.14.1.1 预制缘石的质量应符合设计要求。

7.14.1.2 安砌稳固,顶面平整,缝宽均匀,勾缝密实,线条直顺,曲线圆滑美观。

7.14.1.3 槽底基础和后背填料必须夯打密实。

7.14.1.4 现浇路缘石材料应符合设计要求。

7.14.2 实测项目(见表 7.14.2)

表 7.14.2 路缘石铺设实测项目

项次	检查项目		规定值或允许偏差	检查方法和频率	权值
1	直顺度（mm）		10	20 m 拉线：每 200 m 测 4 处	3
2	预制铺设	相邻两块高差（mm）	3	水平尺：每 200 m 测 4 处	2
		相邻两块缝宽（mm）	±3	尺量：每 200 m 测 4 处	1
	现浇	宽度（mm）	±5	尺量：每 200 m 测 4 处	2
3	顶面高程（mm）		±10	水准仪：每 200 m 测 4 点	2

7.14.3 外观鉴定

7.14.3.1 勾缝密实均匀，无杂物污染。不符合要求时，每处减 1~2 分。

7.14.3.2 缘石与路面齐平，排水口整齐、通畅，无阻水现象。不符合要求时，每处减 1~2 分。

7.15 路 肩

7.15.1 基本要求

7.15.1.1 路肩表面应平整密实，不积水。

7.15.1.2 肩线应直顺，曲线圆滑。

7.15.1.3 硬路肩质量要求应与路面结构层相同。

7.15.2 实测项目（见表 7.15.2）

表 7.15.2 路肩实测项目

项次	检查项目		规定值或允许偏差	检查方法和频率	权值
1	压实度（%）		不小于设计	按附录 B 检查，每 200 m 测 2 处	2
2	平整度（mm）	土路肩	20	3 m 直尺：每 200 m 测 2 处×4 尺	1
		硬路肩	10		
3	横坡（%）		±1.0	水准仪：每 200 m 测 2 处	1
4	宽度（mm）		符合设计要求	尺量：每 200 m 测 2 处	2

7.15.3 外观鉴定

7.15.3.1 路肩无阻水现象。不符合要求时，每处减 1~2 分。

7.15.3.2 路肩边缘直顺，无其他堆积物。不符合要求时，单向累计长度每 50 m 或每处减 1~2 分。

附录三 测区混凝土强度换算表

附表3-1 测区混凝土强度换算表

平均回弹值 R_m	测区混凝土强度换算值 $f_{cu,i}^c$ （MPa）												
	平均炭化深度值 d_m （mm）												
	0.0	0.5	1.0	1.5	2.0	2.5	3.0	3.5	4.0	4.5	5.0	5.5	≥6
20.0	10.3	10.1	—	—	—	—	—	—	—	—	—	—	—
20.2	10.5	10.3	10.0	—	—	—	—	—	—	—	—	—	—
20.4	10.7	10.5	10.2	—	—	—	—	—	—	—	—	—	—
20.6	11.0	10.8	10.4	10.1	—	—	—	—	—	—	—	—	—
20.8	11.2	11.0	10.6	10.3	—	—	—	—	—	—	—	—	—
21.0	11.4	11.2	10.8	10.5	10.0	—	—	—	—	—	—	—	—
21.2	11.6	11.4	11.0	10.7	10.2	—	—	—	—	—	—	—	—
21.4	11.8	11.6	11.2	10.9	10.4	10.0	—	—	—	—	—	—	—
21.6	12.0	11.8	11.4	11.0	10.6	10.2	—	—	—	—	—	—	—
21.8	12.3	12.1	11.7	11.3	10.8	10.5	10.1	—	—	—	—	—	—
22.0	12.5	12.2	11.9	11.5	11.0	10.6	10.2	—	—	—	—	—	—
22.2	12.7	12.4	12.1	11.7	11.2	10.8	10.4	10.0	—	—	—	—	—
22.4	13.0	12.7	12.4	12.0	11.4	11.0	10.7	10.3	10.0	—	—	—	—
22.6	13.2	12.9	12.5	12.1	11.6	11.2	10.8	10.4	10.2	—	—	—	—
22.8	13.4	13.1	12.7	12.3	11.8	11.4	11.0	10.6	10.3	—	—	—	—
23.0	13.7	13.4	13.0	12.6	12.1	11.6	11.2	10.8	10.5	10.1	—	—	—
23.2	13.9	13.6	13.2	12.8	12.2	11.8	11.4	11.0	10.7	10.3	10.0	—	—
23.4	14.1	13.8	13.4	13.0	12.4	12.0	11.6	11.2	10.9	10.4	10.2	—	—
23.6	14.4	14.1	13.7	13.2	12.7	12.2	11.8	11.4	11.1	10.7	10.4	10.1	—
23.8	14.6	14.3	13.9	13.4	12.8	12.4	12.0	11.5	11.2	10.8	10.5	10.2	—
24.0	14.9	14.6	14.2	13.7	13.1	12.7	12.2	11.8	11.5	11.0	10.7	10.4	10.1
24.2	15.1	14.8	14.3	13.9	13.3	12.8	12.4	11.9	11.6	11.2	10.9	10.6	10.3
24.4	15.4	15.1	14.6	14.2	13.6	13.1	12.6	12.2	11.9	11.4	11.1	10.8	10.4
24.6	15.6	15.3	14.8	14.4	13.7	13.3	12.8	12.3	12.0	11.5	11.2	10.9	10.6
24.8	15.9	15.6	15.1	14.6	14.0	13.5	13.0	12.6	12.2	11.8	11.4	11.1	10.7
25.0	16.2	15.9	15.4	14.9	14.3	13.8	13.3	12.8	12.5	12.0	11.7	11.3	10.9
25.2	16.4	16.1	15.6	15.1	14.4	13.9	13.4	13.0	12.6	12.1	11.8	11.5	11.0

续附表 3-1

平均回弹值 R_m	测区混凝土强度换算值 $f_{cu,i}^c$（MPa）												
	平均炭化深度值 d_m（mm）												
	0.0	0.5	1.0	1.5	2.0	2.5	3.0	3.5	4.0	4.5	5.0	5.5	≥6
25.4	16.7	16.4	15.9	15.4	14.7	14.2	13.7	13.2	12.9	12.4	12.0	11.7	11.2
25.6	16.9	16.6	16.1	15.7	14.9	14.4	13.9	13.4	13.0	12.5	12.2	11.8	11.3
25.8	17.2	16.9	16.3	15.8	15.1	14.6	14.1	13.6	13.2	12.7	12.4	12.0	11.5
26.0	17.5	17.2	16.6	16.1	15.4	14.9	14.4	13.8	13.5	13.0	12.6	12.2	11.6
26.2	17.8	17.4	16.9	16.4	15.7	15.1	14.6	14.0	13.7	13.2	12.8	12.4	11.8
26.4	18.0	17.6	17.1	16.6	15.8	15.3	14.8	14.2	13.9	13.3	13.0	12.6	12.0
26.6	18.3	17.9	17.4	16.8	16.1	15.6	15.0	14.4	14.1	13.5	13.2	12.8	12.1
26.8	18.6	18.2	17.7	17.1	16.4	15.8	15.3	14.6	14.3	13.8	13.4	12.9	12.3
27.0	18.9	18.5	18.0	17.4	16.6	16.1	15.5	14.8	14.6	14.0	13.6	13.1	12.4
27.2	19.1	18.7	18.1	17.6	16.8	16.2	15.7	15.0	14.7	14.1	13.8	13.3	12.6
27.4	19.4	19.0	18.4	17.8	17.0	16.4	15.9	15.2	14.9	14.3	14.0	13.4	12.7
27.6	19.7	19.3	18.7	18.0	17.2	16.6	16.1	15.4	15.1	14.5	14.1	13.6	12.9
27.8	20.0	19.6	19.0	18.2	17.4	16.8	16.3	15.6	15.3	14.7	14.2	13.7	13.0
28.0	20.3	19.7	19.2	18.4	17.6	17.0	16.5	15.8	15.4	14.8	14.4	13.9	13.2
28.2	20.6	20.0	19.5	18.6	17.8	17.2	16.7	16.0	15.6	15.0	14.6	14.0	13.3
28.4	20.9	20.3	19.7	18.8	18.0	17.4	16.9	16.2	15.8	15.2	14.8	14.2	13.5
28.6	21.2	20.6	20.0	19.1	18.2	17.6	17.1	16.4	16.0	15.4	15.0	14.3	13.6
28.8	21.5	20.9	20.0	19.4	18.5	17.8	17.3	16.6	16.2	15.6	15.2	14.5	13.8
29.0	21.8	21.1	20.5	19.6	18.7	18.1	17.5	16.8	16.4	15.8	15.4	14.6	13.9
29.2	22.1	21.4	20.8	19.9	19.0	18.3	17.7	17.0	16.6	16.0	15.6	14.8	14.1
29.4	22.4	21.7	21.1	20.2	19.3	18.6	17.9	17.2	16.8	16.2	15.8	15.0	14.2
29.6	22.7	22.0	21.3	20.4	19.5	18.8	18.2	17.5	17.0	16.4	16.0	15.1	14.4
29.8	23.0	22.3	21.6	20.7	19.8	19.1	18.4	17.7	17.2	16.6	16.2	15.3	14.5
30.0	23.3	22.6	21.9	21.0	20.0	19.3	18.6	17.9	17.4	16.8	16.4	15.4	14.7
30.2	23.6	22.9	22.2	21.2	20.3	19.6	18.9	18.2	17.6	17.0	16.6	15.6	14.9
30.4	23.9	23.2	22.5	21.5	20.6	19.8	19.1	18.4	17.8	17.2	16.8	15.8	15.1
30.6	24.3	23.6	22.8	21.9	20.9	20.2	19.4	18.7	18.0	17.5	17.0	16.0	15.2
30.8	24.6	23.9	23.1	22.1	21.2	20.4	19.7	18.9	18.2	17.7	17.2	16.2	15.4
31.0	24.9	24.2	23.4	22.4	21.4	20.7	19.9	19.2	18.4	17.9	17.4	16.4	15.5

续附表 3-1

平均回弹值 R_m	测区混凝土强度换算值 $f_{cu,i}^c$ （MPa）												
	平均炭化深度值 d_m （mm）												
	0.0	0.5	1.0	1.5	2.0	2.5	3.0	3.5	4.0	4.5	5.0	5.5	≥6
31.2	25.2	24.4	23.7	22.7	21.7	20.9	20.2	19.4	18.6	16.1	17.6	16.6	15.7
31.4	25.6	24.8	24.1	23.0	22.0	21.2	20.5	19.7	18.9	18.4	17.8	16.9	15.8
31.6	25.9	25.1	24.3	23.3	22.3	21.5	20.7	19.9	19.2	18.6	18.0	17.1	16.0
31.8	26.2	25.4	24.6	23.6	22.5	21.7	21.0	20.2	19.4	18.9	18.2	17.3	16.2
32.0	26.5	25.7	24.9	23.9	22.8	22.0	21.2	20.4	19.6	19.1	18.4	17.5	16.4
32.2	26.9	26.1	25.3	24.2	23.1	22.3	21.5	20.7	19.9	19.4	18.6	17.7	16.6
32.4	27.2	26.4	25.6	24.5	23.4	22.6	21.8	20.9	20.1	19.6	18.8	17.9	16.8
32.6	27.6	26.8	25.9	24.8	23.7	22.9	22.1	21.3	20.4	19.9	19.0	18.1	17.0
32.8	27.9	27.1	26.2	25.1	24.0	23.2	22.3	21.5	20.6	20.1	19.2	18.3	17.2
33.0	28.2	27.4	26.5	25.4	24.3	23.4	22.6	21.7	20.9	20.3	19.4	18.5	17.4
33.2	28.6	27.7	26.8	25.7	24.6	23.7	22.9	22.0	21.2	20.5	19.6	18.7	17.6
33.4	28.9	28.0	27.1	26.0	24.9	24.0	23.1	22.3	21.4	20.7	19.8	18.9	17.8
33.6	29.3	28.4	27.4	26.4	25.2	24.2	23.3	22.6	21.7	20.9	20.0	19.1	18.0
33.8	29.6	28.7	27.7	26.6	25.4	24.4	23.5	22.8	21.9	21.1	20.2	19.3	18.2
34.0	30.0	29.1	28.0	26.8	25.6	24.6	23.7	23.0	22.1	21.3	20.4	19.5	18.3
34.2	30.3	29.4	28.3	27.0	25.8	24.8	23.9	23.2	22.3	21.5	20.6	19.7	18.4
34.4	30.7	29.8	28.6	27.2	26.0	25.0	24.1	23.4	22.5	21.7	20.8	19.8	18.6
34.6	31.1	30.2	28.9	27.4	26.2	25.2	24.3	23.6	22.7	21.9	21.0	20.0	18.8
34.8	31.4	30.5	29.2	27.6	26.4	25.4	24.5	23.8	22.9	22.1	21.2	20.2	19.0
35.0	31.8	30.8	29.6	28.0	26.7	25.8	24.8	24.0	23.2	22.3	21.4	20.4	19.2
35.2	32.1	31.1	29.9	28.2	27.0	26.0	25.0	24.2	23.4	22.5	21.6	20.6	19.4
35.4	32.5	31.5	30.2	28.6	27.3	26.3	25.4	24.4	23.7	22.8	21.8	20.8	19.6
35.6	32.9	31.9	30.6	29.0	27.6	26.6	25.7	24.7	24.0	23.0	22.0	21.0	19.8
35.8	33.3	32.3	31.0	29.3	28.0	27.0	26.0	25.0	24.3	23.3	22.2	21.2	20.0
36.0	33.6	32.6	31.2	29.6	28.2	27.2	26.2	25.2	24.5	23.5	22.4	21.4	20.2
36.2	34.0	33.0	31.6	29.9	28.6	27.5	26.5	25.5	24.8	23.8	22.6	21.6	20.4
36.4	34.4	33.4	32.0	30.3	28.9	27.9	26.8	25.8	25.1	24.1	22.8	21.8	20.6
36.6	34.8	33.8	32.4	30.6	29.2	28.2	27.1	26.1	25.4	24.4	23.0	22.0	20.9
36.8	35.2	34.1	32.7	31.0	29.6	28.5	27.5	26.4	25.7	24.6	23.2	22.2	21.1

续附表 3-1

平均回弹值 R_m	测区混凝土强度换算值 $f_{cu,i}^c$ (MPa)												
	平均炭化深度值 d_m (mm)												
	0.0	0.5	1.0	1.5	2.0	2.5	3.0	3.5	4.0	4.5	5.0	5.5	≥6
37.0	35.5	34.4	33.0	31.2	29.8	28.8	27.7	26.6	25.9	24.8	23.4	22.4	21.3
37.2	35.9	34.8	33.4	31.6	30.2	29.1	28.0	26.9	26.2	25.1	23.7	22.6	21.5
37.4	36.3	35.2	33.8	31.9	30.5	29.4	28.3	27.2	26.6	25.4	24.0	22.9	21.8
37.6	36.7	35.6	34.1	32.3	30.8	29.7	28.6	27.5	26.8	25.7	24.2	23.1	22.0
37.8	37.1	36.0	34.5	32.6	31.2	30.0	28.9	27.8	27.1	26.0	24.5	23.4	22.3
38.0	37.5	36.4	34.9	33.0	31.5	30.3	29.2	28.1	27.4	26.2	24.8	23.6	22.5
38.2	37.9	36.8	35.2	33.4	31.8	30.6	29.5	28.4	27.7	26.5	25.0	23.9	22.7
38.4	38.3	37.2	35.6	33.7	32.1	30.9	29.8	28.7	28.0	29.8	25.3	24.1	23.0
38.6	38.7	37.5	36.0	34.1	32.4	31.2	30.1	29.0	28.3	27.0	25.5	24.4	23.2
38.8	39.1	37.9	36.4	34.4	32.7	31.5	30.4	29.3	28.5	27.2	25.8	24.6	23.5
39.0	39.5	38.2	36.7	34.7	33.0	31.8	30.6	29.6	28.8	27.4	26.0	24.8	23.7
39.2	39.9	38.5	37.0	35.0	33.3	32.1	30.8	29.8	29.0	27.6	26.2	25.0	25.0
39.4	40.3	38.8	37.3	35.3	33.6	32.4	31.0	30.0	29.2	27.8	26.4	25.2	24.2
39.6	40.7	39.1	37.6	35.6	33.9	32.7	31.2	30.2	29.4	28.0	26.6	25.4	24.4
39.8	41.2	39.6	38.0	35.9	34.2	33.0	31.4	30.5	29.7	28.2	26.8	25.6	24.7
40.0	41.6	39.9	38.3	36.2	34.5	33.3	31.7	30.8	30.0	28.4	27.0	25.8	25.0
40.2	42.0	40.3	38.6	36.5	34.8	33.6	32.0	31.1	30.2	28.6	27.3	26.0	25.2
40.4	42.4	40.7	39.0	36.9	35.1	33.9	32.3	31.4	30.5	28.8	27.6	26.2	25.4
40.6	42.8	41.1	39.4	37.2	35.4	34.2	32.6	31.7	30.8	29.1	27.8	26.5	25.7
40.8	43.3	41.6	39.8	37.7	35.7	34.5	32.9	32.0	31.2	29.4	28.1	26.8	26.0
41.0	43.7	42.0	40.2	38.0	36.0	34.8	33.2	32.3	31.5	29.7	28.4	27.1	26.2
41.2	44.1	42.3	40.6	38.4	36.3	35.1	33.5	32.6	31.8	30.0	28.7	27.3	26.5
41.4	44.5	42.7	40.9	38.7	36.6	35.4	33.8	32.9	32.0	30.3	28.9	27.6	26.7
41.6	45.0	43.2	41.4	39.2	36.9	35.7	34.2	33.3	32.4	30.6	29.2	27.9	27.0
41.8	45.4	43.6	41.8	39.5	37.2	36.0	34.5	33.6	32.7	30.9	29.5	28.1	27.2
42.0	45.9	44.1	42.2	39.9	37.6	36.3	34.9	34.0	33.0	31.2	29.8	28.5	27.5
42.2	46.3	44.4	42.6	40.3	38.0	36.6	35.2	34.3	33.3	31.5	30.1	28.7	27.8
42.4	46.7	44.8	43.0	40.6	38.3	36.9	35.5	34.6	33.6	31.8	30.4	29.0	28.0
42.6	47.2	45.3	43.4	41.1	38.7	37.3	35.9	34.9	34.0	32.1	30.7	29.3	28.3

续附表 3-1

平均回弹值 R_m	测区混凝土强度换算值 $f_{cu,i}^c$ (MPa)												
	平均炭化深度值 d_m (mm)												
	0.0	0.5	1.0	1.5	2.0	2.5	3.0	3.5	4.0	4.5	5.0	5.5	≥6
42.8	47.6	45.7	43.8	41.4	39.0	37.6	36.2	35.2	34.3	32.4	30.9	29.5	28.6
43.0	48.1	46.2	44.2	41.8	39.4	38.0	36.6	35.6	34.6	32.7	31.3	29.8	28.9
43.2	48.5	46.6	44.6	42.2	39.8	38.3	36.9	35.9	34.9	33.0	31.5	30.1	29.1
43.4	49.0	47.0	45.1	42.6	40.2	38.7	37.2	36.3	35.3	33.3	31.8	30.4	29.4
43.6	49.4	47.4	45.4	43.0	40.5	39.0	37.5	36.6	35.6	33.6	32.1	30.6	29.6
43.8	49.9	47.9	45.9	43.4	40.9	39.4	37.9	36.9	35.9	33.9	32.4	30.9	29.9
44.0	50.4	48.4	46.4	43.8	41.3	39.8	38.3	37.3	36.3	34.3	32.8	31.2	30.2
44.2	50.8	48.8	46.7	44.2	41.7	40.1	38.6	37.6	36.6	34.5	33.0	31.5	30.5
44.4	51.3	49.2	47.2	44.6	42.1	40.5	39.0	38.0	36.9	34.9	33.3	31.8	30.8
44.6	51.7	49.6	47.6	45.0	42.4	40.8	39.3	38.3	37.2	35.2	33.6	32.1	31.0
44.8	52.2	50.1	48.0	45.4	42.8	41.2	39.7	38.6	37.6	35.5	33.9	32.4	31.3
45.0	52.7	50.6	48.5	45.8	43.2	41.6	40.1	39.0	37.9	35.8	34.3	32.7	31.6
45.2	53.2	51.1	48.9	46.3	43.6	42.0	40.4	39.4	38.3	36.2	34.6	33.0	31.9
45.4	53.6	51.5	49.4	46.6	44.0	42.3	40.7	39.7	38.6	36.4	34.8	33.2	32.2
45.6	54.1	51.9	49.8	47.1	44.4	42.7	41.1	40.0	39.0	36.8	35.2	33.5	32.5
45.8	54.6	52.4	50.2	47.5	44.8	43.1	41.5	40.4	39.3	37.1	35.5	33.9	32.8
46.0	55.0	52.8	50.6	47.9	45.2	43.5	41.9	40.8	39.7	37.5	35.8	34.2	33.1
46.2	55.5	53.3	51.1	48.3	45.5	43.8	42.2	41.1	40.0	37.7	36.1	34.4	33.3
46.4	56.0	53.8	51.5	48.7	45.9	44.2	42.6	41.4	40.3	38.1	36.4	34.7	33.6
46.6	56.5	54.2	52.0	49.2	46.3	44.6	42.9	41.8	40.7	38.4	36.7	35.0	33.9
46.8	57.0	54.7	52.4	49.6	46.7	45.0	43.3	42.2	41.0	38.8	37.0	35.3	34.2
47.0	57.5	55.2	52.9	50.0	47.2	45.2	43.7	42.6	41.4	39.1	37.4	35.6	34.5
47.2	58.0	55.7	53.4	50.5	47.6	45.8	44.1	42.9	41.8	39.4	37.7	36.0	34.8
47.4	58.5	56.2	53.8	50.9	48.0	46.2	44.5	43.3	42.1	39.8	38.0	36.3	35.1
47.6	59.0	56.6	54.3	51.3	48.4	46.6	44.8	43.7	42.5	40.1	40.0	36.6	35.4
47.8	59.5	57.1	54.7	51.8	48.8	47.0	45.2	44.0	42.8	40.5	38.7	36.9	35.7
48.0	60.0	57.6	55.2	52.2	49.2	47.4	45.6	44.4	43.2	40.8	39.0	37.2	36.0
48.2	—	58.0	55.7	52.6	49.6	47.8	46.0	44.8	43.6	41.1	39.3	37.5	36.3
48.4	—	58.6	56.1	53.1	50.0	48.2	46.4	45.1	43.9	41.5	39.6	37.8	36.6

续附表 3-1

平均回弹值 R_m	测区混凝土强度换算值 $f_{cu,i}^c$ （MPa）												
	平均炭化深度值 d_m （mm）												
	0.0	0.5	1.0	1.5	2.0	2.5	3.0	3.5	4.0	4.5	5.0	5.5	≥6
48.6	—	59.0	56.6	53.5	50.4	48.6	46.7	45.5	44.3	41.8	40.0	38.1	36.9
48.8	—	59.5	57.1	54.0	50.9	49.0	47.1	45.9	44.6	42.2	40.3	38.4	37.2
49.0	—	60.0	57.5	54.4	51.3	49.4	47.5	46.2	45.0	42.5	40.6	38.8	37.5
49.2	—	—	58.0	54.8	51.7	49.8	47.9	46.6	45.4	42.8	41.0	39.1	37.8
49.4	—	—	58.5	55.3	52.1	50.2	48.3	47.1	45.8	43.2	41.3	39.4	38.2
49.6	—	—	58.9	55.7	52.5	50.6	48.7	47.4	46.2	43.6	41.7	39.7	38.5
49.8	—	—	59.4	56.2	53.0	51.0	49.1	47.8	46.5	43.9	42.0	40.1	38.8
50.0	—	—	59.9	56.7	53.4	51.4	49.5	48.2	46.9	44.3	42.3	40.4	39.1
50.2	—	—	60.0	57.1	53.8	51.9	49.9	48.5	47.2	44.6	42.6	40.7	39.4
50.4	—	—	—	57.6	54.3	52.3	50.3	49.0	47.7	45.0	43.0	41.0	39.7
50.6	—	—	—	58.0	54.7	52.7	50.7	49.4	48.0	45.4	43.4	41.4	40.0
50.8	—	—	—	58.5	55.1	53.1	51.1	49.8	48.4	45.7	43.7	41.7	40.3
51.0	—	—	—	59.0	55.6	53.5	51.5	50.1	48.8	46.1	44.1	42.0	40.7
51.2	—	—	—	59.4	56.0	54.0	51.9	50.5	49.2	46.4	44.4	42.3	41.0
51.4	—	—	—	59.9	56.4	54.4	52.3	50.9	49.6	46.8	44.7	42.7	41.3
51.6	—	—	—	60.0	56.9	54.8	52.7	51.3	50.0	47.2	45.1	43.0	41.6
51.8	—	—	—	—	57.3	55.2	53.1	51.7	50.3	47.5	45.4	43.3	41.8
52.0	—	—	—	—	57.8	55.7	53.6	52.1	50.7	47.9	45.8	43.7	42.3
52.2	—	—	—	—	58.2	56.1	54.0	52.5	51.1	48.3	46.2	44.0	42.6
52.4	—	—	—	—	58.7	56.5	54.4	53.0	51.5	48.7	46.5	44.4	43.0
52.6	—	—	—	—	59.1	57.0	54.8	53.4	51.9	49.0	46.9	44.7	43.3
52.8	—	—	—	—	59.6	57.4	55.2	53.8	52.3	49.4	47.3	45.1	43.6
53.0	—	—	—	—	60.0	57.8	55.6	54.2	52.7	49.8	47.6	45.4	43.9
53.2	—	—	—	—	—	58.3	56.1	54.6	53.1	50.2	48.0	45.8	44.3
53.4	—	—	—	—	—	58.7	56.5	55.0	53.5	50.5	48.3	46.1	44.6
53.6	—	—	—	—	—	59.2	56.9	55.4	53.9	50.9	48.7	46.4	44.9
53.8	—	—	—	—	—	59.6	57.3	55.8	54.3	51.3	49.0	46.8	45.3
54.0	—	—	—	—	—	60.0	57.8	56.3	54.7	51.7	49.4	47.1	45.6
54.2	—	—	—	—	—	—	58.2	56.7	55.1	52.1	49.8	47.5	46.0

续附表 3-1

平均回弹值 R_m	测区混凝土强度换算值 $f_{cu,i}^c$ (MPa)												
	平均炭化深度值 d_m (mm)												
	0.0	0.5	1.0	1.5	2.0	2.5	3.0	3.5	4.0	4.5	5.0	5.5	≥6
54.4	—	—	—	—	—	—	58.6	57.1	55.6	52.5	50.2	47.9	46.3
54.6	—	—	—	—	—	—	59.1	57.5	56.0	52.9	50.5	48.2	46.6
54.8	—	—	—	—	—	—	59.5	57.9	56.4	53.2	50.9	48.5	47.0
55.0	—	—	—	—	—	—	59.9	58.4	56.8	53.6	51.3	48.9	47.3
55.2	—	—	—	—	—	—	60.0	58.8	57.2	54.0	51.6	49.3	47.7
55.4	—	—	—	—	—	—	—	59.2	57.6	54.4	52.0	49.6	48.0
55.6	—	—	—	—	—	—	—	59.7	58.0	54.8	52.4	50.0	48.4
55.8	—	—	—	—	—	—	—	60.0	58.5	55.2	52.8	50.3	48.7
56.0	—	—	—	—	—	—	—	—	58.9	55.6	53.2	50.7	49.1
56.2	—	—	—	—	—	—	—	—	59.3	56.0	53.5	51.1	49.4
56.4	—	—	—	—	—	—	—	—	59.7	56.4	53.9	51.4	49.8
56.6	—	—	—	—	—	—	—	—	60.0	56.8	54.3	51.8	50.1
56.8	—	—	—	—	—	—	—	—	—	57.2	54.7	52.2	50.5
57.0	—	—	—	—	—	—	—	—	—	57.6	55.1	52.5	50.8
57.2	—	—	—	—	—	—	—	—	—	58.0	55.5	52.9	51.2
57.4	—	—	—	—	—	—	—	—	—	58.4	55.9	53.3	51.6
57.6	—	—	—	—	—	—	—	—	—	58.9	56.3	53.7	51.9
57.8	—	—	—	—	—	—	—	—	—	59.3	56.7	54.0	52.3

注：表中未注明的测区混凝土强度换算值为小于 10 MPa 或大于 60 MPa。

附表 3-2　测区泵送混凝土强度换算表

平均回弹值 R_m	测区混凝土强度换算值 $f_{cu,i}^c$ (MPa)												
	平均炭化深度值 d_m (mm)												
	0.0	0.5	1.0	1.5	2.0	2.5	3.0	3.5	4.0	4.5	5.0	5.5	≥6
18.6	10.0	—	—	—	—	—	—	—	—	—	—	—	—
18.8	10.2	10.0	—	—	—	—	—	—	—	—	—	—	—
19.0	10.4	10.2	10.0	—	—	—	—	—	—	—	—	—	—
19.2	10.6	10.4	10.2	10.0	—	—	—	—	—	—	—	—	—
19.4	10.9	10.7	10.4	10.2	10.0	—	—	—	—	—	—	—	—

续附表 3-2

平均回弹值 R_m	测区混凝土强度换算值 $f_{cu,i}^c$ （MPa）												
	平均炭化深度值 d_m （mm）												
	0.0	0.5	1.0	1.5	2.0	2.5	3.0	3.5	4.0	4.5	5.0	5.5	≥6
19.6	11.1	10.9	10.6	10.4	10.2	10.0	—	—	—	—	—	—	—
19.8	11.3	11.1	10.9	10.6	10.4	10.2	10.0	—	—	—	—	—	—
20.0	11.5	11.3	11.1	10.9	10.6	10.4	10.2	10.0	—	—	—	—	—
20.2	11.8	11.5	11.3	11.1	10.9	10.6	10.4	10.2	10.0	—	—	—	—
20.4	12.0	11.7	11.5	11.3	11.1	10.8	10.6	10.4	10.2	10.0	—	—	—
20.6	12.2	12.0	11.7	11.5	11.3	11.0	10.8	10.6	10.4	10.2	10.0	—	—
20.8	12.4	12.2	12.0	11.7	11.5	11.3	11.0	10.8	10.6	10.4	10.2	10.0	—
21.0	12.7	12.4	12.2	11.9	11.7	11.5	11.2	11.0	10.8	10.6	10.4	10.2	10.0
21.2	12.9	12.7	12.4	12.2	11.9	11.7	11.5	11.2	11.0	10.8	10.6	10.4	10.2
21.4	13.1	12.9	12.6	12.4	12.1	11.9	11.7	11.4	11.2	11.0	10.8	10.6	10.3
21.6	13.4	13.1	12.9	12.6	12.4	12.1	11.9	11.6	11.4	11.2	11.0	10.7	10.5
21.8	13.6	13.4	13.1	12.8	12.6	12.3	12.1	11.9	11.6	11.4	11.2	10.9	10.7
22.0	13.9	13.6	13.3	13.1	12.8	12.6	12.3	12.1	11.8	11.6	11.4	11.1	10.9
22.2	14.1	13.8	13.6	13.3	13.0	12.8	12.5	12.3	12.0	11.8	11.6	11.3	11.1
22.4	14.4	14.1	13.8	13.5	13.3	13.0	12.7	12.5	12.2	12.0	11.8	11.5	11.3
22.6	14.6	14.3	14.0	13.8	13.5	13.2	13.0	12.7	12.5	12.2	12.0	11.7	11.5
22.8	14.9	14.6	14.3	14.0	13.7	13.5	13.2	12.9	12.7	12.4	12.2	11.9	11.7
23.0	15.1	14.8	14.5	14.2	14.0	13.7	13.4	13.1	12.9	12.6	12.4	12.1	11.9
23.2	15.4	15.1	14.8	14.5	14.2	13.9	13.6	13.4	13.1	12.8	12.6	12.3	12.1
23.4	15.6	15.3	15.0	14.7	14.4	14.1	13.9	13.6	13.3	13.1	12.8	12.6	12.3
23.6	15.9	15.6	15.3	15.0	14.7	14.4	14.1	13.8	13.5	13.3	13.0	12.8	12.5
23.8	16.2	15.8	15.5	15.2	14.9	14.6	14.3	14.1	13.8	13.5	13.2	13.0	12.7
24.0	16.4	16.1	15.8	15.5	15.2	14.9	14.6	14.3	14.0	13.7	13.5	13.2	12.9
24.2	16.7	16.4	16.0	15.7	15.4	15.1	14.8	14.5	14.2	13.9	13.7	13.4	13.1
24.4	17.0	16.6	16.3	16.0	15.7	15.3	15.0	14.7	14.5	14.2	13.9	13.6	13.3
24.6	17.2	16.9	16.5	16.2	15.9	15.6	15.3	15.0	14.7	14.4	14.1	13.8	13.6
24.8	17.5	17.1	16.8	16.5	16.2	15.8	15.5	15.2	14.9	14.6	14.3	14.1	13.8
25.0	17.8	17.4	17.1	16.7	16.4	16.1	15.8	15.5	15.2	14.9	14.6	14.3	14.0
25.2	18.0	17.7	17.3	17.0	16.7	16.3	16.0	15.7	15.4	15.1	14.8	14.5	14.2

续附表 3-2

平均回弹值 R_m	测区混凝土强度换算值 $f_{cu,i}^c$ （MPa）												
	平均炭化深度值 d_m（mm）												
	0.0	0.5	1.0	1.5	2.0	2.5	3.0	3.5	4.0	4.5	5.0	5.5	≥6
25.4	18.3	18.0	17.6	17.3	16.9	16.6	16.3	15.9	15.6	15.3	15.0	14.7	14.4
25.6	18.6	18.2	17.9	17.5	17.2	16.8	16.5	16.2	15.9	15.6	15.2	14.9	14.7
25.8	18.9	18.5	18.2	17.8	17.4	17.1	16.8	16.4	16.1	15.8	15.5	15.2	14.9
26.0	19.2	18.8	18.4	18.1	17.7	17.4	17.0	16.7	16.3	16.0	15.7	15.4	15.1
26.2	19.5	19.1	18.7	18.3	18.0	17.6	17.3	16.9	16.6	16.3	15.9	15.6	15.3
26.4	19.8	19.4	19.0	18.6	18.2	17.9	17.5	17.2	16.8	16.5	16.2	15.9	15.6
26.6	20.0	19.6	19.3	18.9	18.5	18.1	17.8	17.4	17.1	16.8	16.4	16.1	15.8
26.8	20.3	19.9	19.5	19.2	18.8	18.4	18.0	17.7	17.3	17.0	16.7	16.3	16.0
27.0	20.6	20.2	19.8	19.4	19.1	18.7	18.3	17.9	17.6	17.2	16.9	16.6	16.2
27.2	20.9	20.5	20.1	19.7	19.3	18.9	18.6	18.2	17.8	17.5	17.1	16.8	16.5
27.4	21.2	20.8	20.4	20.0	19.6	19.2	18.8	18.5	18.1	17.7	17.4	17.1	16.7
27.6	21.5	21.1	20.7	20.3	19.9	19.5	19.1	18.7	18.4	18.0	17.6	17.3	17.0
27.8	21.8	21.4	21.0	20.6	20.2	19.8	19.4	19.0	18.6	18.3	17.9	17.5	17.2
28.0	22.1	21.7	21.3	20.9	20.4	20.0	19.6	19.3	18.9	18.5	18.1	17.8	17.4
28.2	22.4	22.0	21.6	21.1	20.7	20.3	19.9	19.5	19.1	18.8	18.4	18.0	17.7
28.4	22.8	22.3	21.9	21.4	21.0	20.6	20.2	19.8	19.4	19.0	18.6	18.3	17.9
28.6	23.1	22.6	22.2	21.7	21.3	20.9	20.5	20.1	19.7	19.3	18.9	18.5	18.2
28.8	23.4	22.9	22.5	22.0	21.6	21.2	20.7	20.3	19.9	19.5	19.2	18.8	18.4
29.0	23.7	23.2	22.8	22.3	21.9	21.5	21.0	20.6	20.2	19.8	19.4	19.0	18.7
29.2	24.0	23.5	23.1	22.6	22.2	21.7	21.3	20.9	20.5	20.1	19.7	19.3	18.9
29.4	24.3	23.9	23.4	22.9	22.5	22.0	21.6	21.2	20.8	20.3	19.9	19.5	19.2
29.6	24.7	24.2	23.7	23.2	22.8	22.3	21.9	21.4	21.0	20.6	20.2	19.8	19.4
29.8	25.0	24.5	24.0	23.5	23.1	22.6	22.2	21.7	21.3	20.9	20.5	20.1	19.7
30.0	25.3	24.8	24.3	23.8	23.4	22.9	22.5	22.0	21.6	21.2	20.7	20.3	19.9
30.2	25.6	25.1	24.6	24.2	23.7	23.2	22.8	22.3	21.9	21.4	21.0	20.6	20.2
30.4	26.0	25.5	25.0	24.5	24.0	23.5	23.0	22.6	22.1	21.7	21.3	20.9	20.4
30.6	26.3	25.8	25.3	24.8	24.3	23.8	23.3	22.9	22.4	22.0	21.6	21.1	20.7
30.8	26.6	26.1	25.6	25.1	24.6	24.1	23.6	23.2	22.7	22.3	21.8	21.4	21.0
31.0	27.0	26.4	25.9	25.4	24.9	24.4	23.9	23.5	23.0	22.5	22.1	21.7	21.2

续附表 3-2

平均回弹值 R_m	测区混凝土强度换算值 $f_{cu,i}^c$ (MPa)												
	平均炭化深度值 d_m (mm)												
	0.0	0.5	1.0	1.5	2.0	2.5	3.0	3.5	4.0	4.5	5.0	5.5	≥6
31.2	27.3	26.8	26.2	25.7	25.2	24.7	24.2	23.8	23.3	22.8	22.4	21.9	21.5
31.4	27.7	27.1	26.6	26.0	25.5	25.0	24.5	24.1	23.6	23.1	22.7	22.2	21.8
31.6	28.0	27.4	26.9	26.4	25.9	25.3	24.8	24.4	23.9	23.4	22.9	22.5	22.0
31.8	28.3	27.8	27.2	26.7	26.2	25.7	25.1	24.7	24.2	23.7	23.2	22.8	22.3
32.0	28.7	28.1	27.6	27.0	26.5	26.0	25.5	25.0	24.5	24.0	23.5	23.0	22.6
32.2	29.0	28.5	27.9	27.4	26.8	26.3	25.8	25.3	24.8	24.3	23.8	23.3	22.9
32.4	29.4	28.8	28.2	27.7	27.1	26.6	26.1	25.6	25.1	24.6	24.1	23.6	23.1
32.6	29.7	29.2	28.6	28.0	27.5	26.9	26.4	25.9	25.4	24.9	24.4	23.9	23.4
32.8	30.1	29.5	28.9	28.3	27.8	27.2	26.7	26.2	25.7	25.2	24.7	24.2	23.7
33.0	30.4	29.8	29.3	28.7	28.1	27.6	27.0	26.5	26.0	25.5	25.0	24.5	24.0
33.2	30.8	30.2	29.6	29.0	28.4	27.9	27.3	26.8	26.3	25.8	25.2	24.7	24.3
33.4	31.2	30.6	30.0	29.4	28.8	28.2	27.7	27.1	26.6	26.1	25.5	25.0	24.5
33.6	31.5	30.9	30.3	29.7	29.1	28.5	28.0	27.4	26.9	26.4	25.8	25.3	24.8
33.8	31.9	31.3	30.7	30.0	29.5	28.9	28.3	27.7	27.2	26.7	26.1	25.6	25.1
34.0	32.3	31.6	31.0	30.4	29.8	29.2	28.6	28.1	27.5	27.0	26.4	25.9	25.4
34.2	32.6	32.0	31.4	30.7	30.1	29.5	29.0	28.4	27.8	27.3	26.7	26.2	25.7
34.4	33.0	32.4	31.7	31.1	30.5	29.9	29.3	28.7	28.1	27.6	27.0	26.5	26.0
34.6	33.4	32.7	32.1	31.4	30.8	30.2	29.6	29.0	28.5	27.9	27.4	26.8	26.3
34.8	33.8	33.1	32.4	31.8	31.2	30.6	30.0	29.4	28.8	28.2	27.7	27.1	26.6
35.0	34.1	33.5	32.8	32.2	31.5	30.9	30.3	29.7	29.1	28.5	28.0	27.4	26.9
35.2	34.5	33.8	33.2	32.5	31.9	31.2	30.6	30.0	29.4	28.8	28.3	27.7	27.2
35.4	34.9	34.2	33.5	32.9	32.2	31.6	31.0	30.4	29.8	29.2	28.6	28.0	27.5
35.6	35.3	34.6	33.9	33.2	32.6	31.9	31.3	30.7	30.1	29.5	28.9	28.3	27.8
35.8	35.7	35.0	34.3	33.6	32.9	32.3	31.6	31.0	30.4	29.8	29.2	28.6	28.1
36.0	36.0	35.3	34.6	34.0	33.3	32.6	32.0	31.4	30.7	30.1	29.5	29.0	28.4
36.2	36.4	35.7	35.0	34.3	33.6	33.0	32.3	31.7	31.1	30.5	29.9	29.3	28.7
36.4	36.8	36.1	35.4	34.7	34.0	33.3	32.7	32.0	31.4	30.8	30.2	29.6	29.0
36.6	37.2	36.5	35.8	35.1	34.4	33.7	33.0	32.4	31.7	31.1	30.5	29.9	29.3
36.8	37.6	36.9	36.2	35.4	34.7	34.1	33.4	32.7	32.1	31.4	30.8	30.2	29.6

续附表 3-2

平均回弹值 R_m	测区混凝土强度换算值 $f_{cu,i}^c$ (MPa)												
	平均炭化深度值 d_m (mm)												
	0.0	0.5	1.0	1.5	2.0	2.5	3.0	3.5	4.0	4.5	5.0	5.5	≥6
37.0	38.0	37.3	36.5	35.8	35.1	34.4	33.7	33.1	32.4	31.8	31.2	30.5	29.9
37.2	38.4	37.7	36.9	36.2	35.5	34.8	34.1	33.4	32.8	32.1	31.5	30.9	30.2
37.4	38.8	38.1	37.3	36.6	35.8	35.1	34.4	33.8	33.1	32.4	31.8	31.2	30.6
37.6	39.2	38.4	37.7	36.9	36.2	35.5	34.8	34.1	33.4	32.8	32.1	31.5	30.9
37.8	39.6	38.8	38.1	37.3	36.6	35.9	35.2	34.5	33.8	33.1	32.5	31.8	31.2
38.0	40.0	39.2	38.5	37.7	37.0	36.2	35.5	34.8	34.1	33.5	32.8	32.2	31.5
38.2	40.4	39.6	38.9	38.1	37.3	36.6	35.9	35.2	34.5	33.8	33.1	32.5	31.8
38.4	40.9	40.1	39.3	38.5	37.7	37.0	36.3	35.5	34.8	34.2	33.5	32.8	32.2
38.6	41.3	40.5	39.7	38.9	38.1	37.4	36.6	35.9	35.2	34.5	33.8	33.2	32.5
38.8	41.7	40.9	40.1	39.3	38.5	37.7	37.0	36.3	35.5	34.8	34.2	33.5	32.8
39.0	42.1	41.3	40.5	39.7	38.9	38.1	37.4	36.6	35.9	35.2	34.5	33.8	33.2
39.2	42.5	41.7	40.9	40.1	39.3	38.5	37.7	37.0	36.3	35.5	34.8	34.2	33.5
39.4	42.9	42.1	41.3	40.5	39.7	38.9	38.1	37.4	36.6	35.9	35.2	34.5	33.8
39.6	43.4	42.5	41.7	40.9	40.0	39.3	38.5	37.7	37.0	36.3	35.5	34.8	34.2
39.8	43.8	42.9	42.1	41.3	40.4	39.6	38.9	38.1	37.3	36.6	35.9	35.2	34.5
40.0	44.2	43.4	42.5	41.7	40.8	40.0	39.2	38.5	37.7	37.0	36.2	35.5	34.8
40.2	44.7	43.8	42.9	42.1	41.2	40.4	39.6	38.8	38.1	37.3	36.6	35.9	35.2
40.4	45.1	44.2	43.3	42.5	41.6	40.8	40.0	39.2	38.4	37.7	36.9	36.2	35.5
40.6	45.5	44.6	43.7	42.9	42.0	41.2	40.4	39.6	38.8	38.1	37.3	36.6	35.8
40.8	46.0	45.1	44.2	43.3	42.4	41.6	40.8	40.0	39.2	38.4	37.7	36.9	36.2
41.0	46.4	45.5	44.6	43.7	42.8	42.0	41.2	40.4	39.6	38.8	38.0	37.3	36.5
41.2	46.8	45.9	45.0	44.1	43.2	42.4	41.6	40.7	39.9	39.1	38.4	37.6	36.9
41.4	47.3	46.3	45.4	44.5	43.7	42.8	42.0	41.1	40.3	39.5	38.7	38.0	37.2
41.6	47.7	46.8	45.9	45.0	44.1	43.2	42.3	41.5	40.7	39.9	39.1	38.3	37.6
41.8	48.2	47.2	46.3	45.4	44.5	43.6	42.7	41.9	41.1	40.3	39.5	38.7	37.9
42.0	48.6	47.7	46.7	45.8	44.9	44.0	43.1	42.3	41.5	40.6	39.8	39.1	38.3
42.2	49.1	48.1	47.1	46.2	45.3	44.4	43.5	42.7	41.8	41.0	40.2	39.4	38.6
42.4	49.5	48.5	47.6	46.6	45.7	44.8	43.9	43.1	42.2	41.4	40.6	39.8	39.0
42.6	50.0	49.0	48.0	47.1	46.1	45.2	44.3	43.5	42.6	41.8	40.9	40.1	39.3

续附表 3-2

平均回弹值 R_m	测区混凝土强度换算值 $f_{cu,i}^c$ （MPa）												
	平均炭化深度值 d_m （mm）												
	0.0	0.5	1.0	1.5	2.0	2.5	3.0	3.5	4.0	4.5	5.0	5.5	≥6
42.8	50.4	49.4	48.5	47.5	46.6	45.6	44.7	43.9	43.0	42.2	41.3	40.5	39.7
43.0	50.9	49.9	48.9	47.9	47.0	46.1	45.2	44.3	43.4	42.5	41.7	40.9	40.1
43.2	51.3	50.3	49.3	48.4	47.4	46.5	45.6	44.7	43.8	42.9	42.1	41.2	40.4
43.4	51.8	50.8	49.8	48.8	47.8	46.9	46.0	45.1	44.2	43.3	42.5	41.6	40.8
43.6	52.3	51.2	50.2	49.2	48.3	47.3	46.4	45.5	44.6	43.7	42.8	42.0	41.2
43.8	52.7	51.7	50.7	49.7	48.7	47.7	46.8	45.9	45.0	44.1	43.2	42.4	41.5
44.0	53.2	52.2	51.1	50.1	49.1	48.2	47.2	46.3	45.4	44.5	43.6	42.7	41.9
44.2	53.7	52.6	51.6	50.6	49.6	48.6	47.6	46.7	45.8	44.9	44.0	43.1	42.3
44.4	54.1	53.1	52.0	51.0	50.0	49.0	48.0	47.1	46.2	45.3	44.4	43.5	42.6
44.6	54.6	53.5	52.5	51.5	50.4	49.4	48.5	47.5	46.6	45.7	44.8	43.9	43.0
44.8	55.1	54.0	52.9	51.9	50.9	49.9	48.9	47.9	47.0	46.1	45.1	44.3	43.4
45.0	55.6	54.5	53.4	52.4	51.3	50.3	49.3	48.3	47.4	46.5	45.5	44.6	43.8
45.2	56.1	55.0	53.9	52.8	51.8	50.7	49.7	48.8	47.8	46.9	45.9	45.0	44.1
45.4	56.5	55.4	54.3	53.3	52.2	51.2	50.2	49.2	48.2	47.3	46.3	45.4	44.5
45.6	57.0	55.9	54.8	53.7	52.7	51.6	50.6	49.6	48.6	47.7	46.7	45.8	44.9
45.8	57.5	56.4	55.3	54.2	53.1	52.1	51.0	50.0	49.0	48.1	47.1	46.2	45.3
46.0	58.0	56.9	55.7	54.6	53.6	52.5	51.5	50.5	49.5	48.5	47.5	46.6	45.7
46.2	58.5	57.3	56.2	55.1	54.0	52.9	51.9	50.9	49.9	48.9	47.9	47.0	46.1
46.4	59.0	57.8	56.7	55.6	54.5	53.4	52.3	51.3	50.3	49.3	48.3	47.4	46.4
46.6	59.5	58.3	57.2	56.0	54.9	53.8	52.8	51.7	50.7	49.7	48.7	47.8	46.8
46.8	60.0	58.8	57.6	56.5	55.4	54.3	53.2	52.2	51.1	50.1	49.1	48.2	47.2
47.0	—	59.3	58.1	57.0	55.8	54.7	53.7	52.6	51.6	50.5	49.5	48.6	47.6
47.2	—	59.8	58.6	57.4	56.3	55.2	54.1	53.0	52.0	51.0	50.0	49.0	48.0
47.4	—	60.0	59.1	57.9	56.8	55.6	54.5	53.5	52.4	51.4	50.4	49.4	48.4
47.6	—	—	59.6	58.4	57.2	56.1	55.0	53.9	52.8	51.8	50.8	49.8	48.8
47.8	—	—	60.0	58.9	57.7	56.6	55.4	54.4	53.3	52.2	51.2	50.2	49.2
48.0	—	—	—	59.3	58.2	57.0	55.9	54.8	53.7	52.7	51.6	50.6	49.6
48.2	—	—	—	59.8	58.6	57.5	56.3	55.2	54.1	53.1	52.0	51.0	50.0
48.4	—	—	—	60.0	59.1	57.9	56.8	55.7	54.6	53.5	52.5	51.4	50.4

续附表 3-2

平均回弹值 R_m	测区混凝土强度换算值 $f_{cu,i}^c$ (MPa)												
	平均炭化深度值 d_m (mm)												
	0.0	0.5	1.0	1.5	2.0	2.5	3.0	3.5	4.0	4.5	5.0	5.5	≥6
48.6	—	—	—	—	59.6	58.4	57.3	56.1	55.0	53.9	52.9	51.8	50.8
48.8	—	—	—	—	60.0	58.9	57.7	56.6	55.5	54.4	53.3	52.2	51.2
49.0	—	—	—	—	—	59.3	58.2	57.0	55.9	54.8	53.7	52.7	51.6
49.2	—	—	—	—	—	59.8	58.6	57.5	56.3	55.2	54.1	53.1	52.0
49.4	—	—	—	—	—	60.0	59.1	57.9	56.8	55.7	54.6	53.5	52.4
49.6	—	—	—	—	—	—	59.6	58.4	57.2	56.1	55.0	53.9	52.9
49.8	—	—	—	—	—	—	60.0	58.8	57.7	56.6	55.4	54.3	53.3
50.0	—	—	—	—	—	—	—	59.3	58.1	57.0	55.9	54.8	53.7
50.2	—	—	—	—	—	—	—	59.8	58.6	57.4	56.3	55.2	54.1
50.4	—	—	—	—	—	—	—	60.0	59.0	57.9	56.7	55.6	54.5
50.6	—	—	—	—	—	—	—	—	59.5	58.3	57.2	56.0	54.9
50.8	—	—	—	—	—	—	—	—	60.0	58.8	57.6	56.5	55.4
51.0	—	—	—	—	—	—	—	—	—	59.2	58.1	56.9	55.8
51.2	—	—	—	—	—	—	—	—	—	59.7	58.5	57.3	56.2
51.4	—	—	—	—	—	—	—	—	—	60.0	58.9	57.8	56.6
51.6	—	—	—	—	—	—	—	—	—	—	59.4	58.2	57.1
51.8	—	—	—	—	—	—	—	—	—	—	59.8	58.7	57.5
52.0	—	—	—	—	—	—	—	—	—	—	60.0	59.1	57.9
52.2	—	—	—	—	—	—	—	—	—	—	—	59.5	58.4
52.4	—	—	—	—	—	—	—	—	—	—	—	60.0	58.8
52.6	—	—	—	—	—	—	—	—	—	—	—	—	59.2
52.8	—	—	—	—	—	—	—	—	—	—	—	—	59.7

注：表中未注明的测区混凝土强度换算值为小于 10 MPa 或大于 60 MPa。

参考文献

[1] 中华人民共和国行业标准. 公路桥涵地基与基础设计规范（JTG D63—2007）[S]. 北京：人民交通出版社，2007.

[2] 中华人民共和国国家标准. 岩土工程勘察规范（2009版）（GB 50021—2001）[S]. 北京：中国建筑工业出版社，2009.

[3] 中华人民共和国行业标准. 建筑地基处理技术规范（JGJ 79—2012）[S]. 北京：中国建筑工业出版社，2012.

[4] 中华人民共和国行业标准. 建筑地基检测技术规范（JGJ 340—2015）[S]. 北京：中国建筑工业出版社，2015.

[5] 中华人民共和国行业推荐性标准. 公路桥梁承载能力检测评定规程（JGJ/T 21—2011）[S]. 北京：人民交通出版社，2011.

[6] 中华人民共和国行业标准. 公路桥涵施工技术规范（JTG/T F50—2011）[S]. 北京：人民交通出版社，2011.

[7] 中华人民共和国推荐性行业标准. 公路工程基桩动测技术规程（JTG/T F81/1-01—2004）[S]. 北京：人民交通出版社，2004.

[8] 中华人民共和国行业标准. 建筑基桩检测技术规范（JGJ 106—2014）[S]. 北京：中国建筑工业出版社，2014.

[9] 中华人民共和国国家标准. 预应力混凝土用钢绞线（GB/T 5224—2014）[S]. 北京：中国标准出版社，2014.

[10] 中华人民共和国国家标准. 预应力筋用锚具、夹具和连接器（GB/T 14370—2007）[S]. 北京：中国标准出版社，2007.

[11] 中国工程建设标准化协会标准. 钻芯法检测混凝土强度技术规程（CECS 03:2007）[S]. 北京：中国建筑工业出版社，2007.

[12] 中华人民共和国行业标准. 回弹法检测混凝土强度技术规程（JGJ/T 23—2011）[S]. 北京：中国建筑工业出版社，2011.

[13] 中国工程建设标准化协会标准. 超声回弹法检测混凝土强度技术规程（CECS 02:2005）[S]. 北京：中国建筑工业出版社，2005.

[14] 中华人民共和国行业标准. 混凝土中钢筋检测技术规程（JGJ/T 152—2008）[S]. 北京：中国建筑工业出版社，2008.

[15] 中国工程建设标准化协会标准. 超声法检测混凝土缺陷技术规程（CECS 21:2000）[S]. 北京：中国建筑工业出版社，2000.

[16] 中华人民共和国行业标准. 公路路基路面现场测试规程（JTG E60—2008）[S]. 北京：人民交通出版社，2008.

[17] 中华人民共和国行业标准. 公路工程质量检验评定标准（JTG F80/1—2004）[S]. 北京：人民交通出版社，2004.

[18] 何玉珊，程崇国，章关永，等. 公路水运工程试验检测人员职业资格考试用书——桥梁隧道工程[M]. 北京：人民交通出版社，2016.

[19] 张超，支喜兰. 公路水运工程试验检测专业技术人员职业资格考试用书——道路工程[M]. 北京：人民交通出版社股份有限公司，2016.